CLASSIQUES JAUNES

Littératures francophones

Les Soliloques du pauvre

Jehan Rictus

Les Soliloques du pauvre

Édition critique par Denis Delaplace

PARIS
CLASSIQUES GARNIER
2025

Denis Delaplace est spécialiste de l'histoire de la langue française. Ses travaux portent plus particulièrement sur l'histoire des dictionnaires et recueils de jargon et d'argot du XVe siècle à nos jours. Nous lui devons également des éditions critiques de référence de textes des XVIe et XVIIe siècles consacrés aux différents langages populaires, dont *Jargon ou Langage de l'Argot reformé* d'Ollivier Chereau.

ISBN 978-2-406-18009-8
ISSN 2417-6400

À Marc Touret

Introduction

Jehan Rictus[1] s'appelait en fait Gabriel Randon (1867-1933)[2]. Né à Boulogne-sur-Mer, il a reçu le nom de sa mère Adine-Gabrielle Randon, son père Mandé Delplanque ne l'ayant pas reconnu. Selon Théophile Briant, biographe et ami du poète, les parents de celui-ci s'étaient rencontrés à Londres où elle était demoiselle de magasin et où il enseignait la gymnastique ; après des années de disputes familiales, la mère, caractérielle, est venue s'installer en 1876 à Paris, où elle a fait de son fils son souffre-douleur jusqu'à ce que celui-ci, nanti de son certificat d'études, décide de la quitter en 1883.

Survivant misérablement grâce à divers petits boulots, Gabriel Randon trouve une échappatoire dans la création poétique et fait la rencontre de plusieurs poètes et artistes, ce qui lui permet de publier en 1887 dans *Le Mirliton*, revue d'Aristide Bruant, ses premiers vers, « vaguement parnassiens » selon la formule de T. Briant. À partir de là, ses poèmes paraissent dans différentes publications plus ou moins confidentielles (*La Muse Française*, *La Pléiade*, *Les Essais d'Art Libre*, *Le Mercure de France*, etc.), ainsi que des articles, courriers et chroniques, dans différents journaux et revues (*Le Pierrot*, *La Plume*, *La Société Nouvelle*, *L'Alliance Nationale* où il lui arrive de signer « J. Rictus », etc.), certains étant proches des

---

1 À prononcer de préférence en entier — « Jehan-Rictus » — selon le vœu exprimé par l'auteur à la fin de sa vie.

2 Il faut prendre avec prudence les pages trop rapides consacrées à Jehan Rictus (« Un gonce qui rouspète ») par Jacques Cellard dans son *Anthologie de la littérature argotique* (1985 : pp. 228-237) : par exemple, l'auteur des *Soliloques* ne « mourut » pas « en 1926 » (confusion avec Jean Richepin) ! Il en va de même pour les livres que lui ont consacrés des admirateurs peu objectifs, par exemple Jeanne Landre dans *Les Soliloques du Pauvre de Jehan Rictus* (1930) et Théophile Briant dans *Jehan Rictus* (Seghers,1960). On trouve également sur des sites internet, mêlées à des recherches de passionnés, quantité d'informations non vérifiées, parfois contradictoires ou tout simplement erronées, tant à propos du poète qu'à propos des *Soliloques* et de leurs éditions.

milieux anarchistes. Il organise aussi, en 1894, à la salle des Concerts d'Harcourt, des récitations poétiques qui se soldent par un échec. Et c'est de 1894-95 que Jehan Rictus date lui-même l'écriture de son premier soliloque ("sorte de monologue plus intime"), « L'Hiver », en rupture très nette avec ses créations antérieures.

Dans la *Bibliographie raisonnée de l'Argot et de la Langue Verte en France [...]* (1901), au n° 311 d'une liste chronologique qui, sans compter celle dressée ensuite pour les « argots particuliers », comptait déjà 331 références, R. Yve-Plessis recensait et décrivait deux ouvrages de Jehan Rictus :

> 311. Jehan Rictus [Randon.] Les Soliloques du du pauvre. [*Paris*], *Chez l'auteur*, 1897 ; 1 vol. in-8 de 169 pp. (limin. compris), plus 3 ff. blancs. = Jehan Rictus. Doléances. Nouveaux Soliloques. Frontispice d'Alfred Jungbluth. [...] *Paris, Édition du Mercure de France, XV, rue de l'Échaudé-Saint-Germain, XV*, MCM ; 1 vol. in-12 de 99 pp. (limin. compris), plus 4 ff., le dernier blanc.
>
> Le premier de ces 2 vol. est orné d'un portrait de l'auteur par Steinlen.

Apportons quelques précisions complémentaires.

Jehan Rictus avait publié en 1896, sous le titre *Les Soliloques du Pauvre*, une première plaquette de 13 pages contenant le poème « L'Hiver », en vente au Cabaret des Quat'-z-arts.

Pour l'année 1897, on a conservé deux éditions successives des *Soliloques du Pauvre*.

La première (1897a), que l'auteur a fait réaliser en 581 exemplaires par l'Imprimerie de l'Art, E. Moreau et Cie, 41, rue de la Victoire à Paris, compte en fait 174 pages et réunit les poèmes suivants, relevés dans la « Table des Matières » (p. 171) :

« L'Hiver », pp. 13-21.
« Impressions de promenade », pp. 25-28.
Une « trilogie » incluant :
  « Songe — Mensonge », pp. 33-40,
  « Espoir », pp. 43-54,
  « Déception », pp. 57-66.
« Le Revenant », pp. 69-104, en 3 volets (I , II et III).

« Le Printemps », pp. 107-141, en 3 volets (« La Journée », « Le Furtif et le Mystérieux » et « Prière »).

« Actualités » incluant :

« Soliloque du Chanteur ambulant », pp. 147-149 (daté par l'auteur d'août 1895).

« Épilogue », pp. 153-161, écrit après la visite du tsar Nicolas II en France en octobre 1896.

« Farandole des Pauv's 'tits Fan-fans », pp. 165-169.

La seconde édition de 1897 (1897b), éditée à Paris par la Société du Mercure de France (même adresse que pour le recueil *Doléances* décrit ci-dessus par Yve-Plessis) et achevée d'imprimer le 23 mai 1897 par l'Imprimerie de l'Art, est un in-12 comptant 213 pages et réunissant, dans une pagination différente, les mêmes poèmes avec des rectifications orthographiques ou métriques et de rares modifications lexicales, mais aussi l'ajout de trois quatrains dans « Prière » (partie III du « Printemps »).

Tous les poèmes de ce recueil sont écrits dans un langage populaire émaillé d'expressions recensées par les dictionnaires d'argot de la seconde moitié du XIXe siècle[1] et sont composés selon la métrique des chansons, monologues et poésies populaires de cette époque. Prolongeant le succès rencontré avec ces textes en 1896-1897 par le poète-diseur auprès du public des Quat' z'Arts, cabaret montmartrois dirigé par François Trombert, puis du Chat Noir de Rodolphe Salis (décédé en mars 1897), le livre a été salué, dès sa parution, par de nombreux articles de revues et de journaux et même par plusieurs auteurs et non des moindres.

C'est Mallarmé qui remercie Jehan Rictus dans une lettre du 30 mai 1897, qui ne semble pas de pure politesse :

> Merci, mon cher Poëte, du beau livre : oh ! quel étrange, poignant et sourd instrument vous vous êtes fait, je trouve géniale votre déformation de la langue. Tout ce que je ne connaissais pas du *Soliloque du Pauvre* m'a ému d'art, autant que j'en admire la source humaine ;

[1] Parmi eux, les *Dictionnaire du jargon parisien* (1878) et *Dictionnaire d'argot moderne* (1881) de Lucien Rigaud ainsi que le *Dictionnaire historique d'argot* (11e éd. en 1889) et son *Supplément* (3e éd. en 1889) de Lorédan Larchey (voir à la fin mes dictionnaire-glossaire et bibliographie).

cela part d'une telle profondeur pour jaillir si haut. Je vous exprime affectueusement ma gratitude, cher Jehan Rictus, d'avoir pensé que je saurais vous lire, et regrette mon départ de Paris quand vous avez bien voulu me visiter. [Lettre reproduite en tête de l'édition de luxe du recueil de poèmes de Jehan Rictus intitulé le *Cœur populaire* (Rey, 1914)]

C'est Rémy de Gourmont qui commence ainsi son chapitre consacré à Jehan Rictus dans son *IIe Livre des Masques* en 1898 :

Du temps que M. Gabriel Randon sculptait la *Dame de Proue* d'une nef qui n'a pas encore vu la mer, nul ne prévoyait que, nouveau Bruant, il dût lancer aux foules troublées les apostrophes argotiques, violentes et goguenardes qui ont fait à Jehan Rictus la réputation singulière d'un poète du pavé et d'un déclamateur du tréteau. Il y a des vocations soudaines et des aiguillages imprévus. M. Randon avait été l'une des voix de l'anarchisme littéraire, au temps où de futurs académiciens démolissaient (très peu) la Société au moyen de phrases élégantes et de sarcasmes spirituels. [...] Enfin, les poètes ayant réintégré leur campement, aux sources de l'Hippocrène, on s'aperçut de la disparition de celui qui taillait, avec un soin délicieux, la proue vierge d'un navire en partance pour les Atlantides : peu de temps après, nous fûmes informés de la naissance de Jehan Rictus et des *Soliloques du Pauvre*.

Il y avait une rumeur du côté de Montmartre : quelque chose de nouveau surgissait d'entre la foule des diseurs de gaudrioles et de bonne aventure ; quelqu'un, pour la première fois, faisait parler, avec un abandon original et capricieux, le Pauvre des grandes villes, le trimardeur parisien, le loqueteux en qui il reste du bohême, le vagabond qui n'a pas perdu tout sentimentalisme, le rôdeur en qui il y a du poète, le misérable capable encore d'ironie, le déchu dont la colère s'évapore en malédictions blagueuses, dont la haine recule si

L'espoir luit comme un brin de paille dans l'étable,

dont l'amertume n'est que du désir ranci, l'homme enfin qui voudrait vivre et que l'égoïsme des élus rejette éternellement dans les ténèbres extérieures. (R. de Gourmont, *Le IIe Livre des Masques*, 1898, pp. 209-210)

À la différence de Mallarmé trouvant « géniale » la « déformation de la langue » dans le recueil, l'auteur du *Livre des Masques* se dit ensuite rebuté par l'argot des *Soliloques* :

Il m'est vraiment difficile d'admettre le patois, l'argot, les fautes d'orthographe, les apocopes, tout ce qui, atteignant la forme de la phrase ou du mot, en altère nécessairement la beauté. Ou, si je l'admets, ce sera comme jeu ; or, l'art ne joue pas ; il est grave, même quand il rit, même quand il danse. Il faut encore comprendre qu'en art tout ce qui n'est pas nécessaire est inutile ; et tout ce qui est inutile est mauvais. *Les Soliloques du Pauvre* exigeaient peut-être un peu d'argot, celui qui, familier à tous, est sur la limite de la vraie langue ; pourquoi en avoir rendu la lecture si ardue à qui n'a pas fréquenté les milieux particuliers où il semble que l'on parle pour n'être pas compris [[1]] ? Ensuite, l'argot est difficile à manier ; Jehan Rictus, malgré son abondance, évolue assez difficilement parmi les écueils de ce vocabulaire. Beaucoup des mots qu'il emploie ne sont peut-être plus en usage, car l'argot, malgré ce qu'il retient de permanent, se transforme avec tant de rapidité que d'une année à l'autre les choses les plus usuelles ont changé de nom.

En revanche, le monde des argotistes accorde très vite une place importante aux vers de Jehan Rictus. Dans *L'Argot au XXe siècle*, le dictionnaire français-argot rédigé en grande partie par Léon de Bercy (1857-1915) et publié par Aristide Bruant (1851-1925) sous sa seule signature en 1901, le poète des *Soliloques* est cité près de 100 fois (voir glossaire), malgré le coup de patte qu'il décoche dans un quatrain de « L'Hiver » au chanteur populaire devenu riche. Il faut dire d'une part que *Le Mirliton*, revue publiée entre 1885 et 1895 par ce dernier qui était directeur du cabaret du même nom, avait accueilli des poèmes du jeune Gabriel Randon, d'autre part que Bruant considérait encore Jehan Rictus comme « son ami »[2] en 1921 dans la dédicace qu'il lui écrivait en lui adressant une édition originale de son premier livre de chansons et monologues, *Dans la rue*, publié en 1889.

Après le second recueil, *Doléances*, paru en 1900 et une plaquette intitulée *Cantilènes du Malheur* en 1902, une nouvelle édition des *Soliloques*, « revue, corrigée et augmentée de poèmes inédits » avec plus de cent illustrations de Steinlen, a été publiée en 1903 dans un volume de 257 pages par P. Sevin et E. Rey, le second étant un camarade d'école du poète.

---

1 Cette conception de l'argot cryptique réservé à des milieux particuliers est contredite notamment par les dictionnaires cités ci-dessus note 1 p. 11.

2 On ne peut guère en dire autant de Léon de Bercy qui, dans *Montmartre et ses chansons* (1902 : pp. 171-177), a exécuté avec une ironie aussi mordante que condescendante, colorée d'une certaine mauvaise foi, l'auteur des *Soliloques*. Jalousie d'auteur ? différend personnel ? critique sincère ? Je ne sais.

Dans cette édition, les trois derniers poèmes sont supprimés : le « Soliloque du Chanteur ambulant » mettait en scène un personnage trop différent du Pauvre des autres poèmes malgré leur commune misère, « Épilogue » était trop imprégné d'une actualité déjà dépassée et la « Farandole » était plutôt une sorte de soliloque collectif à l'unisson[1] ! En revanche, deux nouvelles pièces sont ajoutées à la suite du « Printemps » : successivement, « Crève-Cœur », déjà publié dans *Doléances* mais fortement modifié dans le recueil de 1903, et « Les Masons », poème inédit en trois volets (« Nocturne », « Les Masons », « La Maison des Pauvres »). En outre, de nombreuses modifications sont apportées (remplacements de mots ou de tournures par d'autres, suppressions ou ajouts de vers ou de quatrains[2], rectifications orthographiques ou métriques, etc.) et une petite plaquette jointe à la fin réunit des extraits d'articles ou de lettres favorables aux *Soliloques*.

À partir de là, on ne compte plus les rééditions du recueil jusqu'à ce début de vingt-et-unième siècle.

Du vivant de l'auteur, on peut distinguer deux séries, toujours chez Eugène Rey : la première conserve le texte de 1903 avec quelques variantes mineures en 1909, 1913 et 1919 ; la seconde part de l'édition de 1921, où l'auteur opère quelques changements plus importants[3] mais qui ne modifient pas la « Table des Matières » de 1903, et se poursuit par de nouvelles corrections de détail en 1925 et 1928.

Après la mort du poète (1933), Eugène Rey fait encore des rééditions, notamment en 1934, 1937 et 1943, avant que des éditeurs modernes ne reprennent le flambeau : Seghers à partir de 1949 mais en faisant suivre les *Soliloques*, à partir de 1955, par deux poèmes du *Cœur populaire*, Blusson à partir de 1993, etc. Ajoutons à cela des versions numérisées, parfois fautives, disponibles sur internet.

Ces éditions multiples témoignent de deux faits.

Le premier est le succès populaire des *Soliloques* tout au long du XXe siècle, succès attesté également par les diverses

---

1 Elle trouvera sa place en 1914 dans le recueil *Le Cœur populaire*.

2 Par exemple, le coup de patte à Bruant dans « L'Hiver » disparaît, en même temps qu'une attaque assez basse contre l'obésité de Zola.

3 On y retrouve notamment l'attaque contre Zola, mais Bruant est remplacé par Mirbeau !

représentations scéniques et productions phonographiques, de celles de l'auteur lui-même dans divers cabarets et dans de précieux enregistrements aux nombreux spectacles et disques qui se sont échelonnés jusqu'à nos jours.

Le second est le souci qu'a manifesté Jehan Rictus de remettre « cent fois sur le métier » son ouvrage depuis les premières éditions jusqu'à sa mort, même s'il subsiste un peu trop de scories, en partie dues aux difficultés auxquelles se heurte le choix de versifier le langage populaire. Chaque fois que nécessaire, ces défauts seront signalés dans la présente édition.

Celle-ci s'appuie principalement sur le texte de 1903, mais l'éclaire d'un côté par ceux de 1897, dont les trois poèmes retranchés sont du reste reproduits après « Les Masons », de l'autre par un certain nombre de variantes des éditions postérieures (notamment 1919, 1921, 1934 et 1949). Un dictionnaire-glossaire final des expressions, déformations et tournures populaires et/ou argotiques du recueil, avec parfois des commentaires plus littéraires, permet au lecteur de mieux comprendre certains passages ou de mieux se représenter le fonds lexical exploité (et même parfois créé) par Jehan Rictus.

Il n'a malheureusement pas été possible de reproduire toutes les illustrations réalisées pour l'édition de 1903 par Théophile-Alexandre Steinlen (1859-1923), dessinateur engagé contre la misère sociale et l'injustice, proche du Chat Noir (on connaît son affiche de la tournée des artistes du cabaret), de Bruant (illustrations des recueils I et II de *Dans la Rue* en 1889 et 1895) et de Jehan Rictus (portraits du poète sur la couverture et à la page 8 de l'édition de 1897a). On a cependant cherché ici à donner de cette œuvre conçue en symbiose avec le texte un aperçu certes infidèle en quantité, en qualité et en dimensions, mais susceptible de donner envie aux lecteurs de consulter l'édition de 1903 et à un éditeur d'art de la publier un jour.

***

On ne peut juger de l'originalité des *Soliloques* si l'on ne replace pas le recueil dans son époque.

Jehan Rictus, repris par ses biographes, a lui-même affirmé que son pseudonyme lui avait été suggéré par le début d'un vers de Villon (« Je ris en pleurs »[1]). Il rejoignait ainsi la longue cohorte des auteurs qui, au XIXe siècle, avaient rappelé et souligné les liens du poète du XVe siècle avec des « mauvais garçons » et sa pratique de l'argot appelé autrefois *jobelin* ou *jargon*, par exemple le (ou les) rédacteur(s) du dictionnaire d'argot des *Voleurs*, publié et signé par Vidocq (1836-37), ou l'étude *Le Jargon du XVe siècle*, réalisée par Auguste Vitu (1883) ; il ne faut cependant pas oublier, parmi ces auteurs, Jean Richepin (1849-1926) qui, dès 1876, avait inclus sa « Ballade Villon » (p. 205) dans *La Chanson des Gueux*, recueil de poèmes censuré à sa parution et dont une nouvelle édition « définitive », fortement remaniée et expurgée des passages litigieux, avait paru dès 1881 chez Dreyfous[2], augmentée d'un « Glossaire argotique » final.

Notons à ce propos qu'avec ses initiales (« J. R. ») arborées malicieusement dès la citation de la page 5 de l'édition de 1897a et avec sa consonance, le pseudonyme « Jehan Rictus » faisait manifestement écho au nom de Jean Richepin. Quand on connaît la communauté de certains thèmes entre la *Chanson* (« Voici venir l'Hiver tueur des pauvres gens ») et les *Soliloques* (« Merd' ! V'là l'Hiver et ses dur'tés ») et quand on sait que, dans plusieurs poèmes de la première — un peu plus d'une vingtaine —, Richepin avait adopté à la fois une langue proche de l'usage populaire et la versification de poèmes et chansons réalistes, on se dit que cela n'a pas pu ne pas avoir une influence directe sur Jehan Rictus. On retrouve d'ailleurs souvent, de l'un à l'autre, les mêmes expressions populaires et/ou argotiques, les mêmes déformations phonétiques et les mêmes tournures syntaxiques non classiques.

Dans un quatrain de « L'Hiver » (vers 77 à 80), poème disposé en ouverture du recueil, l'auteur des *Soliloques* marque ses distances par rapport à Richepin à qui il reproche, comme à Hugo, à Bruant et à Zola, d'avoir fait fortune en plaignant les gueux, mais cela ne doit pas occulter sa dette à l'égard de son devancier.

---

1 « Je ris en pleurs et attends sans espoir ;
Confort reprends en triste désespoir »
(« Ballade du concours de Blois », première strophe, vers 6-7)

2 Nombreuses rééditions chez Dreyfous (1885), puis chez Charpentier (1890, 1893, 1895, etc.).

Il ne s'agit pas ici de sous-estimer l'apport de Jehan Rictus, mais de prendre des distances avec les commentateurs qui, voulant défendre celui-ci contre certaines attaques, ont minimisé l'influence de *La Chanson des Gueux* sur les *Soliloques*, voire reproché à la première son caractère artificiel pour mieux faire ressortir l'authenticité des seconds, sans avoir du reste toujours pris la peine de lire Richepin ; c'est par exemple Théophile Briant rétorquant à ceux qui jugent artificiel le langage de son ami poète :

> Rictus a répondu par avance à ses détracteurs, en refusant d'être confondu avec Bruant, et surtout avec Richepin, qui écrivit entièrement la *Chanson des Gueux* en argot-bigorne (langage cryptique des malfaiteurs ou des galériens), « rigolade et tour de force de Normalien » nécessitant un lexique et dès lors supprimant toute émotion communicative avec le lecteur. (1973 [1960], p. 81)

Non, la *Chanson des Gueux* n'est pas entièrement écrite dans un argot artificiel : sur les quelque cent dix poèmes que compte ce recueil, on ne trouve que trois « sonnets bigornes » pouvant être considérés avant tout comme des exercices de style, deux donnés pour de l'« argot classique » et le troisième pour de l'« argot moderne » ; en outre, dans leur grande majorité, les autres pièces, parmi lesquelles certaines sont émouvantes, sont écrites en vers classiques et dans une langue parfois crue, mais où l'argot est finalement assez rare, hormis dans la vingtaine de poèmes signalés ci-dessus et dont l'auteur des *Soliloques* s'est visiblement inspiré[1].

La *Chanson des Gueux* offre de nombreux monologues, genre très en vogue à cette époque, notamment parce qu'il permettait à de nombreux auteurs d'être interprétés par des comédiens : c'est ainsi que Richepin dédie « Un vieil habit » à Coquelin Cadet « qui a joué ce poème partout et ailleurs », ce comédien ayant même publié plus tard avec son frère un livre intitulé *L'art de dire le monologue* (Ollendorf, 1884), puis un *Recueil de monologues* (1889). Les monologues étaient en prose ou en vers et beaucoup étaient à la première personne, mettant en scène des personnages variés dont certains pouvaient

---

1 Il faut ajouter à ces poèmes inclus pour la plupart dans la série « Au Pays de Largonji » plusieurs pièces relevant de la même série et exploitant le lexique populaire et argotique, mais dans des vers on ne peut plus classiques.

s'exprimer en langage populaire : c'est ainsi que Richepin donne la parole dès 1876 à un gamin de dix ans dans son poème « Voyou », composé en quatrains d'octosyllabes écrits avec toutes les caractéristiques des textes qui s'efforçaient de transposer par écrit le parler populaire parisien, avec force apostrophes, déformations, mots pleins de gouaille et tournures syntaxiques échevelées :

Près des théâtres, dans les gares,
Entre les arpions des sergots
C'est moi que j' cueill' les bouts d' cigares,
Les culots d' pipe et les mégots.

Ben, moi, c't' existenc'-là m'assomme !
J' voudrais posséder un chapeau.
L'est vraiment temps d' dev'nir un homme.
J'en ai plein l' dos d'être un crapaud.

Sans remonter jusqu'au style poissard de la fin du XVIIIe siècle (notamment Vadé, que publiera Jehan Rictus en 1926) ni même aux octosyllabes populaires et argotiques, eux aussi à la première personne du singulier, de « L'Assommoir de Belleville » (Loynel, vers 1850), on trouve de nombreux textes écrits dans cette veine poétique avant ceux des *Soliloques*, parmi lesquels certains poèmes parus dans la revue *La Petite Lune* (1878-1879) du caricaturiste et auteur André Gill (1840-1885), proche de Richepin. Certains de ces textes ont ensuite été réunis dans *La Muse à Bibi* (1879, puis 1882) comme « Le Paillasson » ou « Nocturne », dont voici un extrait :

Tiens ! Pig's-tu la lune qui s' ballade ?
Qué qu'a boit donc, c'te bourriqu'-là
Pour avoir la gueul' blanch' comme ça ?
Y a pas d' bon sens ; vrai, qué panade !

Il arrivait assez souvent que les auteurs eux-mêmes se fassent interprètes de leurs propres textes, comme le raconte dans *Dix ans de bohème* (1888) Émile Goudeau, qui s'était fait le propagateur de cette idée, concrétisée par la fondation en octobre 1878 de la Société des Hydropathes, ceux-ci rejoignant ensuite le Chat Noir à partir de 1881. Parmi eux, André Gill, mais aussi Georges Lorin et Maurice Rollinat : au second, on doit notamment, près de vingt ans avant « Les Masons » de l'édition de 1903 des *Soliloques*, un poème en vers et langage classiques intitulé « Les Maisons » dans son recueil *Paris Rose* de 1884, illustré par Luigi Loir et Cabriol ; le troisième réunit en 1883, dans *Les Névroses*, des poèmes qu'il avait composés et souvent interprétés les années précédentes, parmi lesquels « Le Soliloque de Troppmann » (assassin de toute une famille, arrêté en 1869 et exécuté en 1870), composé en quatrains d'octosyllabes et de facture tout à fait classique.

Mais c'est plus récemment encore, parmi les chanteurs et diseurs des cabarets parisiens des années 1885-1895, que le poète et chroniqueur Gabriel Randon est devenu Jehan Rictus. Outre des auteurs comme Maurice Mac Nab (1856-1889) et Jules Jouy (1855-1897), rappelons le plus populaire d'entre eux, interprète au Chat Noir de ses propres textes puis fondateur du Mirliton en 1885 à l'adresse que l'établissement de Rodolphe Salis venait de laisser vacante après son déménagement, à savoir Aristide Bruant, qui — on s'en souvient — avait accueilli dans sa revue *Le Mirliton* des poèmes du jeune Gabriel Randon.

Certes, l'auteur des *Soliloques* s'en prenait à Bruant en 1897 dans un quatrain de « L'Hiver » et lui reprochait, dans une lettre datée du 4 octobre 1900 à Léon Bloy (qui la publiera en 1903), d'avoir changé de genre pour s'enrichir :

> Non, je ne veux pas plaire. Autrement je gagnerais beaucoup d'argent, en me servant de mon nom, et en changeant mon genre, en truquant comme n'importe quel Aristide Bruant, en faisant des besognes ou des feuilletons. (cité par T. Briant, *op. cit.*, 1971 [1960], p. 188)

Mais, là encore, le succès de Bruant ne doit pas conduire à ravaler toute son œuvre au rang de mauvaise littérature populiste, comme l'ont fait la plupart des commentateurs des *Soliloques*, et encore moins à se dispenser d'aller lire de plus près ses « Monologues et Chansons » interprétés dans divers établissements à partir de 1880 et réunis dans ses recueils *Dans la Rue* I (1889), *Dans la Rue* II (1895) et *Sur la Route* (1897, avec de nombreux textes datés d'avant cette année).

Sans négliger les couplets souvent octosyllabiques des chansons et notamment de celles mettant en scène les miséreux de Paris, citons tout d'abord ce quatrain extrait du monologue « Bonne année » (*Dans la Rue* I, 1889, p. 34) :

> Tas d' propr' à rien, tas d' saligauds,
> Avec vos môm's, avec vos grues,
> Vous m' barrez l' trottoir et les rues,
> J' peux pus ramasser mes mégots !

Et cette strophe de « Pilon » (*Dans la Rue* II, 1895, p. 21) :

> Va 'cor' falloir trotter pus loin,
> J'étais pourtant ben... là... dans c' coin !...
> Mais les deux que v'là c'est d' la rousse,
> Rien qu'à les voir ça m' fout la frousse ;
> Malgré qu' j'ay' mes soixant'-sept ans,
> Ces cochons-là, ils m' foutraient d'dans...
> Pourtant j' fais du tort à personne :
> Ej' pilonne[1].

L'originalité de Jehan Rictus n'est donc ni dans les strophes d'octosyllabes en langage populaire émaillé d'argot ni dans le tableau de la misère de son époque ni dans les soliloques exprimant de l'intérieur les ressentiments et révoltes des miséreux. Elle est plutôt dans le choix de consacrer tout un recueil poétique à « pousse[r] la plainte » d'un poète-et-pauvre marqué par son enfance et, comme tant de ses frères, par l'égoïsme des nantis, à exprimer dans la même langue saisissante des écrasés que celle du *Père Peinard* (1889-1902) et de *La Sociale* (1895-1896) d'Émile Pouget[2], quitte à forcer parfois le trait, son refus de l'injustice et son rêve d'une existence meilleure tout en s'armant d'humour et d'auto-dérision (« J'en ai soupé de n' pas briffer » au vers 113 de « L'Hiver »), à émouvoir le peuple « de façon à ne pas laisser debout un seul pan de l'édifice bourgeois » (Lettre à Léon Bloy d'octobre 1900). C'est cela qu'il fallait entendre...

---

[1] Ce verbe signifiait "mendier" en argot, sans doute par une métonymie partant du piétinement du mendiant qui reste sur place à quémander (le Pauvre des *Soliloques* « pilonne la boue » au vers 175 du poème « Espoir »).

[2] Ce militant anarcho-syndicaliste, auteur principal de ces deux organes de presse satirique écrits dans un langage populaire émaillé d'argot, saluera dans son *Père Peinard* le poète des *Soliloques*, qui reproduira ce passage dans sa plaquette d'articles jointe à l'édition de 1903.

JEHAN RICTUS

Les Soliloques du Pauvre

Faire enfin dire quelque chose[1] à
Quelqu'Un qui serait le Pauvre, ce
bon Pauvre dont tout le monde
parle et qui se tait toujours.

Voilà ce que j'ai tenté.

J. R.[2]

---

1 Rappel (voir introduction p. 15) : plutôt que de surcharger de notes un texte déjà encombré de variantes, j'ai préféré réunir dans un dictionnaire-glossaire final les explications des expressions, déformations et tournures figurant dans les paroles prêtées au Pauvre par le poète ; on y trouvera aussi parfois des commentaires plus littéraires.

2 Texte liminaire présent dès la toute première édition de 1897 « Chez l'auteur ».

L'HIVER[1]

[1] Ce titre se trouvait seul au milieu de la page 5 dans l'éd. de 1903, suivi à la p. 7 de l'illustration de Steinlen ici reproduite.

Merd' ! V'là l'Hiver et ses dur'tés,
V'là l' moment de n' pus s' mette[a] à poils :
V'là qu' ceuss' qui tienn'nt[b] la queue[c] d' la poêle
Dans l' Midi vont s' carapater ! [fin p. 9]

V'là l' temps ousque jusqu'en Hanovre
Et d' Gibraltar au cap Gris-Nez,
Les Borgeois, l' soir, vont plaind' les Pauvres
Au coin du feu... après dîner !

Et v'là l' temps ousque dans la Presse,
Entre un ou deux lanc'ments d' putains,
On va r'découvrir la Détresse,
La Purée et les Purotains !

Les jornaux, mêm' ceuss' qu'a d' la guigne,
À côté d'artiqu's festoyants
Vont êt' pleins d'appels larmoyants,
Pleins d' sanglots...[a] à trois sous la ligne !

[Merd', v'là l'Hiver ! Le pègr' s'échine
À fabriquer les port's-monnaie][b]
Merd' ! v'là l'Hiver ! Maam'[c] Sév'rine[1]
Va rouvrir tous ses robinets ! [fin p. 10]

C' qui va s'en évader des larmes[2] !
C' qui va en couler d' la pitié[d] !
Plaind' les Pauvr's c'est comm' vendr' ses charmes[e]
C'est un vrai commerce, un méquier !

Ah ! c'est qu'on est pas muff'[f] [3] en France,
On n' s'occup' que des malheureux ;
Et dzimm et boum ! la Bienfaisance
Bat l' tambour su' les Ventres creux !

---

[1] De son vrai nom Caroline Rémy (1855-1929), journaliste engagée, elle a dénoncé la misère sociale et organisé des quêtes en faveur des miséreux.

[2] Comme dans le vers suivant, la syntaxe correcte pour cette tournure exclamative répandue dans l'usage populaire serait « c' qu' i' ».

[3] Le mot *mufle* (voir dictionnaire-glossaire), déjà employé sous la forme *muf'* par Richepin dans le poème « Balochard » ajouté à l'édition de 1881 de *La Chanson des Gueux*, confirme l'attaque anarchisante de Jehan Rictus, qui rejoint ici également Laurent Tailhade (1865-1919), auteur en 1891 du recueil *Au Pays du Mufle* (éd. augm. en 1894) ; cet écrivain et journaliste proche des milieux libertaires, qui a fréquenté le Chat Noir et collaboré à *La Plume* et au *Mercure de France*, sera enthousiasmé par les *Soliloques* à leur parution, mais changera d'avis après s'être brouillé avec leur auteur.

L'Hiver, les murs sont pleins d'affiches
Pour Fêt's et Bals de charité,
Car pour nous s'courir, eul' mond' riche
Faut qu'y[1] gambille à not' santé !

Sûr que c'est grâce à la Misère
Qu'on rigol' pendant la saison ;
Dam' ! Faut qu'y viv'nt les rastaqoères
Et faut ben qu'y r'dor'nt leurs blasons ! [fin p. 11]

Et faut ben qu' ceux d' la Politique
Y s' gagn'nt[a] eun' popularité !
Or, pour ça, l' moyen l' pus pratique
C'est d' chialer su' la Pauvreté.

Moi[b], je m' dirai : « Quiens, gn'a du bon ! »
L' jour où j' verrai les Socialisses
Avec leurs z'amis Royalisses
Tomber d' faim dans l' Palais-Bourbon.

Car tout l' mond' parl' de[c] Pauvreté
D'eun' magnèr' magnifique et ample,
[Vrai de vrai y a d' quoi en roter][d],
Mais personn' veut prêcher d'exemple !

Ainsi, r'gardez les empoyés[e]
(Ceux d' l'Assistance évidemment)
Qui n'assistent[f] qu'aux enterr'ments
Des Pauvr's qui paient pas leur loyer ! [fin p. 12]

Et pis contemplons les Artistes[g],
Peint's, poèt's ou écrivains[2],
Car ceuss qui font des sujets tristes[h]
Nag'nt dans la gloire et les bons vins !

---

[1] Le choix de la forme *y* pour transcrire la prononciation du pronom sujet *il* n'est guère satisfaisant (*i'* serait moins ambigu), mais c'est un choix répandu dans la littérature reproduisant l'usage populaire.

[2] Il manque un pied à l'octosyllabe dans toutes les éditions. On pourrait restituer « Peintres ».

Pour euss, les Pauvr's, c'est eun' bath chose,
Un filon, eun' mine à boulots ;
Ça s' met en dram's, en vers, en prose,
Et ça fait faire ed'[a] chouett's tableaux !

Oui, j'ai r'marqué, mais j'ai p'têt'[b] tort,
Qu' les ceuss qui s' font nos interprètes[c]
En geignant su' not' triste sort
Se r'tir'nt[d] tous après fortun' faite !

Ainsi, t'nez, en littérature
Nous avons not' Victor Hugo
Qui a tiré des mendigots
D' quoi caser sa progéniture ! [fin p. 13]

Oh ! c'lui-là, vrai, à lui l' pompon !
Quand j' pens' que, malgré ses meillons,
Y s' fit ballader[e] les rognons
Du Bois d' Boulogne[f] au Panthéon

Dans l' corbillard des « Misérables »[g]
Enguirlandé d' Beni-Bouff'-Tout[h]
Et d' vieux birb's à barb's vénérables...
J'ai idée[i] qu'y s'a foutu d' nous

Et gn'y a[j] pas qu' lui ; t'nez[k] Jean Rich'pin
En plaignant les « Gueux »[l] fit fortune.
F'ra rien chaud quand j' bouff'rai[m] d' son pain
Ou qu'y[n] m' laiss'ra l' taper d'eun' thune.

[trois quatrains de 1897 supprimés de 1903 à 1919, mais restitués, avec corrections, à partir de 1921][o]

Ben, en peintur'[p], gn'a[q] z'un troupeau
Ed' peint's[r] qui gagn'nt la forte somme
À nous peind' pus[s] tocs que nous sommes :
(Les poux aussi viv'nt de not' peau !)[t] [fin p. 14]

Allez ! tout c' mond' là s' fait pas d' bile,
C'est des bons typ's, des rigolos,
Qui pinc'nt eun' lyre à crocodiles
Faite ed' nos trip's et d' nos boïaux !

L'en faut, des Pauvr's, c'est nécessaire,
Afin qu' tout un chacun s'exerce,
Car si y gn' aurait[a] pus d' misère
Ça pourrait ben ruiner l' commerce[b].

Ben[c], j' vas vous dir' mon sentiment :
C'est un peu trop d'hypocrisie,
Et plaindr' les Pauvr's assurément[d]
Ça rapport' pus qu' la Poésie :

Je l' prouv', c'est du pain assuré ;
Et quant[e] aux Pauvr's, y n'ont qu'à s' taire.
L' jour où gn'en aurait pus su'[f] Terre,
Bien des gens s'raient dans la Purée ! [fin p. 15]

Mais Jésus mêm'[g] l'a promulgué,
Paraît qu'y aura toujours d' la dèche
Et paraît qu'y a quèt' chos'[h] qu' empêche
Qu'un jour la Vie a soye pus[i] gaie.

Soit[j] — Mais, moi, j' vas sortir d' mon antre
Avec le Cœur et l'Estomac,[k]
Pleins d' soupirs... et d' fumée[l] d' tabac.
(Gn'a pas d' quoi fair' la dans' du ventre !)

J'en ai ma claqu', moi, à la fin[m],
Des « *P'tits carnets* » et des chroniques
Qu'on r'trouv' dans les poch's ironiques
Des gas[n] qui s' laiss'nt mourir de faim !

J'en ai soupé de n' pas briffer
Et d'êt' de ceuss' assez... pantoufles
Pour infuser dans la mistoufle
Quand... gn'a des moyens d' se r'biffer[o]. [fin p. 16]

Gn'a trop longtemps que j' me balade[a]
La nuit, le jour, sans toit, sans rien ;
(L'excès même ed'[b] ma marmelade
A fait s' trotter mon Ang' gardien !)

(Oh ! il a bien fait d' me plaquer :
Toujours d' la faim, du froid, d' la fange,
Toujours dehors, gn'a d' quoi claquer ;
Faut pas y en vouloir à c't' Ange !)

Eh donc ! tout seul, j' lèv' mon drapeau ;
Va falloir tâcher d'êt' sincère
En disant l' vrai coup d' la Misère,
Au moins, j'aurai payé d' ma peau !

[Et souffrant pis qu' les malheureux
Parc' que pus sensible et nerveux
Je peux pas m' faire à supporter
Mes douleurs et ma Pauvreté. [fin p. 17]

Au lieu de plaind' les Purotains
J' m'en vas m' foute à les engueuler,
Ou mieux les fair' débagouler,
Histoir' d'embêter les Rupins.][c]

Oh ![d] ça n' s'ra pas comm' les vidés
Qui, bien nourris, parl'nt de nos loques,
Ah ! faut qu' j'écriv' mes « Soliloques » ;
Moi aussi, j'en ai des Idées !

Je veux pus[e] êt' des Écrasés[f]
D' la Muflerie[g] [1] contemporaine ;
J' vas dir' les maux, les pleurs, les haines
D' ceuss' qui s'appell'nt « Civilisés »[h] !

---

[1] Avec ce dérivé, Jehan Rictus développe le thème qu'il a déjà installé avec le mot *muff'* au vers 25 (voir note 3 p. 26) et qu'il reprendra tout au long du recueil (voir article **mufle** du dictionnaire-glossaire).

Et au milieu d' leur balthasar
J' vas surgir, moi (comm' par hasard)
Et fair' luire aux yeux effarés
Mon p'tit « *Mané, Thécel, Pharès*[1] » ![a] [fin p. 18]

Et qu'on m' tue ou qu' j'aille en prison,
J' m'en fous, je n' connais pus d' contraintes :
J' suis l'Homm'[b] Modern'[2], qui pouss' sa plainte,
Et vous savez ben[c] qu' j'ai raison !

(1894-1895) [fin p. 19]

[1] Allusion biblique (*Daniel*, ch. V), exploitée notamment dans le roman satirique *Jérôme Paturot à la recherche d'une position sociale* (1842) de L. Reybaud, au festin au cours duquel Balthazar, roi de Babylone, vit apparaître les mots « Mané — Thécel — Pharès » annonçant sa fin prochaine.

[2] Après l'énigmatique phrase « Il faut être absolument moderne » de Rimbaud à la fin d'*Une Saison en Enfer* (1873), après le modernisme attribué dans *Dix ans de bohème* (1888) aux Bouchor, Richepin et Bourget par Émile Goudeau qui décrivait ses amis à « la recherche du moment présent » en 1876 (p. 52), cet emploi de l'adjectif *moderne* se différencie par le manifeste d'un engagement voulant rompre radicalement avec la « muflerie contemporaine » et avec ce temps où des écrivains se sont enrichis en geignant sur la misère.

Illustration située à la page 20.

IMPRESSIONS DE PROMENADE[1]

[1] Ce titre se trouvait à la p. 21 et l'illustration ici reproduite occupait la p. 23 (celles des pages 25 haut, 27 haut et 29 bas n'ont pas été reprises).

Quand j' pass' triste et noir, gn'a d' quoi rire.
Faut voir rentrer les boutiquiers
Les yeux durs, la gueule en tir'lire,
Dans leurs comptoirs comm' des banquiers.

J' les r'luque : et c'est irrésistible.
Y s' caval'nt, y z'ont peur de moi,
Peur que j' leur chopp' leurs comestibles,
Peur pour leurs femm's, pour je n' sais quoi.[a] [fin p. 25]

Leur conscienc' dit : « Tu t' soign's les tripes,
« Tu t' les bourr's à t'en étouffer,[b]
« Ben, n'en v'là un qu'a pas bouffé ! »
Alors, dame ! euss y m' prenn'nt en grippe !

Gn'a pas ! mon spectr' les embarrasse,
Ça leur z'y donn' comm' des remords :[c]
Des fois, j' plaqu'[d] ma fiole à leurs glaces,
Et y d'viennent[1] livid's comm' des morts !

Du coup, malgré leur chair de poule,
Y s' jett'nt su' la porte en hurlant :[e]
Faut voir comme y z'ameut'nt la foule
Pendant qu' Bibi y fout son camp !

« — Avez-vous vu ce misérable,
« Cet individu équivoque ?
« Ce pouilleux, ce voleur en loques
« Qui nous r'gardait manger[f] à table ? [fin p. 26]

« Ma parole ! on n'est pus chez soi,
« On n' peut pus digérer tranquilles...
« Nous payons l'impôt, gn'a des lois !
« Qu'est-c'[g] qu'y font donc, les sergents d' ville ? »

---

[1] Apostrophe (« d'vienn'nt ») oubliée dans toutes les éditions, ce qui fait un pied en trop.

J' suis loin, que j' les entends encor :[a]
L' vent d'hiver m'apport' leurs cris aigres.
Y piaill'nt, comme à Noël des porcs,
Comm' des chiens gras su' un chien maigre ! [fin p. 27]

Pendant c' temps, moi, j' file en silence,
Car j'aim' pas la publicité ;[b]
Oh ! j' connais leur état d' santé,
Y m' f'raient[c] foutre au clou... par prudence ![d]

Comm' ça, au moins, j'ai l' bénéfice
De m' répéter en liberté
Deux mots lus su'[e] les édifices :
« Égalité ! Fraternité ! »

Souvent, j'ai pas d'aut' nourriture :[f]
(C'est l' pain d' l'esprit, dis'nt les gourmets.)
Bah ! l'Homme[g] est un muff' par nature,
Et la Natur' chang'ra jamais.

Car, gn'a des prophèt's, des penseurs
Qui z'ont cherché à changer l'Homme,[h]
Ben quoi donc qu'y z'ont fait, en somme,
De c' kilog d' fer qu'y nomm'nt son Cœur ? [fin p. 28]

Rien de rien... même en tapant d'ssus
Ou en l' prenant par la tendresse
Comm' l'a fait Not' Seigneur Jésus,
Qui s'a vraiment trompé d'adresse :

Aussi, quand on a lu l'histoire
D' ceuss' qu'a voulu améliorer
L' genre humain..., on les trait' de poires ;
On vourait ben les exécrer :[i]

On réfléchit, on a envie
D' beugler tout seul *« Miserere »*,
Pis on s' dit : Ben quoi, c'est la Vie !
Gn'a rien à fair', gn'a qu'à pleurer. [fin p. 29]

Illustration située à la page 30.

SONGE - MENSONGE
ESPOIR
DÉCEPTION

(Trilogie)[1]

[1] Le titre de l'ensemble se trouvait seul au centre de la p. 31 et l'illustration p. 35 entre deux pages blanches, après le sous-titre « Songe-Mensonge ».

SONGE - MENSONGE[1]

[1] Le titre du premier volet de la trilogie se trouvait seul au centre de la p. 33, l'illustration ici reproduite occupant la p. 37 au-dessus du premier quatrain.

I[1]

P'têt' ben qu'un jour gn'aura du bon
Pour l' Gas[a] qui croit pus à grand' chose,
Qu' a ben sommeil, qu' est ben morose
Et qui bourlingue à l'abandon ; [fin p. 37]

Pour l' Gas qui marche en ronflant d'bout
Et qui veut pus en foutre eun' datte
Et qui risqu'rait p'têt' un sal' coup
S'il l'tait[2] pus vaillant su' ses pattes

Et s'y[b] n' saurait pas qu'en fin d' comptes
Pus ya d' misère et d' scélérats,
Pus ya d' l'horreur, pus ya d' la honte,
Pus ya d' pain pour les magistrats !

Oh ! p'têt' ben qu' oui, oh ! p'têt' ben qu' non,
Gn'aura du mieux... du neuf... du bon
Pour C'lui[c] qui va la gueul' penchée
À l'heure où les aut's sont couchés,

Car c' soir... faut r'filer la Comète,
Malgré qu' mes pieds soyent[d] en viand' crue ;
Ce soir... c' doit êt' un soir de[e] fête,
C'est plein d' rigolos dans les rues ! [fin p. 38][3]

[Ô joie ! ô candeur !... non c' qu'y gueulent,
Gn'en a déjà qu' ont leur muffée ;
Y tienn'nt un copain qui dégueule
Alorss que moi j'ai rien briffé.][f]

C'est des michets, c'est des maqu'reaux,
C'est des « rastas », c'est des rapins,
Des calicots et des youpins,
Des band's de rouchies[g] et d' poivrots, [fin p. 39]

---

1 La trilogie se déroule en neuf mouvements numérotés de I à IX.
2 Combinaison de *il 'tait* avec *l'était* ?
3 Une illustration non reproduite (rue en fête) se trouvait en haut de la p. 39.

Des candidats au copahu,
Des jeun's genss' qui fait dans l' Commerce
Et qui s' sont dit : « Faut qu'on s'exerce
À la grand' noce, au grand chahut ! »

(Ceuss'-là y gagn'nt[a] cinq cigs par mois
Et veul'nt la faire aux mecs[b] braisés)
Or pour s'offrir eun' fill' de joie[c]
Ce soir... n'a fallu s' cotiser !

Chacun deux thun's... viv' la jeunesse !
Et les v'là quat' pour eun' gothon :
Mais la pauv' môm' n'a qu' deux tétons
Et quoi qu'a fass'... qu'eun' pair' de[d] fesses !

Un seul couch'ra... hein, quel succès !
Les aut's y s' tap'ront... sans personne.
(Ah ! qu'on[e] est fier d'être Français
Quand on regarde la Colonne[f] !) [fin p. 40]

Vrai, les pauv's gas..., les malheureux,
Les crèv'-d'amour..., les faméliques !
Y pass'nt[g], les viveurs fastueux
De la troisième République !

Euss', leur gueltre et leur faux chambard
Et leurs punais's à trois francs l'heure,
C'est d' la misère et du cauch'mar
C'est d' la[h] cruauté qui m'effleure.

Quand gn'en a pus... gn'en a encore,
Y piaill'nt, y rouspèt'nt... y s' querell'nt[1]
C'est du suffrage universel
Qui passe et qu' est content d' son sort ! [fin p. 41][2]

---

[1] Souci de versification (*querell'nt – universel*) surprenant dans toutes les éditions, puisque, juste avant, *encore* n'est pas élidé pour rimer avec *sort*.
[2] Illustration en bas de page (visage du Pauvre de profil) non reproduite.

[II][1]

Ah ! les veaux tout d' mêm', les vagins,
Les salopiots..., les pauv's loufoques,
C'est pas euss qui f'ront v'nir l'Époque
Où qu' les z'Homm's[a] y s'ront tous frangins, [fin p. 42]

---

1 Ce chiffre romain présent dans les éd. de 1897 est oublié à partir de 1903 pour numéroter la seconde partie du premier volet, précédée de l'illustration ici reproduite.

Où qu' les Nations s' pass'ront des langues,
Comm' des charlott's en amiquié[a],
Euss, y r'tourn'nt à l'orang-outangue
De la cocotte au cocotier !

Ça s'rait bath d'en faire un cocu,
D'y soul'ver eun' de ses bergères,
Mais d'pis[b] longtemps... j'ai mal vécu,
J' suis pas sûr d'êt' eun' bonne affaire :

(Dam' !... j'ai fait l' jacqu' moi, et par trop,
L' poireau d'amour pour caus' de dèche,
La crèm' de ma rac'[c] doit êt' sèche
Comm' la moell'[d] morte du sureau ;

Pis[e]... mal fringué... fauché... sans treffe,
J'os'rais seul'ment pas y causer :
Donc un béguin, c'est comm' des nèfes,
Quant au lapin... c'est tout posé !)[f] [fin p. 43]

Enfin ! N'empêch' que v'là la puïe
Qu'y m' faut cor' n' tortorer qu' la brume
(Mêm' que c'est comm' ça qu'on s'enrhume
Et qu'on s'obtient des pneumonies).

Et n'empêch' qu'en c'te nuit d' plaisir[g]
Où trottaille ed' d'[1] la bell' gonzesse
Au fin fond d' ma putain d' jeunesse
Y s' lèv' comme un troupeau d' désirs !

Et quels désirs ! Des éperdus,
Des ceuss' qui font qu'on d'viendrait pègre,
Des douloureux... des ben tendus,
Vrai' band' de loups et d' gorets maigres.

---

[1] Il y a manifestement un *d'* en trop.

[a]Pourtant[b] la lanc' d'vrait les noyer,
Oui, j' t'en fous, ma viande hurl' tout' seule,
Mon cœur va me sauter d' la gueule[c]
Mes limandins vont aboyer[d] ! [fin p. 44]

III[1]

Ah ! qu' mes flaquants sont lourds ce soir...
Oh ! un bain d' pieds... eun' pair' d'[e] pantoufes
(J'ai trop marné dans la mistoufe
Dans la bouillasse et l' désespoir !)

Oh ! n' pus êt' planqué à la dure
Et n' s'rait-ce[2] qu'eun' nuit frimer l' marlou
Et m' les rouler dans d' la guipure
Ousqu'on verrait guincher mes poux. [fin p. 45]

Deux ronds d' tendresse... un sou d' sourire
Et deux tétons en oneillers[f]
Pour s'y blottir, y roupiller
Et les mamourer sans rien dire :

Voui, deux tétons frais et joyeux,
Marmots lourds à gueulett's fleuries,
Lingots d'amour et d' chair chérie
Beaux et miséricordieux,

Oh ! d' la santé... eun' bonne haleine !
D' la peau jeun'... des bras de fraîcheur
Et su' tout ça coucher ma peine
Et ma fatigue de marcheur...

Car c' soir vraiment j' peux pus m' cont'nir,
J'éclate ! Y a trop d' joie[g], trop d' morues,
Gn' a trop d' rigolos dans les rues,
J' m'en vas chialer... j' m'en vas m' périr... [fin p. 46]

---

1 Illustration en haut de page (visage du Pauvre de profil) non reproduite.
2 Sans apostrophe (« n' s'rait-c' »), un pied en trop (toutes éditions).

Assez ! ou j' vas m' sortir les tripes
Et buter dans l' blair des passants,
Des premiers v'nus, des « innocents »,
Dans c' troupeau d' carn's qu' est les bons types[a].

Ceuss' là dont la joie[b] n' fait pas grâce,
J' m'en vas leur z'y mett' un bouchon...
Noël, Noël ! L' preumier[c] qui passe
Y bouff'ra d' la têt'[d] de cochon !... [fin p. 47]

Illustration du bas de la page 47.

IV[1]

À moins qu' ça n' soye[a] moi qui n'écope[b]
Y aurait des chanc's pour qu' d'eun' mandale
Un d'euss' m'envoye[c] râper les dalles
De la plac' Pigalle au Procope[2]. [d]

Car euss' n'ont pas dîné... d' mépris
Ni déjeuné d'un paradoxe.
Tous ces muff's-là, c'est ben[e] nourri,
Ça fait du sport... ça fait d' la boxe. [fin p. 48]

Pis[f] quand même ej' s'rais l' pus costeau
(Faut ben voir la réalité),
Quand on est seul à s' révolter
Les aut's boug'nt pas pus qu' des poteaux.

Alorss ? Quoi fair' ? S' foutre à la Seine ?
Mais j' suis su' Terr', faut ben qu' j'y reste ;
Allons r'marchons... rentrons not' geste
Pour cett' fois... ça vaut pas la peine ! [fin p. 49]

Illustration du bas de la page 49.

---

[1] Illustration en haut de page (visage du Pauvre de profil) non reproduite.

[2] Le Procope, lieu de réunion d'écrivains illustres depuis le XVIIe siècle, est le plus vieux café de Paris. Il est situé dans le quartier Saint-Germain, c'est-à-dire de l'autre côté de la Seine par rapport à la place Pigalle...

Médaillon au centre de la p. 50.

ESPOIR[1]

[1] Ce titre du second volet de la trilogie se trouvait à la page 51, l'illustration ici reproduite occupant la page 53.

Illustration de la p. 55 au-dessus du premier quatrain.

V

Comment qu' ça s' fait qu' les taciturnes,
Les fout-la-faim[a], les gas comm' moi,
Les membr's du " Brasero nocturne "[1], [b]
Gn'en a pus d'un su' l' pavé d' bois ; [fin p. 55]

Ceuss qu'ont du poil et d' la fierté,
Les inconnus..., que tout l' mond' frôle[c],
Souffrent c'[d] qu'y souffr'nt sans rouspéter
Et pass'nt en couchant les épaules ?

C'est-y que quand le ventre est vide
On n' peut rien autr' que s' résigner,
Comm' le bétail au front stupide
Qui sent d'avanc'[e] qu'y s'ra saigné ?

Comment qu' ça s' fait qu' la viande est lâche
Et qu'on n' tent'rait pas un coup d' chien
Et qu' moins on peut... moins qu'on s' maintient,
Pus on s' cramponne et pus[f] qu'on tâche ?

(Car c'est pas drôl' d'êt' sans coucher
Pour la raison qu'on est fauché,
Ou[g] d' pas s' connaître eun' tit' maîtresse
À caus' qu'on est dans la détresse !) [fin p. 56]

(L' droit au baiser existe trop
Pour les rupins qu' est débauchés,
Pour les barbes, pour les michets ;
Le sans-pognon..., lui, bais'[h]... la peau !)

---

[1] La nuit, en hiver, on allumait de grands chauffoirs pour les miséreux (voir la chanson « À la Chapelle » de Bruant et, ci-dessous p. 63, l'illustration de Steinlen pour la p. 75 dans l'éd. de 1903).

(Pourtant, vrai, on sait c' qu'est la Vie
Qui s' traduit par l' mêm' boniment
Qu' dans la galette ou l' sentiment
On vous fait jamais qu' des vach'ries !)

Donc, comment qu' ça s' fait qu'on fait rien,
Qu'on a cor' la forc' de[a] poursuivre
Et qu' malgré tout, ben, on s' laiss' vivre
À la j' m'en-fous, à la p'têt'-bien[b] ?

Oh ! C'est qu' chacun a sa chimère
Et qu' pus il est bas l' purotain,
Pus qu'y marin'[c] dans les misères,
Pus que son gniasse est incertain, [fin p. 57]

Et qu' moins y sait où donner d' l'aile,
Comme en plein jour l'oiseau du soir,
Pus qu'y se r'suc'[d] dans la cervelle
Deux grains d' mensonge et un d'espoir !

Espoir de quoi ? Dam' ! ça dépend :
Gn'en a qu'espèr'nt en eun' Justice,
D'aut's en la Gloir' (ça, c'est un vice...
Leur faut dans l' fign' trois plum's de paon !).

Mais l' pus grand nombr'... l'est comm'[e] mézigue,
Y rêv' d'un coin qui s'rait quéqu' part,
N'importe, y n' sait, où pour sa part
Y verrait flancher sa fatigue :

Un endroit ousque, sans charger,
Ça r'ssemblerait à d' la vraie[f] Vie,
À d' l'Amour et à du manger,
Mais pas comm' dans les théories. [fin p. 58]

Un soir d'été, deux brins d' persil,
Eun' tit' bicoque à la campagne
Et quéqu'[g] chose à s' mett' dans l' fusil
(C'est pas des châteaux en Espagne !)

Car y vient eune heure à la fin
Où qu' chacun veut vivre en artisse :
L' rupin... à caus' des rhumatisses
Et l' pauvr' pour bouffer à sa faim.

Voui ! D' la guimauv', du sirop d' gomme
Pour chacun en particulier ;
Mais v'là l' chiendent, v'là l' singulier,
On vourait ça pour tous les Hommes ! [fin p. 59]

VI[1]

Car, gn'a pas, on est fatigué,
On n' donn' pus dans la Politique,
Ses pantins noirs et leur chiqué ;
On sait qu' tout ça, c'est des « pratiques ». [fin p. 60]

On rigol' d'eun' Fraternité
Où mêm' quand c'est l' Milord qu' étrenne
Et qu' c'est son tour d'êt' dans la peine,
Ses frangins (!) l'y laiss'nt[a] barboter.

On s' fout d'un Dieu qui, s'il existe,
A sûr'ment dû nous oublier ;
Car d'pis[b] l' temps qu'on l'a supplié,
L'aurait pu fair' la Vie[c] moins triste !

On commenc' par avoir son crible
Des loufoqu'ries de nos Aïeux ;
On vourait pas, si c'tait possible,
On vourait pas trinquer pour eux...

Nous on est droits... nous on respire
(Ça n'est déjà pas si cocasse) ;
Porquoi qu'y faut payer la casse
Du preumier et du s'cond Empire ? [fin p. 61]

1 Illustration en haut de page (Pauvre marchant seul) non reproduite.

On a soupé des comédies,
Des moral's, des phizolofies,
L'Homm' doit pus fair' que son plaisir
Et la beauté de ses désirs.

On s'en fout des Idéalisses
Qui su' not' râb' se chamaillaient
Et des z'avocats socialisses
Poilus[1], gueulards et marseillais !

On marche pus pour êt' martyrs
Ou d' la confitur' d'insurgés,
Comm' ceuss dont les z'oss'ments doiv'nt dire :
— Malheur ! Quand c'est qu'on s'ra vengés ?

Porquoi qu'on s'rait viande à mitrailles
Pour flingots à « persécussions » ?
De Fourmies[2] on r'monte à Versailles[3],
C'est toujours les mêm's solutions. [fin p. 62]

On croit s' battr' pour l'Humanité,
J' t'en fous... c'est pour qu' les Forts s'engraissent
Et c'est pour que l' Commerce y r'naisse
Avec bien pus[a] d' sécurité.

On se souvient des Communeux
Dont on questionnait la cervelle
En leur enfonçant les vitreux
À coups d' sorlots[b] et d' point's d'ombrelles

Et quand on r'tombe au temps présent,
On n' trouv' pas ça pus[c] amusant ;
Y font vomir les satisfaits
À qui pus rien ne fait d'effet ;

---

1 Le mot, qui avait aussi à cette époque le sens figuré ("courageux"), est employé ici avec son sens propre.

2 À Fourmies, le 1 mai 1891, la troupe tire sur une manifestation ouvrière et tue une dizaine de personnes, dont des femmes et des enfants.

3 Le gouvernement de Thiers, replié à Versailles, a réprimé la Commune de Paris par un carnage lors de la Semaine sanglante fin mai 1871.

Et vomir, les poir's, les bett'raves,
Les résignés à tronch's d'esclaves
Et tous les genr's de révoltés
Qui finiss'nt[a] par êt'... députés ! [fin p. 63]

Nous, on veut pus se l' laisser mettre,
Vaut mieux s' tourner les pouc's en rond ;
Quand un larbin y parvient maître
L'est cor pus carn'[b] que son patron !

De quoi ? S' fair' scier pour ces gas-là ?
Fair' monter l' tirag' des gazettes ?
Y val'nt pas l' coup, vrai, nom de d' là,
Qu' y z'y rest'nt[c] aux wouater-clozettes !

À part quéqu's-uns qu' ont d' la bonté,
Les aut's sont par trop sûrs d'eux-mêmes ;
Laissons les flemmards à leur flemme
Et les salauds dans leur sal'té !

[Car les modernes Aristos
N'ont pas bezef des Paladins
Qui se faisaient crever la peau
Pour la Veuve et pour l'Orphelin[1].][d] [fin p. 64]

Voui, qu'y z'y pionc'nt dans leur purin
Fait[e] d'or, d' laideurs et d'arrogance ;
Vrai, y manqu'nt par trop d'élégance.
Y m' dégoût'nt, mes Contemporains ! [fin p. 65][2]

---

1 Thème développé par Jehan Rictus (qui prétendait descendre d'une lignée aristocratique) dans sa lettre à Léon Bloy d'octobre 1900 :

> [...] j'ai conscience ici [dans les *Soliloques*] d'obéir à la mission traditionnelle de l'Aristocrate qui est de défendre le Peuple contre ses ennemis, et au besoin, contre lui-même. L'Histoire m'approuve, en la personne des Paladins et des Chevaliers.
>
> Le mythe de la veuve et de l'orphelin est à ressusciter. Quoi que vous puissiez croire, je m'y emploie [...] (T. Briant, *op. cit.*, p. 188)

2 Illustration en fin de page (visage du Pauvre de profil) non reproduite.

VII[1]

Donc, chacun il a sa chimère,
(Mêm' qu'il en est l'unique amant) ;
Bibi a la sienne égal'ment[a]...
Suffit... j' m'entends... c'est m' n'[2] affaire ! [fin p. 66]

Voui, j' suis un typ', moi, j'en ai d' bonnes ;
Quand les aut's y sont dans leur lit[b],
Bibi y trimballe eun' Madone :
Notre-Dame-des-Démolis !

Et pis l' pus[c] crevant d' l'aventure[d],
Qui fait mon chagrin panaché,
C'est qu' c'est lorsque j' suis l' pus fauché,
L' pus dans la nasse el'[e] pus dans l'ordure[3],

C'est quand j' vaudrais pas mêm' eun' claque,
Quand j'[f] donn'rais pas deux ronds d' ma peau
Et qu' « le long, le long du ruisseau »[4]
J' vourais[g] m' fondre et devenir flaque,

C'est quand j' me sens l' pus loqu'taillon,
Quand j' mâch' mes cris comm' des cartouches
C'est quand j' suis l' pus rauque et farouche
Qu'a[h] m'apparaît comme un rayon ! [fin p. 67]

Voui, quand j' vas ruer dans les brancards,
Tout par un coup v'là qu'a s'élève,
La Cell' qui dort au fond d' mes rêves
Comme eun' bonn' Vierg' dans un placard !

---

1 Illustration en haut de page (Pauvre sur un banc) non reproduite.

2 Même sans voyelle, les consonnes nasales font une syllabe dans toutes les éditions (« *m'n* », sans espace ni apostrophe finale, serait meilleur pour *mon*).

3 L'ajout d'un *e* devant l'article (« el' ») entraîne un pied surnuméraire dans toutes les éditions. La leçon la moins pire serait « L' pus dans la nass', l' pus dans l'ordure » !

4 Allusion probable, avec détournement ironique (les ruisseaux de Paris n'ont rien de bucolique), à la chanson « Tout le long, le long du ruisseau » (paroles et musique de Carl Van Berghe, mais partition non datée), interprétée par le ténor Victor Capoul (1839-1924) ?

Qui c'est ? J' sais pas, mais alle est belle :
A s' lève en moi en Lun' d'Été,
Alle est postée en sentinelle
Comme un flambeau, comme eun' clarté !

A m' guette, alle écout' si j' l'appelle
Du fond du soir et du malheur ;
Mêm' qu'elle[a] a les tétons en fleur
Et tout l'Amour dans les prunelles !

Qui c'est ? J' sais pas... p'têt' la Beauté
(À moins qu' ça n' soye[b] la Charité).
En tout cas c'est moi qu'alle attend
Et v'là déjà[c] pas mal de temps. [fin p. 68]

Sûr qu' c'est[d] pas eun' gerce à la roue
Qui m' mépris'ra pour manqu' de carme
Et tant que j' pilonn'rai la boue
Arpions en sang, châsses en larmes.

Sûr que c'est pas eune Égérie[1]
Qui, bien qu' repoussant du flingot,
F'rait p'têt' sa tourte et sa sûrie
Pass' que j' jacqu't'rai[e] en parigot ;

Et non pus eun' fill' de[f] romances
Qui s'enverrait l'Hercul' du Nord[2]
Ou, pour endormir ses souffrances,
M' f'rait des queues avec un ténor !

Ni eun' virago, sac à schnick,
Qui, pour soigner mon estomac,
M' pass'rait tous les jours à tabac
Comm' si qu' j'aye épousé un flic[g] (!) [fin p. 69]

---

1 Léon de Bercy (1902, *op. cit.*, p. 173) reproche notamment à l'auteur des *Soliloques* de faire dire à son miséreux des mots de style élevé comme *égérie* "inspiratrice", *entité* (supprimé dans l'éd. de 1903, voir variante *d* de la p. 27) et *parabole* (mais ce terme religieux était connu du peuple).

2 Surnom de lutteurs ou d'athlètes exhibant leur musculature. L'un d'eux, Charles Rousselle (déb. XIX[e] s.), a sa statue au jardin des Tuileries.

Ni eun' bergeois' qui f'rait ses magnes
(Eune épateus' de[a] calicots)
Et l' raffût des toupies d'All'magne[b] [1]
(Voyez rayon[c] des boucicauts[2]).

Ni eun' détraquée, eun' pourrie,
Eune écriveuse à faux jaspin,
Ni eun' pouffiasse à front d' Marie
Qui s'appuierait des marloupins.

Qui c'est ? J' sais pas, alle est si loin !
Alle est si pâl'[d] dans l' soir qui tombe
Qu'on jur'rait qu' a sort de la tombe
Ousqu'on s' marierait sans témoins.

Mais à forc' d'errer et d' muser
Su' des kilomèt's de bitume,
Quéqu' soir d'horreur et d'amertume
J' me[e] cogn'rai p'têt'[f] dans son baiser ! [fin p. 70]

. . . .

([g]— Mais d' qui donc, feignant, mâche-angoisse,
Princ' des Couillons, mine à croquis,
Gibier d' Poissy[3] qu'a l' taf qu'on l' poisse,
Non, mais dis-nous donc l' baiser d' qui ?

— T'en as d' l'astuc'[h], c'est épatant !
Ousqu'alle est ta Blanch'[i], ta Radieuse,
Tu t'es pas vu, eh ! dégoûtant,
Toi et ta requinpett' pouilleuse ?)

. . . .

Ben, ma foi, si gn'a pas moyen,
C'est pas ça qu'empêch'ra que j' l'aime !
Allons, r'marchons, suivons not' flemme
Rêvons toujours, ça coûte rien ! [fin p. 71]

---

1 Toupie métallique bruyante (expression déjà dans Richepin 1881).
2 Antonomase à partir du nom d'Aristide Boucicaut (voir glossaire).
3 Maison centrale de Poissy, pour des condamnés à moins de cinq ans.

Illustration occupant le centre de la p. 72.

DÉCEPTION[1]

[1] Ce titre du dernier volet de la trilogie se trouvait à la p. 73 et l'illustration ici reproduite occupait la p. 75, entre deux pages blanches.

VIII

Quand j' m'amèn'rai su' la Mason
Qu' j'ai dans l'idée, au coin d' ma vie,
Elle a s'ra just' su' sa sortie
Pour aller fair' ses provisions. [fin p. 77]

Dès qu'a m' verra, mince ed' girie !
(Un vrai coup d' tronche en pleins[a] nichons)
Et comm' tout par un coup r'froidie,
A d'viendra blanch' comme un torchon !

— Ah ! (Et a s' mettra pour prier :)
— Seigneur ! Jésus ! Marie-Mad'leine[b] !
Et tous ceuss' du calendrier
Qui s' foutent d' la[c] misère humaine.

— Ah ! ben vrai... bonsoir ? Quiens ! Te v'là ?
Ça n'est pas trop tôt, mon bonhomme,
Allons, approch', pos' ton cul là[d],
D'où c'est qu' tu viens ? Comment qu' tu t' nommes ?

— T'as l'air tout chos'[e]... tu t' sais en r'tard[f] ;
Mais j' te dis rien pass' que tu t' traînes
Et qu' t' as l'air d'avoir ben d' la peine
D'êt' ben massif, d'êt' ben mastar ! [fin p. 78]

— Mon guieu qu' t'es grand ! Mon guieu qu' t'es maigre !
Ben sûr... tu n'es pas... financier,
Ni député..., ni marl'[g]..., ni pègre,
Sûr que t'as z'un foutu méquier !

— Tes clignotants sont fatigués !
Tes ployants grinc'nt comm' des essieux,
T'es moch'[a]..., t'es vidé..., t'es chassieux,
T'es à fond d' cal'[b]..., t'es déglingué ;

— Sûr ! T'as pas eu ta suffisance
De[c] brich'ton, d' sommeil et d'amour
Et tes z'os qu'on doit voir à jour,
Ça n'est guèr' d' la « réjouissance »[1].

— T'as pus d' grimpant... t'as pus d' liquette,
Tes lappe-la-boue[2] bâill'nt[d] de douleur,
Et pour c' qui est d' ta requinpette
Alle est taillée[e] dans du malheur ! [fin p. 79]

— Qui c'est ton parfum ? dis ? des fois ?
(On pourrait t' pister à la trace.)
— Mossieu a mis son sifflet d' crasse ?
Mossieu va dans l' monde à c' que j' vois !

— Ton bloum ! y dat' du grand Empire !
Ta p'lur'[f] grelotte, eh ! grelotteux !
Et j' devin' cor[g] à ton sourire
Qu' ton cœur aussi est ben loqu'teux !

— T' as dû n'avoir l'âme azurée
D' l'instruction... d' l'astuce et d' l'acquis,
Car avec ça t'as l'air... marquis,
Oh ! mais... d'un marquis d' la Purée.

— J' te connais comm' si j' t'avais fait,
T' es un rêveur..., t' es z'eun' vadrouille ;
T' as chassé que c' que tu rêvais
Et t' es toujours rev'nu bredouille : [fin p. 80]

---

1 Diérèse (« ré/jou/is/sance ») pour obtenir l'octosyllabe ? Les guillemets attirent l'attention sur l'équivoque avec *réjouissance* "morceau d'os pesé avec la viande".

2 Sans apostrophe (« lapp' »), un pied en trop. Mot composé sans doute formé par l'auteur (voir glossaire).

— T' as tell'ment r'filé la comète
Qu'on la croirait cor'[a] su' ton front ;
T' as du blanc d' billard su' la tête,
T' as comme eune Étoil' su' l' citron.

— Cause un peu si ça[b] t'est possible !
Aie[c] pas peur, caus'[d] ?... Pheu ! c'est natté.
Oh ! c' qu'il est gonflé ton Sensible,
On croirait qu'y va éclater !

— Gn'a ben longtemps que j' t'espérais
Et j' comptais pus su' toi à c't' heure ;
Mais pisque te v'là et qu' tu pleures,
Stope ! on verra à voir après :

— Si ça t' botte on f'ra compagnons
(Bien qu' tu soye[e] schnocke et qu' tu trouillotes)
Mais j' t'aim' comm' ça.... c'est mes z'ognons
Et tout l' reste il est d' la gnognotte ! [fin p. 81]

— Arr'pos'-toi[f] donc, va... fais un somme,
T' es pas pressé... tu viens d' si loin ;
Les purs-sangs[g] qui sont pas des hommes
Roupill'nt ben tout l' long d' leur besoin ;

— Dors... laiss' tout ça s'organiser,
J' suis la Beauté... j' suis la Justice,
Et v'là trente ans que tu t' dévisses,
Qu' t' es en marche après mon baiser !

— T' es ben un galant d' not' Époque,
Un d' nos cochons d' contemporains
Qu' ont l' Ressautant, et l' Juge en loques[h]
Et n' sav'nt où donner du groïn[1].

---

1 Diérèse : « gro/ïn » ? Sinon, un pied en moins.

— Ah ! c' que t' as pris... non, c'est un rêve !
Et j'ai qu'à voir ton ciboulot
Pour m' figurer[a] qu' ta part d' gâteau
Ne cont'nait sûr'ment pas la fève[1] : [fin p. 82]

— T' as d' l'orgueil, d' la simplicité,
Et d'vant la Vie[b] t' as fait ta gueule ;
T' as d' l'usag'[c]... d' la timidité,
T' es dign', t' es maigr', t' es jeun'[d]... t' es meule !

— Aussi on n' te gob' pas beaucoup,
T' offens's les muffs[e] ; t' es bon pour l' bagne.
Comment, sagouin, t' avais pas l' sou
Et tu f'sais ta poire et tes magnes ?

— Quiens..., maint'nant, causons des gonzesses
(Qué Sologn'[f] ce fut[2]... tes vingt ans !)
Aucune a compris les tendresses
Qui braisoyent[g] dans tes miroitants :

— Et t' es cor deuil et plein d' méfiance
À cause[3] des fauvett's qui dans l' temps
Ont fait pipi su' tes croyances
Et caca su' ton Palpitant ; [fin p. 83]

— Et des nombreus's qui censément
T'ont mené au pat'lin jonquille[4]
Et chahuté les sentiments
Comm' des croquants couch'nt un jeu d' quilles.

— Et les ment'ries qu' tu sais déjà ;
Nib ! T' en veux pus pour un empire :
Hein : — « Cœurs de femm's, cœurs de goujats »
Et les meilleur's... a sont les pires !

---

1 C'était la part mise de côté pour le pauvre.

2 Jehan Rictus exprime ici la désolation de ce bel âge de sa jeunesse par une antonomase métaphorique reposant sur la réputation de misère et d'insalubrité qu'avait encore à l'époque cette région.

3 Sans apostrophe (« caus' »), un pied en trop dans toutes les éditions.

4 Sans doute la couleur jaune du pays des cocus...

— N' te tracass' pas, va... dors, mon gosse ;
Dodo, mon chagrin..., mon chouné[a],
La France est un pays d' négoce,
Tu sauras jamais t'y r'tourner !

(Car la Femme a n'a qu'un pépin,
Son mâl' s'rait-y l' roi des Rupins,
L' pus marioll' de tous les royaumes,
Pour Ell'[b]... c'est jamais qu'un pauv' môme.) [fin p. 84]

IX[1]

Et v'là. — A caus'ra jusqu'au jour
Comm' ça en connaissanc' de cause ;
Ses mots... y s'ront des grains d'amour,
Et en m' disant tout's ces bonn's choses, [fin p. 85]

Jusqu'à c' que la Blafarde a s' couche
Dans son plumard silencieux,
A mettra ses mains su' ma bouche
Et pis ses bécots plein mes yeux.

(Car nous deux ça bich'ra tout d' suite
Et pour savoir[c] si j' suis amé
Sûr, j'aurai pas besoin d' plumer
L' volant mignon des marguerites !)

J' m'y vois. — A m' prendra dans ses bras
Comme eun' moman quient son moutard,
Comme un goualant d' rues[d] sa guitare
Et a m' f'ra chialer[e] c' qu'a voudra.

Pour moi, ça s'ra mossieu Dimanche
(J'y caus'rai pas... gn'en aurait d' trop !)
J' s'rai là, crevé, langu' dans les crocs
Comme un vieux canasson qui flanche. [fin p. 86]

---

1 Illustration en haut de page (femme dorlotant le Pauvre) non reproduite.

Dormir alors... ah ! j' dormirai
L'instant où j' la rencontrerai !
Oh ! là là, qué coup d' traversin :
(Le tsar y s'ra pas mon cousin !)

Dormir... dormir, jusqu'à Midi !
Qu'a soye putain, qu'a soye[a] pucelle,
Le blair'[b] dans l' poil de son aisselle
Comme un moignieau qui rentre au nid !

Sûr qu'a s'ra franch', gironde et bonne,
Son cœur y s'ra là pour un coup,
Et ses tétons y s'ront si doux
Que j' la prendrai pour eun'[c] daronne.

Et loin des gonciers charitables,
Des philanthrop's... des gas soumis,
J'aurai d' la soup', du rif, eun' table
Et du perlo pour les z'amis. [fin p. 87]

(Fini l' chiqué des vieux gratins,
Des pauv's vieux cochons baladeurs[d]
Fini, Mam' Poignet et ses leurres
Solitaires et clandestins !)

Ah ! nom de d'là ! ce que j' l'am'rai
(Gn'aura qu'Ell' qui s'ra ma Patrie)
Elle et[e] pis sa jeuness' fleurie
Comme eul'[f] Luxembourg au mois d' Mai :

Ah ! quand c'est que j'y parviendrai
À la Mason de Son Sourire,
Quand c'est donc que je pourrai m' dire :
— Ma vieill', ça y est, tu vas t' plumer !

Si c'est l'Hiver... p'têt' qu'y f'ra chaud,
Si c'est l' Printemps[g] p'têt' qu'y f'ra tendre,
Mais qu'y lansquine ou qu'y fass'[h] beau,
Mon guieu... comme y f'ra bon d' s'étendre ! [fin p. 88]

Voui, dormir... n' pus jamais rouvrir
Mes falots sanglants su' la Vie[1],
Et dès lorss ne pus rien savoir
Des espoirs et des désespoirs,

Qu' ça soye[a] le soir ou ben l' matin,
Qu'y fass' moins noir dans mon destin,
Dormir longtemps... dormir... dormir !
. . . .
. . . .
Ho ! mais bon sang ! Cell' que j'appelle
Ça s'rait-y[b] pas la Femme en Noir
Qu'est à coup sûr la pus fidèle ?

Oh ! là là, vrai ! La Dame en Noir
(Qu'un jour tout un chacun doit voir
Aux lueurs des trent'-six chandelles
Qu'on allum' pour la recevoir) ; [fin p. 89][2]

Tonnerr' de Dieu !... la Femme en Noir,
La Sans-Remords... la Sans-Mamelles,
La Dure-aux-Cœurs[c], la Fraîche-aux-Moelles,
La Sans-Pitié, la Sans-Prunelles,
Qui va jugulant les pus belles
Et jarnacquant l' jarret d' l'Espoir : [fin p. 90]

Vous savez ben... la Grande en Noir
Qui tranch' les tronch's par ribambelles
Et dans les tas les pus rebelles,
Envoye son tranchoir[d] en coup d'aile
Pour fair' du Silence et du Soir !

(Et faire enfin qu'y ait[e] du bon
Pour l' Gas[f] qui rôde à l'abandon).[3]

---

1 Les ruptures dans la régularité des rimes, puis dans la succession des quatrains, sont provoquées par la plongée dans le sommeil suivie de l'apparition de la Dame en Noir.

2 Illustration en haut de la p. 90 (Mort menaçant le Pauvre) non reproduite.

3 Retour au début de la trilogie.

Illustration en bas de la p. 91.

LE REVENANT[1]

[1] Le titre du poème p. 93 est précédé d'une illustration p. 92 et suivi d'une autre p. 95, ici reproduite. Ce soliloque comprend trois parties non titrées et se déroule en seize mouvements numérotés de I à XVI. Les n° des parties seront ici des chiffres romains en grandes majuscules, ainsi distincts des chiffres romains en petites majuscules qui numéroteront les mouvements.

I[1]

I[2]

Des fois je m' dis, lorsque j' charrie
À douète... à gauche et sans savoir
Ma pauv' bidoche en mal d'espoir,
Et quand j' vois qu' j'ai pas l' droit d' m'asseoir
Ou d' roupiller dessus[a] l' trottoir
Ou l' macadam de « ma »[3] Patrie, [fin p. 97]

Je m' dis : — Tout d' mêm'[b], si qu'y r'viendrait ![4]
Qui ça ?... Ben quoi ! Vous savez bien.
Eul' l' trimardeur[c] galiléen[5],
L' Rouquin au cœur pus grand qu' la Vie !

De quoi ? Ben, c'lui qui tout lardon
N' se les roula pas dans d' beaux langes
À caus' que son double daron
Était si tell'ment purotain[6]

---

1 Le chiffre romain introduisant cette première partie figure seul au centre de la page 96, tandis qu'une illustration (non reproduite) occupe le haut de la p. 97, avant le chiffre romain et la première strophe du premier mouvement.

2 On retrouve des quatrains tout au long de ce poème, mais Jehan Rictus y varie davantage les strophes (de vers isolés jusqu'à huit ou neuf vers), les regroupements de vers différant parfois selon les éditions. Ont été conservées ici les strophes de l'édition de 1903, avec recours aux éditions de 1897 pour certaines délimitations brouillées par les sauts de page.

3 Jehan Rictus met parfois en doute l'emploi d'un mot par les guillemets.

4 Dans « Le Revenant », le poète renonce assez souvent à la rime.

5 « Bon nombre de jeunes écrivains reflètent dans leurs œuvres la passion de justice sociale qui va les emporter. Ils rêvent de luttes épiques contre les monstres d'à présent, l'égoïsme et la fortune. Ils entrevoient ces aurores de joie, ces visions de paix et d'harmonie qui hantaient le Galiléen. » (Gabriel Randon, *Courrier Français*, 30 octobre 1892).

6 Quatrain à partir de 1903 (formant octain avec le suivant dans éd. 1897).

Qu'y dut l' fair' pondr'[a] su' du crottin
Comm' ça à la dure, à la fraîche,
À preuv' que la paill' de[b] sa crèche
Navigua dans la[c] bouse[1] de vache.

Si qu'y r'viendrait, l'Agneau sans tache ;
Si qu'y r'viendrait, l' Bâtard de l'Ange ?[2]
C'lui qui pus tard s' fit accrocher
À trent'-trois berg's, en plein' jeunesse [fin p. 98][3]
(Mêm' qu'il est pas cor dépendu !),
Histoir' de rach'ter[d] ses frangins
Qui euss' l'ont vendu et r'vendu ;
Car tout l' monde en a tiré d' l'or
D'pis[e] Judas jusqu'à Grandmachin[4] !

L' gas dont l' jacqu'ter y s'en allait
Comm' qui eût[f] dit un ruisseau d' lait
Mais qu'a tourné, qui s'a aigri
Comm' le lait tourn' dans eun' crém'rie[g]
Quand la crémière[h] a ses anglais !

(La crémièr', c'est l'Humanité
Qui n' peut approcher d' la Bonté
Sans qu' cell'-ci, comm' le lait, n' s'aigrisse
Et n' tourne aussitôt en malice !)

Si qu'y r'viendrait ! Si qu'y r'viendrait,
L'Homm' Bleu qui marchait su' la mer
Et qu'était la Foi en balade[i] : [fin p. 99][5]

---

1 Sans apostrophe (« bous' »), un pied en trop dans toutes les éditions.
2 Dans « Le Revenant », la rime se fait assez souvent à distance : voir « langes » au vers 12 pour la rime avec « Ange ».
3 Strophe de neuf vers dans les éd. de 1897, scindée par la fin de page à partir de l'éd. de 1903.
4 Probable surnom générique péjoratif d'on ne sait quel dignitaire.
5 Fin de strophe dans les éd. de 1897, sans qu'il y ait saut de page.

Lui qui pour tous les malheureux
Avait putôt sous l' téton gauche
En façon d' cœur... un Douloureux.
(Preuv' qu'y guérissait les malades
Rien qu'à les voir dans l' blanc des yeux,
C' qui rendait les méd'cins furieux.)

L' gas qu'en a fait du joli[1]
Et qui pour les muffs de son temps
N'tait pas toujours des pus polis !

Car y disait à ses Apôtres :
— Amez-vous ben les uns les autres,
Faut tous êt' copains su' la Terre,
Faurait voir à c' qu'y gn'ait pus d' guerres
Et voir à n' pus s' buter dans l' nez,
Autrement vous s'rez tous damnés.

[2] Et pis encor :
— Malheur aux riches !
Heureux les poilus sans pognon, [fin p. 100][a]
Un chameau[b] s'enfil'rait ben mieux
Par le petit trou d'eune aiguille
Qu'un michet n'entrerait aux cieux !

L' mec qu'était gobé par les femmes
(Au point qu' c'en était scandaleux)
L'Homme aux beaux yeux, l'Homme aux beaux rêves,
Eul' l'[3] charpentier toujours en grève,
L'artiss', le meneur, l'anarcho,
L'entrelardé d' cambrioleurs[c]

(Ça s'rait-y [si] paradoxal[d] ?)
L' gas qu'a porté su' sa dorsale
Eune aut' croix qu' la Légion d'Honneur ! [fin p. 101][4]

---

1 L'apostrophe (« L' gas ») supprime un pied, à moins de prononcer *Eul'*.

2 Le vers occupe deux lignes, comme il arrive dans les pièces de théâtre versifiées.

3 *Eul'* aurait suffi.

4 Illustration en bas de page (visage du Pauvre de profil) non reproduite.

II[1]

[a]Si qu'y r'viendrait, si qu'y r'viendrait !
Tout d'un coup... ji... en sans façons,
L' modèl' des méniss's économes,
Lui qui gavait pus d' cinq mille hommes
N'avec[b] trois pains et sept poissons. [fin p. 102]

Si qu'y r'viendrait juste ed' not' temps
Quoi donc qu'y s' mettrait[c] dans l' battant ?[d]
Ah ! lui, dont à présent on s' fout
(Surtout les ceuss qui dis'nt qu'ils l'aiment).[e]

P'têt' ben qu'y[f] n'aurait qu' du dégoût
Pour c' qu'a produit son sacrifice,
Et qu' cette fois-ci en bonn' justice
L'aurait envie[g] d' nous fout' des coups !

Si qu'y r'viendrait... si qu'y r'viendrait
Quéqu' jour comm' ça sans crier gare,
En douce, en pénars, en mariolle,
De Montsouris à Batignolles,
Nom d'un nom ! Qué'[h] coup d' Trafalgar !

Devant cett' figur' d'honnête homme
Quoi y[i] diraient nos négociants ?
(Lui qui bûchait su' les marchands)
Et c'est l' Pap' qui s'rait affolé
Si des fois y pass'rait par Rome [fin p. 103][2]

(Le Pap', qu'est pus rich' que Crésus.)
J'en ai l' frisson rien qu' d'y penser.
Si pourtant qu'y r'viendrait Jésus,

Lui, et sa gueul' de Désolé ! [fin p. 104][3]

---

1 Deux illustrations non reproduites occupaient l'une le bas de la page 101 (visage du Pauvre de profil), l'autre le haut de la page 102 (Pauvre seul dans le noir).
2 Pas de fin de strophe dans l'éd. de 1897a qui n'a pas ici de saut de page.
3 Illustration en fin de page (figure du Pauvre de profil) non reproduite.

II[1]

III

Eh ben ! moi... hier, j' l'ai rencontré
Après menuit, au coin d'eun'[a] rue,
Incognito comm' les passants
Des tifs d'argent dans sa perrugue
Et pour un Guieu[b] qui s' paye eun' fugue
Y n'était pas resplendissant ! [fin p. 107]

Il est v'nu[c] su' moi et j'y ai dit :
— Bonsoir... te v'là ? Comment, c'est toi ?
Comme on s' recontr'[d]... n'en v'là d'eun'[e] chance !
Tu m'épat's... t'es sorti d' ta Croix ?
Ça n'a pas dû êt' très facile...
Ben... ça fait rien, va... malgré l' froid[f],
Malgré que j' soye[g] sans domicile,
J' suis content d' fair' ta connaissance

---

1 Le chiffre romain au début de la seconde partie figurait seul au milieu de la page 105, suivie d'une page blanche, puis de l'illustration ici reproduite, située en haut de la page 107 et du premier sizain du troisième mouvement.

— C'est vraiment toi... gn'a pas d'erreur !
Bon sang d' bon sang... n'en v'là d'eun'[a] tuile !
Qué chahut demain[b] dans Paris !
Oh ! là là, qué bouzin d' voleurs :
Les jornaux vont s' vend' par cent mille !
— Eud'mandez : « LE R'TOUR D' JÉSUS-CHRIST ! »
— Faut voir : « L'ARRIVÉE DU SAUVEUR !![c] »

— Ho ! tas d' gouapeurs ! Hé pauv's morues,
Sentinell's des miséricordes,
Vous savez pas, vous savez pas ?
(Gn'a d' quoi se l'esstraire[d] et s' la morde !) [fin p. 108][1]
Rappliquez chaud ! Gn'a l' fils de Dieu
Qui vient d' déringoler des cieux
Et qui comme aut'fois est sans pieu,
Su' l' pavé... quoi... sans feu ni lieu
Comm' nous les muffs, comm' vous les grues !![e]

— (Chut ! fermons ça... v'là les agents !)
T'entends leur pas... intelligent ?
Y s' charg'raient d' nous trouver eun' turne.
(Viens par ici... pet ! crucifié.)
Tu sais... faurait[f] pas nous y fier.
Déjà dans l' squar' des Oliviers,
Tu as fait du tapag' nocturne ;

— Aujord'hui... ça s'rait l' mêm' tabac,
Autrement dit, la même histoire,
Et je n' te crois pus l'estomac
De r'subir la scèn' du Prétoire ![2]

---

[1] Pas de fin de strophe dans les éd. de 1897 (saut de page après le vers suivant dans celle de 1897b).
[2] Fin de strophe dans l'édition de 1897a, mais pas dans celle de 1903.

— Viens ! que j' te r'garde... ah ! comm' t'es blanc.
Ah ! comm' t'es pâl'[a]... comm' t'as l'air triste.
(T'as tout à fait l'air d'un artiste ! [fin p. 109][1]
D'un d'[b] ces poireaux qui font des vers
Malgré les conseils les pus[c] sages,
Et qu' les borgeois guign'nt de travers,
Jusqu'à c' qu'y fass'nt un rich' mariage !)

— Ah ! comm' t'es pâle... ah ! comm' t'es blanc,
Tu guerlott's[d], tu dis rien... tu trembles.
(T' as pas bouffé, sûr... ni dormi !)
Pauv' vieux, va... si qu'on s'rait amis
Veux-tu qu'on s'assoye[e] su' un banc,
Ou veux-tu qu'on balade[f] ensemble...

— Ah ! comm' t' es pâle... ah ! comm' t' es blanc,
T' as toujours ton coup d' lingue au flanc ?
De quoi... a saign'nt encor tes plaies ?
Et tes mains... tes pauv's mains trouées
Qui c'est qui les a déclouées ?[g]
Et tes pauv's pieds nus su' l' bitume,
Tes pieds à jour... percés au fer,
Tes pieds crevés font courant d'air.
Et tu vas chopper un bon rhume ! [fin p. 110]

— Ah ! comm' t' es pâle... ah ! comm' t' es blanc,
Sais-tu qu' t' as l'air d'un Revenant,
Ou d'un clair de lune en tournée ?
T' es maigre et t' es dégingandé,
Tu d'vais êt' comm' ça en Judée
Au temps où tu t' proclamais Roi !
À présent t' es comme en farine[h].
Tu dois t'en aller d' la poitrine
Ou ben... c'est ell' qui s'en va d' toi !

---

1 Pas de fin de strophe dans les éd. de 1897.

— Quéqu' tu viens fair' ? T' es pas marteau ?
D'où c'est qu' t' es v'nu ? D'en bas, d'en haut ?
Quelle est la rout' que t' as suivie ?
C'est-y qu' tu r'commenc'rais[a] ta Vie ?
Es-tu v'nu[b] sercher du cravail ?
(Ben... t' as pas d' vein', car en c' moment,
Mon vieux, rien n' va dans l' bâtiment) ;
(Pis, tu sauras qu' su' nos chantiers
On veut pus[c] voir les étrangers !) [fin p. 111]

— Quoi tu pens's de not' Société ?
Des becs de gaz... des électriques.
Ho ! N'en v'là des temps héroïques !
Voyons ? Cause un peu ? Tu dis rien !
T' es là comme un paquet d' rancœurs.
T' es muet ? T' es bouché, t' es aveugle ?
Yaou... ! T' entends pas ce hurlement ?[1]
C'est l' cri des chiens d' fer, des r'morqueurs,
C'est l' cri[d] d' l'Usine en mal d'enfant,

C'est l' Désespoir présent[e] qui beugle ! [fin p. 112]

Illustration en bas de la p. 112.

[1] Lire *Yaou* en une seule syllabe ? Briant (1973 : p. 73) élide « ce » devant « hurlement », mais aucune édition ne permet ce barbarisme inusité.

IV[1]

— Ed' ton temps, c'était[a] comme aujord'hui ?[2]
Quand un gas tombait dans la pure
Est-c'[b] qu'on l' laissait crever la nuit
Sans pèz'[c], sans rif et sans toiture ?

— (Pass' que maint'nant gn'a du progrès,
Ainsi quand gn'a trop d' vagabonds
Ben on les transmet au Gabon[3].)
Ceux d' bon gré et ceux d' mauvais gré [fin p. 113]

Et ceuss comm' toi qu' ont la manie
D' trouver que l' monde est routinier,
Ben on les fout dans l' mêm' pagnier.
(Dam ! le Français est casanier,
Faut ben meubler[d] les colonies !)

— On parle encor de toi, tu sais !
Voui on en parle en abondance,
On s' fait ta tête et on s' la paie,
T' es à la roue... t' es au théâtre,
On t' met en vers et en musique,
T' es d'venu un objet d' Guignol,
(Ça, ça veut dir' qu' tu as[4] la guigne[e].)

— Ousqu'il est ton ami Lazare ?
Et Simon Pierre ? Et tes copains...
Et Judas qui bouffait ton pain
Tout en t' vendant comme au bazar ?
Et tes frangins et ta daronne
Et ton dab[f], qu'était ben jean-jean !

Te v'là, t'es seul ! On t'abandonne ! [fin p. 114]

---

1 Illustration en haut de la p. 113 (tête du Pauvre de profil) non reproduite.

2 Un pied en trop si l'on prononce *Ed'* en une syllabe.

3 La loi du 27 mai 1885 prévoyait l'internement perpétuel sur le territoire des colonies ou possessions françaises des délinquants et criminels multi-récidivistes, y compris des petits délinquants et des vagabonds.

4 Lire « tu as » en une seule syllabe (synérèse).

— Et Mad'leine[1]... ousqu'alle est passée ?
(Ah ! pauv' Mad'leine... pauv' défleurie,
Elle et ses beaux nénés tremblants,
Criant pitié, miaulant[a] misère,
Ses pauv's tétons en pomm's d'amour
Qu' étaient aussi deux poir's d'angoisse[2]
Qu'on s' s'rait ben foutu dans l' clapet.)

— C'était la paix, c'était la Vie[b].
Ah ! tout fout l' camp et vrai, ma foi,
T' aurais mieux fait d' te mett' en croix
Contr' son ventr' nu... contr' sa poitrine,
Ces dardés-là t'euss'nt pas[c] blessé,
Sûr t'aurais mieux fait... d' l'embrasser :
A n'avait un pépin pour toi ! [fin p. 115][3]

V[4]

Ah ! Généreux !... ah ! Bien-aimé,
Tout ton monde y s'a défilé
Et comm' jadis, au Golgotha :
Eli lamma Sabacthani,
Ou n, i, ni[5] c'est ben[d] fini.

Eh ! blanc youpin... eh ! pauv' raté !
Tout ton Œuvre il a avorté
Toi, ton Étoile et ta Colombe
Déringol'nt dans l'éternité ;
Tu dois en avoir d' l'amertume.
Même à présent quand la neig' tombe[e] :

(On croirait tes Ang's[f] qui s' déplument !) [fin p. 116]

---

[1] Marie-Madeleine est le symbole évangélique de la pécheresse rachetée (pour avoir parfumé les pieds du Christ).

[2] Instrument placé dans la bouche pour empêcher les cris.

[3] Illustr. en bas de p. 115 (visage du Christ profil gauche) non reproduite.

[4] Le cinquième mouvement commençait p. 116, sous une illustration (visage du Pauvre profil droit) non reproduite.

[5] Il faut épeler les lettres (*n*, *i*) au début de cette expression qui se présente ordinairement dans l'ordre « fini, n, i » (voir dictionnaire-glossaire).

Là, là, mon pauv' vieux qué désastre !
Gn'en a pas d' pareil sous les astres,
Et faut qu' ça soye[a] moi qui voye[b] ça ?
Et dir' que nous v'là toi z'et moi,
Des bouff'-la-guign'[c], des citoyens
Qu' ont pas l' moyen d'avoir d' moyens,

Et que j' suis là, moi, bon couillon,
À t' causer... à t' fair' du chagrin,
Et que j' sens qu' tu vas défaillir
Et que j'ai mêm' rien à t'offrir,
Pas un verre... un bol de bouillon !

Ohé, les beaux messieurs et dames
Qui poireautez dans les Mad'leines[1],
Curés, évêques, sacristains,
Maçons[2], protestants, tout' la clique,
Maqu'reaux d' vot' Dieu, hé ! catholiques,
Envoyez-nous un bout d'hostie :

G'na Jésus-Christ qui meurt de faim ! [fin p. 117]

VI[3]

— Et pourtant, vrai, c' qu'on caus' de toi !
(Ah ! faut voir ça dans les églises,
Dans les jornaux, dans les bouquins !)
Tout l' monde y bouff' de ton cadavre
(Mêm' les ceuss qui t'en veul'nt le plus !)

Sous la meilleur' des Républiques
Gn'en a qu' ont voulu t' décrocher,
D'aut's inaugur'nt des basiliques
Où tu peux seul'ment pas coucher[4]. [fin p. 118]

---

1 Églises consacrées à Madeleine, évoquée précédemment (vers 119-125), comme celle de la Madeleine à Paris, dont Bruant décrivait les fidèles « rupins » (« À la Madeleine », *Dans la Rue* I, 1889).

2 Francs-maçons aux rites ici rapprochés de ceux des liturgies.

3 Le sixième mouvement commençait p. 118 après illustr. non reproduite.

4 Inauguration de la basilique du Sacré-Cœur le 5 juin 1891.

— Et tout ça s' passe en du clabaud !
Et quand y faut payer d' sa peau,
Quand faut imiter l' fils de l'Homme,
Oh ! là, là, gn'a rien d' fait... des pommes ![a]

Les sentiments sont vit' bouclés,
À la r'voyure, un tour de clé !
Les uns y z'ont les pieds nick'lés,
Les aut's y les ont en dentelles !

— (Toi au moins t' étais un sincère,
Tu marchais... tu marchais toujours ;
(Ah ! cœur amoureux, cœur amer)[b]
Tu marchais mêm' dessur la mer
Et t' as marché... jusqu'au Calvaire !)

— Et dir' que nous v'là dans les rues
(Moi, passe encor, mais toi ! oh ! toi !)
Et nous somm's pas si loin d' Noël ;
T'es presque à poils comme autrefois,
Tout près du jour où ta venue[c]
Troublait les luisants[d] et les Rois ![e] [fin p. 119]

Ah ! mes souv'nirs... ah ! mon enfance
(Qui s'est putôt mal terminée),
Mes ribouis[f] dans la cheminée,
Mes mirlitons... mes joujoux d' bois !

— Ah ! mes prièr's... ah ! mes croyances !
— Mais ! gn'a donc pus rien dans le ciel !

— Sûr ! gn'a pus rien ! Quelle infortune !
(J' suis mêm' pas sûr qu'y ait cor la Lune.)
Sûr ! gn'a pus rien, mêm' que peut-être
Y gn'a jamais, jamais rien eu... [fin p. 120][1]

---

[1] Le sixième mouvement se terminait par une illustration (visage du Christ profil gauche) non reproduite.

VII[1]

Mais à présent... quoi qu' tu vas foutre ?
Fair' des bagots... ou ben encor
Aux Hall's... décharger les primeurs !
(N' va pas chez Drumont[2] on t' bouff'rait[a])
Après tout, tu n'étais qu'un youtre !

— Si j' te servais tes Paraboles[3] !

Heureux les Simpl's[b], heureux les Pauvres,
Eul'[c] Royaum' des Cieux est à euss. [fin p. 121]

— (C'est avec ça qu'on nous empaume,
Qu'on s' cal'[d] des briqu's et des moellons[e])
Ben, tu sais, j' m'en fous d' ton Royaume ;
J'am'rais ben mieux des patalons
Eun' soupe, eun' niche[f] et d' l'amitié.

(Car quoiqu' t' ay' ben fait[g] ton métier
Toi, ton grand cœur et ta pitié,
N'empêch'nt pas d'avoir foid[h] aux pieds !)

— Ainsi arr'gard'[i] les masons closes[4]
Où roupill'nt ceuss' qui croient en Toi.
Sûr qu' t'es là, su' des bénitiers
Dans les piaul's... à la têt' des pieux ;
Crois-tu qu'un seul de ces genss' pieux
Vourait t'abriter sous son toit ? [fin p. 122][5]

---

[1] Une illustration (visage du Pauvre profil droit) non reproduite était située au début du septième mouvement, page 121.

[2] Édouard Drumont (1844-1917) a publié en 1886 *La France juive*, satire contre la finance israélite.

[3] Voir note 1 p. 59.

[4] Bien évidemment, la suite interdit de voir ici l'expression *maison close*.

[5] Une illustration (visage du Christ profil gauche) non reproduite était située à la fin du septième mouvement, p. 122.

VIII[1]

Ah ! toi qu'on dit l'Emp'reur des Pauvres
Ben ton règne il est arrivé.
Tu d'vais r'venir, tu l'as promis
Assis su' ton trône et « plein d' gloire »[a]
Avec les Justes[b] à ta droite ;
Et te v'là seul dans la nuit noire
Comme[c] un diab' qu'est sorti d' sa boîte !
Sais-tu seul'ment où est ta gauche ? [fin p. 123]

Oh ! voui t'es là d'pis[d] deux mille ans
Su' un bout d' bois t'ouvr' tes bras blancs
Comme un oiseau qu' écart' les ailes,
Tes bras ouverts ouvrent... le ciel
Mais bouch'nt l'espoir de mieux bouffer
Aux gas qui n' croient pus qu'à la Terre[e].

Oh ! oui t'es là, t'ouvr' tes bras blancs
Et vrai d'pis[f] l' temps qu'on t'a figé
C' que t'en as[g] vu des affligés,
Des fous, des sag's ou des d'moiselles
Combien d' mains s' sont tendues[h] vers toi
Sans qu' t'aye pipé, sans qu' t'aye bronché[i] !

Avoue-le, va... t' es impuissant,
Tu clos tes châss's, t' as pas d' scrupules,
Tu protèg's avec l' mêm' sang-froid
L' sommeil des Bons et des Crapules.
Et quand on perd quéqu'un qu'on aime,
Tu décor's, mais tu consol's pas. [fin p. 124]

Ah ! rien n' t'émeut,[j] va, ouvr' les bras,
Prends ton essor et n' reviens pas ;
T' es l'Étendard des sans-courage,
T' es l'Albatros[k] du Grand Naufrage,
T' es le Goëland[l] du Malheur ! [fin p. 125]

---

[1] Une illustration (visage du Pauvre profil droit) non reproduite était située au-dessus du début du huitième mouvement, p. 123.

IX[1]

Quiens ! ôt'-toi d' là et prends ta course[a],
Débin', cavale ou tu vas voir,

Aussi vrai qu' j'ai un nom d' baptême
Et qu' nous v'là tous deux dans la boue,
Aussi vrai que j' suis qu'eun' vadrouille,
Un bat-la-crève[b], un fout-la-faim[c]
Et toi un Guieu magasin d' giffes[d].

Ej' m'en vas[e] t' buter dans la tronche,
J' vas t' boulotter la pomm' d'Adam,
J' m'en vas t' rincer, gare à ta peau ! [fin p. 126][f]

En v'là assez... j' m'en vas t' saigner,
J'ai soupé, moi, des Résignés[g]
J'ai mon blot des Idéalisses !

— Arrière, arrièr'[h], n' va pas pus loin !
Un moment vient[i] où tout s' fait vieux,
Où les pus bell's chos's perd'nt leurs charmes :

(Oh ! v'là qu' tu pleur's, et des[2] vraies[j] larmes !
Tout va s'écrouler, nom de Dieu !)

— Ah ! je m' gondole... ah ! je m' dandine...
Rien n' s'écroule, y aura pas d' débâcle ;
Eh l'Homme à la puissance divine[3] !
Eh ! fils de Dieu ! fais un miracle ![k] [fin p. 127][4]

---

1 Le huitième mouvement s'achevait sur une illustration (tête du Christ profil gauche) non reproduite et une autre (tête du Pauvre profil droit), non reproduite, était située au-dessus du début du neuvième, p. 126.

2 Le langage populaire n'adopte pas la forme « de » du déterminant indéfini, régulière en langage soutenu quand l'adjectif épithète précède le nom.

3 Sans apostrophe (« puissanc' »), un pied en trop dans toutes les éditions.

4 Une illustration (tête du Christ profil gauche s'estompant) non reproduite était située à la fin du neuvième mouvement p. 127.

X[1]

— Et Jésus-Christ s'en est allé
Sans un mot qui pût[a] m' consoler
Avec eun' gueul' si retournée
Et des mirett's si désolées
Que j' m'en souviendrai tout' ma vie.

Et à c' moment-là, le jour vint
Et j' m'aperçus que l'Homm' Divin...
C'était moi, que j' m'étais collé
D'vant l' miroitant d'un marchand d' vins ! [fin p. 128]

On perd son temps à s'engueuler... [fin p. 129]

Illustration fermant la seconde partie p. 130.

1 Deux illustrations non reproduites étaient situées, l'une (visage profil droit s'estompant) au-dessus du début du dixième mouvement p. 128, l'autre (Pauvre profil gauche) fermant celui-ci p. 129.

III[1]

Il suffit d'un Homme pour changer
la face du monde.

J. R.[2]

XI[3]

Mais ça fait rien si qu'y r'viendrait
Quéqu' nuit d'Hiver quand l' frio[a] semble
Fair' péter pavés et carreaux[b]
(Mais durcir les cœurs les pus tendres)[c],
Et g'ler les pleurs aux cils qui tremblent,
Si qu'y planquait son blanc mensonge
Quéqu'[d] nuit autour d'un brasero[4] ! [fin p. 133]

Ça s'rait p'têt'[e] moi qui yi[f] dirait
Les mots qui s'raient l' pus nécessaire[g]
Et ça s'rait p'têt' ben moi qui s'rait
L' pus au courant d' sa grand' misère,
Ça s'rait p'têt' moi qui l' consol'rais.....

— Ah ! qu' j'y crierais, n' va pas pus loin
A branl'nt[h] dans l' manch' tes cathédrales ;
N' va pas pus loin, n' va pas pus loin,
Ton pat'lin bleu est cor pus vide
Qu' nos péritoines[i] réunis.
Ah ! enfonc'-toi les poings dans l' bide
Jusqu'à la colonn' vertébrale !

---

1 Dans l'éd. de 1903, le chiffre romain situé au milieu de la p. 131 et annonçant la troisième partie était suivi immédiatement de l'aphorisme signé J. R., puis d'une page blanche.

2 Phrase présente dès l'édition de 1897a.

3 Une illustration (Pauvre marchant seul) non reproduite était située au-dessus du début du onzième mouvement.

4 Voir vers 3 du poème « Espoir » et note 1 p. 53.

— Arrière, arrièr', n' va pas pus loin !
Ou n' viens qu' la s'main' des quat'-Jeudis[a]
Car tu r'trouv'rais tes Ponce-Pilate[1]
Présents[b] en limace écarlate,
Trempée[c] dans l' sang des raccourcis[d] ! [fin p. 134]

— Arrière, arrièr'[e], n' va pas pus loin !
(Car l'Iscariot[2] a[f] fait des p'tits)
Tu pourrais[g] pus confier ta peine
Qu'aux grands torchons ou... à la Seine.

T' as cru à l'Homm' toi, ma pauv' vieille ?
Ah ben ! tu sais, moi je n' sais pus !
(Ventre affamé n'a pas d'oreilles
Et les vent's pleins n'en ont pas plus !) [fin p. 135]

XII[3]

— Pleur'[h] ! Pleure encor, pleur' tout's tes r'ssources
(Comm' pleur' le gas qui n' peut payer
Son enterr'ment ou son loyer).
Qu' tes trous à voir d'vienn'nt deux gross's sources
Et qu' l'Univers en soye[i] noyé !

— Pleur' ! pleure encore et sois béni,
Ta banqu' d'amour a fait faillite
Coffret d' sanglots, boîte à génie. [fin p. 136][j]
Ah ! le beau rêv' que t' as conté.
Ton Paradis ? La belle histoire
Sans c'te vach' de Réalité :

— T' étais l' pus pauv' d'entre les Hommes
Car tu sentais qu' tu pouvais rien
Contre leur débine indurée :

---

1 Sans apostrophe (« Ponc'-Pilate »), un pied en trop dans toutes les éditions.

2 Judas était appelé « Iscariote » ou « Iscarioth » ("traître" en araméen ?)

3 Deux illustrations non reproduites étaient situées l'une (Pauvre marchant seul) à la fin du onzième mouvement, l'autre (Pauvre marchant seul) au-dessus du début du douzième p. 136.

(Or comm' les Pauv's n'ont d'aut' moyen
Pour bouffer un peu leur chagrin
Que d' se réciter leur détresse
Ou d'en dir' du mal à part eux
Et rêvasser quéqu' chose[1] de mieux
Pour le surlend'main des lend'mains)

— Toi, t' as voulu sécher d'un coup
Le très vieux cancer des Humains
Et pour ça leur en faire accroire...
Ton Paradis ? la belle histoire ![2]
Et tu leur aimantas les yeux
Vers le vide enivrant des cieux
Qui dans ton pat'lin sont si bleus ! [fin p. 137]

(Ton Paradis ? Eh ben ! c'était
Un soliloque ed'[a] malheureux !)

XIII[3]

— Ah ! sors-toi l' cœur, va, pauv' panné,
Ton cœur de pâle illuminé,
Au lieur d'histoir's à la guimauve
Hurle ta peine à plein gosier. [fin p. 138]

— Pisqu'y[b] gn'a pus personn' qui t'aime
Et qu' te v'là comme abandonné
Le cul su' ta Mason ruinée,
Sors-toi[c] ton cœur désordonné
Lui qui n'a su que pardonner,
Tremp'-le dans la boue et dans l' sang
Et dans ton poing qu'y d'vienne eun' fronde
Et fous-le su' la gueule au monde
Y t'en s'ra p'têt' reconnaissant !

---

1 L'apostrophe (« chos' ») n'est mise dans aucune édition, ce qui aboutit à un pied en trop.
2 Même vers que précédemment (vers 42)
3 Le douzième mouvement s'achevait sur une illustration p. 138 (Pauvre marchant seul) non reproduite.

(T' en as déjà donné l'exemple
Mais d'puis... l'a passé d' l'eau sous l' pont)
Faut rester l' gas au coup d' tampon
Qui boxait les marchands du Temple !

— Chacun a la Justice en lui
Chacun a la Beauté en lui
Chacun a la Force en lui-même,
L'Homme est tout seul dans l'Univers
Oh ! oui, ben seul et c'est sa gloire [fin p. 139][a]

Car y n'a qu' deux yeux pour tout voir.

Le Ciel, la Terre et les Étoiles
Sont prisonniers d' ses cils en pleurs
Y n' peut donc compter qu' su'[b] lui-même
J' m'en vas m' remuer, qu' chacun m'imite
C'est là qu'est la clef du Problème,
L'Homm' doit êt' son Maître et son Dieu ! [fin p. 140]

XIV[1]

— Quiens ! V'là l' Souriant[2] en flanquet bleu,
V'là l' coq qui crach' son vieux catarrhe[3]
Comme au matin d' ton agonie
Alors que Pierr' copiait Judas [fin p. 141]

(Tu vois c'te bête alle a s'en fout
A sonn' la diane[4] de la Vie,
La Vie[c] qui n' meurt pas comm' les Dieux !)

— Viens çà un peu que j' te délie
Et que j' t'aide à sortir tes clous
(Eustach's pour qui qui nous touch'ra[d])

---

1 Deux illustrations non reproduites étaient situées l'une (tête du Pauvre de profil) à la fin du treizième mouvement, l'autre (Pauvre marchant seul) au-dessus du début du quatorzième p. 141.

2 Avec synérèse (« Sou/riant ») pour obtenir l'octosyllabe.

3 Mot médical savant, mais le peuple s'en sert pour désigner un gros rhume.

4 Musique militaire exécutée à la pointe du jour.

Viens avec moi par les Faubourgs,
Par les mines, par les usines
On ballad'ra su' les Patries
Où tes frangins sont cor à g'noux
(Car c'est toi qui les y a mis !)[a]

Faut à présent leur prend' les pattes,
Les aider à se r'mett' debout,
Y faut secouer au cœur des Hommes
Le Dieu qui pionc' dans chacun d' nous ! [fin p. 142]

XV[1]

Ou ben alorss[b] si tu peux pas
Si tu n'as pus rien dans les moelles,
Retourn' chez l'Accrocheur[c] d'Étoiles[d]
Remont' là-haut ! Va dire au Père,
À celui qui t'a envoyé,
Quéqu' chos' qu' aurait l'air d'eun' prière[e]
Qui s'rait d' not' temps, eh ! crucifié. [fin p. 143]

XVI[2]

Notre dab[f] qu'on dit aux cieux,

(C'est y qu'on n' pourrait pas s'entendre !)

Notre daron qui êt's si loin
Si aveug', si sourd et si vieux,

(C'est y qu'on n' pourrait pas s'entendre !)

---

[1] Une illustration (Pauvre seul sur banc) non reproduite était située p. 143 au-dessus du quinzième mouvement.

[2] Une illustration (Pauvre seul sur banc mains jointes) non reproduite était située p. 144 au-dessus du début du seizième et dernier mouvement, écrit en vers libres parodiant le *Pater Noster* à la manière des nombreuses parodies argotiques de l'époque.

Que Notre effort soit sanctifié,
Que Notre Règne arrive [fin p. 144]
À Nous les Pauvr's d'pis[a] si longtemps,

(C'est y qu'on n' pourrait pas s'entendre !)

Su' la Terre où nous souffrons
Où l'on nous a crucifiés
Ben[b] pus longtemps que vot' pauv' fieu
Qu'a d'jà voulu nous dessaler,

(C'est y qu'on n' pourrait pas s'entendre !)

Que Notre volonté soit faite
Car on vourait[c] le Monde en fête,
D' la vraie[d] Justice et d' la Bonté,

(C'est y qu'on n' pourrait pas s'entendre !)

Donnez-nous tous les jours l' brich'ton régulier
(Autrement nous tâch'rons d' le prendre)[e] ;
Fait's qu'un gas qui meurt de misère
Soye pus qu'un cas très singulier,

(C'est y qu'on n' pourrait pas s'entendre !) [fin p. 145]

Donnez-nous l' poil et la fierté
Et l'estomac de nous défendre,

(Des fois qu'on pourrait pas s'entendre !)

Pardonnez-nous les offenses
Que l'on nous fait et qu'on laiss' faire
Et ne nous laissez pas succomber à la tentation
De nous endormir dans la misère
Et délivrez-nous de la douleur

(Ainsi soit-il !) [fin p. 146]

Dernière illustration du « Revenant », p. 146 dans l'édition de 1903.

LE PRINTEMPS[1]

[1] Le titre du poème p. 147 est suivi, p. 149, de l'illustration ici reproduite. Ce soliloque comprend également trois parties ayant chacune un titre distinct, mais se déroule en dix-sept mouvements numérotés de I à XVII. Les n° des parties seront ici des chiffres romains en grandes majuscules, ainsi distincts des chiffres romains en petites majuscules qui numéroteront les mouvements.

I

LA JOURNÉE[1]

I[2]

Bon[a] v'là l' Printemps[3] ! Ah ! salop'rie,
V'là l' monde enquier qu' est aux z'abois
Et v'là t'y[4] pas c'te putain d' Vie
Qu'a s'arr'nouvelle[b] encore eun' fois ! [fin p. 153]

La Natur' s'achète eun' jeunesse,
A s' déguise en vert et en bleu,
A fait sa poire et sa princesse
A m' fait tarter, moi, qui m' fais vieux.

Ohé ! ohé ! saison fleurie,
Comme y doit fair' neuf en forêt !
V'là l' mois d' beauté, ohé Marie !
V'là l' temps d'aimer, à c' qu'y paraît !

Amour ! Lilas ! Cresson d' fontaine,
Les palpitants guinch'nt en pantins,
Et d' Montmertre à l'av'nue[c] du Maine
Ça trouillott', du côté d' Pantin !

---

[1] Chiffre romain et titre seuls au centre de la p. 151, entre deux pages blanches.

[2] Une illustration (Pauvre et promeneuses) non reproduite était située au-dessus du premier mouvement.

[3] Une revue de littérature permettrait de repérer tous les poncifs poétiques sur le printemps, avec lesquels Jehan Rictus cherche à rompre.

[4] « v'là-t-y pas » (ou « v'là-t-i' pas ») serait moins éloigné de l'orthographe.

V'là les poèt's qui pinc'nt leur lyre
(Malgré qu'y[a] n'aient rien dans l' fusil),
V'là les Parigots en délire
Pass' qu'y pouss' trois branch's de persil ! [fin p. 154]

L'est fini l' temps des z'engelures,
Des taup's a sort'nt avec des p'lures
Dans de l'arc-en-ciel agencées
De tous les tons, de tous les styles ;

Du bleu, du ros'[b], tout's les couleurs ;
Et ça fait croir' qu'a[c] sont des fleurs
Dont la coroll' s'rait renversée
Et ballad'rait su' ses pistils. [fin p. 155]

Illustration en bas de la p. 155.

II[1]

Pis v'là des z'éclairs, des z'orages
Et d' la puïe[a] qui vous tombe à siaux,
Rapport à d' gros salauds d' nuages
Qu'ont pas pitié d' mes godillots.

Car c't'[2] épatant, d'pis[b] quéqu's[c] z'années,
Les saisons a sont comm' pourries ;
Semb' que l' Bon Guieu pass' qu'on l'oublie
Pleur' comm' eun' doche[d] abandonnée ; [fin p. 156]

Et c'est affreux et si tell'ment
Malpropre, obscur et délétère,
Qu'on s' figur'rait qu' les z'éléments
Sont sous l' régim' parlementaire[3] :[e]

---

1 Illustration ici reproduite située en haut de la p. 156.

2 Dans l'orthographe de « c't' » pour « c'est », la seconde apostrophe présente dans toutes les éditions est incorrecte, mais renforce graphiquement la prononciation populaire.

3 Une illustration en milieu de page (Pauvres et promeneurs) non reproduite remplaçait un quatrain des éditions de 1897 supprimé (voir variante e), puis venait en fin de page la première strophe du troisième mouvement.

III

Mais les salad's, a sort'nt de terre
Et les genss' y sort'nt su' l' boul'vard.
Les flics[a] sort'nt de leur caractère :
J' vourais ben, moi, sortir d' quéqu'[b] part ! [fin p. 157]

L' rupin qu'a[c] z'eu des aventures
Regard' c' qui lui sort su' la hure,
Et l' pauvre avec mélancolie
Les punais's sortir d' son bois d' lit.

Les marrogniers sont comm' des folles,
Et dans leurs branch's et sous les toits
Ces vach's de bécans batifolent
En gueulant pus fort qu' des putois.

Les objets mêm' les plus moraux,
Les pus vioqu's[d], n'ont quét' chos'[e] qui jase
Et gn'a pas jusqu'aux becs de gaz
Qui n'ont envie[f] d' finir poireaux !

V'là l' Quatorz' Julliet des z'asperges[1],
Des p'tits z'ozeaux et des hann'tons
Et les bléchard's, les veuv's, les vierges
A z'ont mal au bout des tétons. [fin p. 158]

Voui, l' v'là l' Printemps, l' marchand d' rameaux[2] ;
Y vient, y trott', quoiqu' rien n' le presse,
« Par les sentiers remplis d'ivresse »[3],
Le v'là qui radin'[g], le chameau !

---

[1] Au printemps les asperges se dressent au garde-à-vous.

[2] C'est aussi l'époque des rameaux du buis pascal.

[3] Poncif littéraire bucolique, pulvérisé par le vers suivant (mais de quel auteur provient cette citation ?).

IV[1]

Ah ! nom de Dieu, v'là qu' tout r'commence.
L'Amour, y « gonfle tous les cœurs »[a],
D'après l' chi-chi des chroniqueurs,
Quand c'est qu'y m' gonflera... la panse ? [fin p. 159]

Quand c'est qu'y m' foutra eun' pelure,
Eun' liquette, un tub'[b], des sorlots.
Si qu'a fait peau neuv' la Nature,
Moi, j' suis cor' mis comme un salaud !

Mes chaussett's ? C'est pus qu' des mitaines !
Mes s'mell's ? Des gueul's d'alligators.
Ma reguingote a fait d' la peine
Et mon phalzar, y m' fait du tort !

[Quant à mon bloum, ah ! parlons-en,
Rien qu' d'y penser ça m' fout la flemme,
À côté d' lui Mathusalem
N'est qu'un cynique adolescent.

C'te vach'-là m' donn' l'air ridicule,
Y m' tomb' su' les yeux, m' les rabat ;
Si mes esgourd's le sout'naient pas
Y m'arriv'rait aux clavicules !][c] [fin p. 160]

Avec ça l' Glorieux m' roussit l' crâne
Et éclaire[d] comm' par calcul
Mes nipp's couleur de pissat d'âne,
Les trous d' mes coud's et ceux d' mon cul !

Ah ! ben il est frais l' mois d'Avril[e],
Le v'là l' temps des métamorphoses !
Moi, j' chang' pas d' peau comm' les reptiles,
J' suis tous les Printemps[f] la mêm' chose.

---

[1] Une illustration en milieu de page (Pauvre seul debout) non reproduite séparait le troisième mouvement du quatrième.

N'empêch' ! Je m' sens des goûts d' richesse,
J' suis comm' ça, moi, né élégant[a],
J'am'rais ben, moi, fair' mon Sagan[1]
Et mon étroit'[b] chez des duchesses !

Et m' les baigner[c] dans des étoffes,
Car pour moi, quand l' turquois est gai,
La pir' de tout's les catastrophes
C'est d'êt' mochard et mal fringué. [fin p. 161]

V[2]

En attendant, les gas d' la Haute
(Ceuss' qui nous sont dévoués l'Hiver)
Se caval'nt et vont s' mett' au vert ;
Si gn'a d' la dèch', c'est-y d' leur faute ?

Sûr que non ! Y z'ont fait ripaille ;
Mais, c'était pour les malheureux
Et y sont quasi su' la paille,
À forc' d'avoir carmé pour eux ; [fin p. 162]

On a guinché chez les comtesses,
On s'a empiffré aux buffets,
On s'a décoll'té jusqu'aux fesses,
Pour quêter comm' Nini Buffet[3] !

— Maint'nant, qu'y dis'nt, la Vie est belle,
Les pauvr's y n'ont pus grand besoin[d].
(Et l' fait est que d'pis[e] qu'y sont loin,
Gn'a pus qu' du vent dans leurs poubelles !)

---

[1] Le prince de Sagan (1832-1910) était à l'époque le type même du dandy.

[2] Une illustration (Pauvre appuyé contre mur) non reproduite était située à droite du numéro de ce cinquième mouvement.

[3] La chanteuse Eugénie Buffet (1866-1934), qu'on appelait simplement « Nini » et qui chantait notamment Richepin et Bruant, allait à cette époque avec ses succès faire la quête pour les pauvres dans les cours des quartiers riches (voir pp. 155-156 « le Soliloque du Chanteur ambulant »).

(Tout c' mond'-là, mêm' quand c'est sincère,
Y s' figur' pas qu' la charité
Entretient la mendicité
Et fait qu' perpétuer la misère.)

Aussi, moi, j' m'en fous d'[a] leur galette,
Qu'y se l'enfonc'nt dans l' troufignon,
Et ceuss' qui viv'nt de[b] leur pognon,
J' les méprise ! – Y sont moins qu' des bêtes !
[fin p. 163]

VI[1]

Tout'fois n'en rest' des rigoleurs
Qui prenn'nt jour, pour pas tomber meule
Et s' transmett'[c] des ros's[d] su' la gueule :
Y z'appell'nt ça « la Fêt' des Fleurs !![e] »

[f]Nom de d'là ! Si pourtant l'un d' nous
(Histoire ed' venger la faiblesse)
Leur éclaboussait leur noblesse
D'eun' vieill' pomme ou d'un trognon d' chou[g]...
[fin p. 164]

(Ah ! ma chère ! Y aurait[h] pas d' police
Assez fort' pour cet attentat
Et ça f'rait eune affair' d'État.
Malheur ! Ousqu'alle est la Justice ?)

D'aut's en pus d' dix endroits d' la Ville[i]
Vont voir pendr' des fil's de croûtons
Par des peintr's qui sont ben cent mille
(Et su' tout c' tas, gn'en a trois d' bons !)

D'autr's[j] enquiquin'nt des canassons
Su' des pist's, des concours z'hippiques,
Auteuil-Longchamps ! c'est là qu'y sont
Tous les marlous d' la République !

---

1 Une illustration (foule de femmes et d'hommes) non reproduite précédait ce sixième mouvement en haut de la p. 164.

Oh ! là, ça pue[a] bon l'écurie,
La sueur d' jockeys et d' bookmakers,
Là gn'a tous les Robert-Macaire[1]
Qu'est la richess' de[b] ma Patrie ! [fin p. 165]

Oh ! là[c] gn'a d' la gonzess' dorée,
Du gibier d' joie à peau nouvelle[d]
Qui sent si bon et qu'est si belle
Qu'on s'en a des envies[e] d' pleurer.

(Car ça c'est pas pour nos rognons[f].)

Mais v'là quéqu'[g] chose en fil's pressées
Qui vous r'pos' l'œil des maquignons :
Ça c'est crémeux, frais et mignon,
C'est d' la blancheur su' la chaussée :

(Les v'là, les preumièr's[h] commugnions.)
Avec leurs petits compagnons,
A pass'nt les petit's fiancées...
Oh ! c' que c'est doux, c' qu'y sont mignons !

(Et moi, j' m'ennuie à la pensée
Qu' la Vie[i] n' leur servira qu' des gnons.) [fin p. 166]

VII[2]

C' qu'y a[j] cor' dans la Capitale ?
Des cravailleurs... des enfermés,
Des genss qui n'a[k] pas l' droit d'aimer,
Et qu' des clebs qui font du scandale !

[Car à Paris quand r'vient l' Printemps
Si l'Amour y tourn' tout's les têtes
Et si qu'y saoule un peu les gens
Y tracasse encor pus les Bêtes. [fin p. 167]

---

1 « Malfaiteur affectant les dehors d'un homme du monde » (Larchey, *Dictionnaire historique d'argot*, 11e éd., 1889). C'est le nom d'un personnage de ce type dans un mélodrame, *L'Auberge des Adrets* (1823).

2 Une illustr. (voir p. 111) précédait ce septième mouvement (haut de page).

Les cadors d'ordinair' si dignes
Tournent soudain pires que pires
C'est des boucs, des faun's, des vampires
Qui z'ont l' mépris d' la feuill'[a] de figne.][b]

Oh ! ceuss'-là minc' de rigolade,
On s'en paye eun' tranch' chez les chiens :
Museaux dans l' cul en enfilade,
Y fil'nt, y trott'nt, y connaiss'nt rien...[1]

Leurs affair's ? A sont leurs affaires[c] :
Y prenn'nt tous la joie au sérieux,
C'est à croir' qu' dans la Vill' Lumière[d]
Le Printemps y soit fait[e] qu' pour eux !

Ah ! les maqu'reaux y sont pas d' bois,
Et par meut's entières[2] aux z'abois,
En chapelets d' chipolata,
Y s' tord'nt, y gueul'nt, y s' font du plat [fin p. 168]

Et jouent[f] un jeu qui les enflamme.
(Caricoco, caricoco,
Et en avant les p'tits bécots
« À-qui-qui-p'lot'ra-vit'-sa-femme. »)

Leurs mariag's sont pas spirituels
Bien qu'y s' consomm'nt dans un coup d' vent ;
C'est des « steeple-chas's »[g] émouvants,
Gn'a d' quoi faire un Pari Mutuel !

---

1 Dans « Les Quat' pattes », texte paru dès 1891 et que reprend le recueil *Dans la Rue* II (1895), A. Bruant avait abordé ce thème des chiens « museaux dans l' cul » (« Et pis i's trott'nt... et pis les v'là, // L' blair au vent, la queue en trompette, // Avec leur trou du cul qui pète // Au museau d' celui qui s' trouv' là) et qui « font ça » dans la rue (« [...] Dam' les clebs i's ont pas des pagnes // Pour plumer avec leur putain. // Et comme en somme i's sont pas d' bois // I' faut qu'i's fass'nt ça dans la rue [...] »). Les illustrations de Steinlen pour ce passage des *Soliloques* font du reste écho à celles qu'il avait faites pour le texte de Bruant.

2 Sans apostrophe (« entièr's »), un pied en trop dans toutes les éditions.

[Comment qu' leurs patt's sont pas usées !
Y font la pige aux canassons
Et aux meut's de Madam' d'Uzès[1]
Voire à cell's de Baudry d'Asson[2] :][a]

Des fois, y stopp'nt... et pouf, les r'v'là
Qui se recavall'nt ventre à terre :
— Azor ! par-ci, Toto ! par-là,
S'égosill'nt leurs popiétaires[b] : [fin p. 169]

Ah ! oui, j' t'en fous ! Y montr'nt leurs s'melles,
Y sont quinze après eun' fumelle,
La langu' dehors depis[c] l' matin,
Comm' des vieux après un trottin !

D'aut's, rigolards et phizolofs,
Revenus des joies[d] d'ici-bas
Et s' gobant pus[e] dans l' célibat
Prenn'nt le pavé en guis' de schloff[f].

Les patt's en l'air et l' blair aux anges,
Y s' usent[3] eul' râb'[g] su' des cacas ;
Quant[4] eun' môm' passe et qu'a voit ça
A dit : Mon Guieu ! Qué mœurs étranges !

(Mais quoi qu'on dise et quoi qu'on gronde,
Le Printemps pour tous, c'est l' Printemps,
Et j' connais pus d'eun' fill' du monde
Qui n'am'rait ben d'en faire autant.) [fin p. 170]

---

1 Un numéro de *L'Illustration* de 1897 représentait la Saint Hubert chez la duchesse d'Uzès avec une cour envahie de chiens.

2 Les (de) Baudry d'Asson, parmi lesquels Armand, Léon, Charles (1836-1915), royaliste virulent, fut député de Vendée (1876-1914), étaient une famille de propriétaires terriens aux meutes de chiens réputées.

3 Sans apostrophe (« s'us' »), on pourrait compter un pied en trop.

4 Orthographe erronée (peut-être pour insister sur la prononciation du [t] final de *quand* ?), corrigée dans certaines éditions récentes.

Pourtant vrai ! les clebs, y m' dépassent[a] :
Chez eux, ça coûte rien la « passe » !
« Saluez ! c'est l'Amour qui passe ! »
Y s' fout'nt de tout, ces salauds-là ![1]

Hé, M'am' Pudeur, voilez vot' face,
Vertu ! Moral'[b] ! Ç' s'rait-y qu'[c] des mots ?
M'sieu[d] Bérenger[2] ! Faurait qu'on fasse
Des claqu'-dents pour les animaux ! [fin p. 171]

Illustration en haut de la p. 167 (remplaçant celle de la p. 171).

[1] On attendait « dégueulasses » plutôt que ce « là » qui ne rime pas ! Procédé plus malicieux encore à la fin d'un texte de M. Donnay : « Ces flèches que nous décochons / Aux vieux Messieurs » ! (*Autour du Chat Noir*, 1926, réunissant des textes donnés comme datant des années 1890-1891)

[2] René Bérenger (1830-1915), sénateur de 1875 à sa mort, connu pour ses positions moralistes (défenseur de la valeur morale de la peine, lutte contre la prostitution et le proxénétisme), avait été surnommé *Père-la-pudeur*. Son nom avait donné les dérivés *bérengérisme* et *bérengériser* (Virmaitre, *Dictionnaire d'argot fin-de-siècle*, 1894).

II

LE FURTIF ET LE MYSTÉRIEUX[1]

VIII[2]

À présent rappliqu' le Furtif
Mossieu l' Rêveur, dit Crépuscule,
Les cravailleurs rentr'nt et s' bousculent
C'est l'heure de l'apéritif ! [fin p. 175]

Les pense-à-rien, les crache-impôts
Rumin'nt par tas noirs aux terrasses,
Eun' bris' d'amour leur fait la grâce
Ed'[3] fraîchir un peu leurs tronch's de veaux.

Les bras ballants et la voix rêche,
Par group's, au coin des carrefours
Populo gouale ses amours
Et l' plaisir d'aimer...[a] dans la dèche !

(Enfin tant pis — deux ronds d' perlo,
Trois sous d' liqueur, deux sous d' mensonge,
Deux ronds d' musique et un sou d' songe...
Y s' content'[b] de rien, Populo !)

(Et ses Dimanch's, donc, quelle affaire !)
C'est là qu' faut voir l' lion populaire[4]
Ballader ses vieux testicules
(Qu'auraient ben besoin d'un coup d' fion), [fin p. 176]

---

[1] Titre en milieu de page, entouré de deux pages blanches.

[2] Une illustration (rue animée) non reproduite précédait en haut de page le début du huitième mouvement.

[3] Un pied en trop si *Ed'* prononcé en une syllabe.

[4] Jehan Rictus reprend, en la cassant par une satire amère, l'image chère aux poètes de 1830 et toujours vivante après la Commune chez les partisans du peuple : voir « Le Lion » d'A. Barbier (*Iambes et Poèmes*, 1830 : « J'ai vu pendant trois jours, j'ai vu plein de colère // Bondir et rebondir le lion populaire ») et « Dicté après juillet 1830 » de V. Hugo (*Les Chants du Crépuscule*, 1835 : « Et que le lion populaire // Regarde ses ongles souvent »).

Et s' tasser dans des véhicules
Mal foutus, étroits, mal crépits
Sous l'œil de simili-troufions
Qu'y z'ont[1] des galons au képi !

Malheur ! lui qu' a pris la Bastille,
Y n' prend pus que l' tram' du mêm' nom[2]
Et y n' prend pus d' nombreux canons[3]
Que chez l' bistrop[a] où qu'y croustille.[b]

L' Dimanche, y va[c] à la campagne
Chercher des trous et des p'tits coins
Pour contenter ses p'tits besoins
Et engrosser ses pauv's compagnes,

Loin des yeux de l'autorité !
(Tout's ses audac's ont l' mêm' calibre,
C'est sa magnère à c' peuple libre
De faire acte de liberté !) [fin p. 177]

IX[4]

Mais v'là qu'arriv' l'heur' de s'en j'ter :
Dehors, aux tables des gargotes,
L' Fauv'[d] Souverain s'empiffre et rote
Avec force et tranquillité

Tandis qu' les tram's[e] jouent d' la trompette
(Quand c'est qu'y joueront du hautbois !)
Et qu' dans leurs costum's de lopettes
Les bicycliss's y vont au Bois[5]. [fin p. 178]

---

1 Au lieu du relatif (*qui z'ont*), l'auteur semble avoir choisi *que* + *y* (= *ils*).

2 Dans « 14 Juillet » de Maurice Donnay (*Autour du Chat Noir*, 1926, réunissant des textes donnés comme datant de 1890-1891), on lit : « Ne pouvant prendre la Bastille, // il en prend du moins l'omnibus. » (même jeu sur le glissement du nom de la prison au nom du lieu où elle se trouvait, puis à celui d'une station associée à ce lieu dans les transports parisiens).

3 Larchey (11e éd. de 1889) citait ces vers : « Les canons que l'on traîne à la guerre / Ne valent pas ceux du marchand de vin » (Brandin, [18]26).

4 Une illustr. (tablées dehors) non reproduite précédait le 9e mouvement.

5 Jean Lorrain avait décrit ainsi les cyclistes du Bois de Boulogne.

X[1]

J' vas vous en foutr', moi, des romances,
Du vague à l'âme et des primeurs,
Tout l' monde est pas heureux en France,
Gn'en a qui sont d' mauvaise humeur

Avant d' sombrer au coin d'eun' rue,
(Mézigue, un quasi-bachelier !![a])
L' bonheur partout et, la nuit v'nue,
Sûr que j' vas m' mett' à aboyer... [fin p. 179]

XI[2]

Bon ! à présent quoi c'est qu'embaume ?
C'est l' Mystérieux, c'est l' Consolant,
L' Soir endormeur des pauv's 'tits mômes,
Qui s' traîne en douce et à la flan.

L' Flamboyant flanche et va s' plumer
Et la preumière Étoile a brille
Comme un regard de pauvre fille
Dont l'amour s'rait pas estimé. [fin p. 180]

J' vas pas pus loin, mon tas chancelle,
Mes paturons y sont trop las,
C'pendant tout vit, éclat', ruisselle,
Ça sent la vierge et les lilas !

V'là la Négress' les lamp's s'allument
Tous les bécans sont au pagnier[b],
Sûr que j' vas m' planquer su' l' bitume[c]
(Gn'a qu'eun' façon d'êt' printanier).

---

1 Une illustration (Pauvre regardant de loin les convives à table) non reproduite précédait le dixième mouvement.

2 Une illustration (paysage de ville animé) non reproduite précédait le onzième mouvement.

L'Existence est comm' démanchée,
Tout vous a un air innocent
Et y gn'a pas jusqu'au croissant
Qui ne vous prenn' des airs penchés !

Oh ! que c'est mignon les lueurs
Qu'on voit partout superposées
À chaque étage, à tout's croisées,
(Sûr, que ce soir gn'a qu' du bonheur !) [fin p. 181]

C'est des abat-jour transparents,
Cœurs en fafiots brûlants d' tendresse,
(Oh ! les ceuss qui, ce soir d'ivresse,
Ont pas d' chérie et pas d' parents !)

V'là des insecqu's par tourbillons,
Qui, dès qu'y sont nés, lâch'nt la rampe
Pis des phalèn's, des papillons
Qui vont s' rôtir à tout's les lampes

Et j' me figur' qu' c'est mes désirs
(Lesquels n'ont guère eu l' temps d' moisir)
Qui vont itou se griller l'aile
Aux clartés roides du Réel.

Des Enlacés pass'nt deux par deux
(Comm' la Mort toujours près d' la Vie)
Y m' frôl'nt, y vont — je m' fais des ch'veux
Car moi j' suis seul et ça m'ennuie, [fin p. 182]

Mais l' ciel s' met eun' si bell' liquette,
L'ensemble il a l'air si joyeux
Y fait si doux, y fait si chouette
Qu' ça s'rait p'têt'[a] vrai qu'y a un Bon Guieu !
[fin p. 183][1]

[1] Le second mouvement se terminait, en bas de page, par une illustration (amoureux sur banc et Pauvre s'éloignant) non reproduite.

III[1]

PRIÈRE

XII[2]

Oh ! mon Guieu, si vous existez,
Fait's moi vot' pus gracieux sourire,
J'en ai gros su' l' cœur à vous dire,
J' suis en vein' de sincérité ! [fin p. 187]

J'ai été l' môme el' l' pauvr' clampin,
L' loupiot d' Paris qu' la purée[a] berce
Et qu'a trimé dur dans « l' Commerce »[b],
Pour eune apparenc' de bout d' pain !

(Aussi vrai, c' que j' les ai dans l' nez,
Ces muffs qui, sous l'[c] nom d' « concurrence »,
Ont créé eun' sourc' de souffrances
Un genr' légal d'assassiner !)

Or, sous c'te garc'[d] de République,
L' printemps d' ma vie y fut raté,
Car l' Pauvre y n'a d'aut' liberté,
Qu'y masse ou pas[e], d' crever phtisique.

Seigneur ! Rendez-moi mes vingt sous,
Car j'ai passé ma bell' jeunesse
À m' voir pousser des dents d' sagesse
Quand j'avais rien à m' fout' dessous. [fin p. 188]

Des gras m'ont dit : — Toi, t'as d' la veine,
T' es jeun', t' es fort, ça s'ra ardu,
Mais tu r'prendras l'Alsac'-Lorraine[f]
(Comm' si c'tait moi qui l'a perdue ![3])

---

1 Chiffre romain omis à partir de 1903 au-dessus du titre enserré par deux illustrations non reproduites, l'une (Pauvre croisant couple enlacé) à sa gauche p. 184, l'autre (Pauvre mains jointes assis sur banc) à sa droite sur la p. 185.

2 Illustration en haut de la p. 187 (Pauvre debout en prière) non reproduite.

3 Perte de ces provinces en 1870 et volonté souvent affirmée de revanche.

(D'jà ma daronn' m'avait battu,
L'est donc venu l' tour d' la Patrie
Qui m'a r'passé aux poings d' la Vie ;
Ces trois femm's-là s' sont entendu[1].)

J'ai fait tous les méquiers d'esclave,
C'pendant j'ai jamais pu gagner
Ma boustifaille et mon loyer,
À présent, m' v'là, j' suis[a] eune épave.

J'ai l' poil tern' des bêt's mal nourries,
La dèch' m'a fait la gueul' flétrie,
Ma jeuness' reste étiolée[2]...
J' pourrai jamais m'en consoler [fin p. 189]

Mêm' si qu'un jour j' tournais au riche,
Par un effet de vot' bonté,
Ce jour-là, j' f'rais[b] mett'[c] eun' affiche :
« ON CHERCHE À VENDRE UN CŒUR GÂTÉ. »

[d]Mes poteaux ? Combien m'ont trahi !
Pourtant m'en rest' quéqu's-uns[e] d' fidèles
Mais pour la mouïse[3] y m' gagn'nt la belle
C'est comme un syndicat d' faillis,

Et l' meilleur ? Il a peur d' comprendre.
Aucun avec moi n' veut descendre
Au fond[f] d' l'égout d' mon désespoir
Où d'jà mon propre pas y glisse.[g]

Pour s'en r'venir d' sercher la gloire[h]
La Vérité et la Justice
La palme, le glaive et le miroir[4]
Et la scionnée[i] du sacrifice [fin p. 190]

---

[1] « entendues » serait préférable orthographiquement.

[2] Avec diérèse (« res/t(e) é/ti/o/lée ») ou hiatus (sans élision à la fin de « reste ») et synérèse (« res/te/é/tio/lée ») ?

[3] Le tréma de « mouïse » paraît inutile.

[4] Sans une apostrophe au moins, un pied en trop dans toutes les éditions : « la palm' » ou « et l' miroir » ?

Des Amours[a] mignons m'ont pâli
Et la Vie les a massacrés
Mes mains les ont ensevelis
Mes yeux les ont beaucoup pleurés.

Comm' j' pouvais pas m' faire à la haine,
J'en ai longtemps hurlé ma peine,
Comm' le soir hurle su' la Seine
La tristesse d'un remorqueur :

Et j'en saigne à ce point encore
Qu'y m' sembl' que quand j' me remémore
Tout c' pauvre tas de petits morts
(Mon cimetière d'innocents),

Y m' sembl' qu'y m' vient un gros flot d' sang
Qui m' prend l' gaviot[b], m'emplit la bouche
Et m' fait l' jacqu'ter rouge et farouche.
Et ce sang-là m' jaillit du cœur ! [fin p. 191]

XIII[1]

Seigneur, mon Guieu ! j'suis près d' périr
Et v'là ma peine alle est ben vraie[c]
Quand un malade il a eun' plaie
Faut-y rien faire ou la guérir ?

[d]Et j' me vois comme à l'ambulance
Du champ d' bataill' de mes douleurs.
Faut-y toujours téter ses pleurs
Et bouffer l' pain d' l'obéissance ? [fin p. 192]

Seigneur ! au respect que j' vous dois,
Le vent y m' souff' dans la braguette
Et mes sorlots sont en goguette[e],
Au point qu'y découvr'nt mes dix doigts !

---

1 Une illustration (Pauvre sur banc) non reproduite précédait le treizième mouvement.

L'homm' qui vous parle a ben souffert,
Son blair balladait[a] sa roupie,
Tout en grelottant cet hiver ;
Y se r'biffe à la fin des fins :

Lui suffisait pas d' crever d' faim
(Bien qu' beaucoup bouff'nt dans l'Univers),
V'là-t-y[1] pas qu'il a la pépie,
Et v'là-t-y[2] pas qu'a geint sa chair !

Ce soir l' Printemps m' soûle à son tour
(Mon sang ça n'est pus d' l'eau d' lessive),
J'ai des bécots plein les gencives,
Et j'ai les rognons pleins d'amour ! [fin p. 193]

Illustration en haut de la p. 194.

1 V'là-t'y (dans toutes les éditions) [erreur d'orthographe]
2 Même remarque.

XIV[1]

Hélas ! je l' sais ben qu' c'est la fête
Et que l' temps d'aimer il est v'nu
Qu'y f'rait mêm' bon d'aller tout nu
Avec au bras eun' gigolette,

Pour fair' la culbut' dans les foins
Sans culbutants et sans témoins !
Mais outr' que j' suis trop mal frusqué
J'ai pas d' pèze pour en embarquer, [fin p. 194]

Aucune a vourait d' ma tristesse :
Seigneur ! Vous avez d' l'instruction
Porquoi[a] qu'y en a qu' ont des maîtresses
Malgré qu'y n'aient pas d' position ?

J'am'rais ben moi aussi mon Guieu
Avec les gas qui sont au sac
(Sans pour ça m' fair' mignonne ou mac)
Vivre en donzelle et en joyeux !

Et m' les traîner[b] dans des bagnoles
Pour m' foutre avec euss des torgnoles[c]
À coups d' bouquets d' fleurs su' l' citron
(Mais v'là ! y s' trouv' que j'ai pas l' rond !)

J' suis l' fils des vill's, non d' mon village
Si j'ai des envies[d], des besoins
C'est la faute aux grands magasins
À leurs ménifiqu's étalages. [fin p. 195]

[1] L'illustration (Pauvre assis sur banc) en haut de page qui précédait le quatorzième mouvement est reproduite p. 120.

XV[1]

Mais la nuit s' fait d' pus en pus douce,
Seigneur ! guettez pour l' vagabond
Qu' est forcé d'ouvrir l'œil et l' bon,
Rapport aux mectons de la Rousse[a].

On entend geindr' le boulanger
Comm' si qu'y s'rait près d' son trépas
Et ses soupirs me font songer[b]
Qu'y fait du pain où j' mordrai pas. [fin p. 196]

(Quoi y faut dir' ? Quoi y faut faire ?
J'ai mêm' pus la force ed'[c] pleurer.
J' sais pas porquoi j' suis su' la Terre
Et j' sais pas porquoi j' m'en irai !)

À travers l'air, par des persiennes,
N'y vient des voix d' musiciennes[2],
Qu'on croirait sortir d' mon Sensible
Quand j' vous réclam' mon essentiel,

Ou ben c'est putôt d' vos Archanges
Qu'ont p'têt' perdu leur fleur d'orange
Et qui s' désol'nt dans l'Invisible[d]
D'avoir été sacqués d' vot' ciel !

Oh ! Seigneur, sans vous commander,
V'là qu' ça[e] m' reprend, gn'a pas d'offense
J' vourais comm' dans ma p'tite enfance
Coller mon cib su' deux nénés ! [fin p. 197]

Oh ! deux bras frais qui m'am'raient bien
Et ça n' s'rait-y qu' dans un boxon,
La pus moche, la pus chausson
(Mais y faurait qu' ça m' coûte rien !)

---

1 Une illustration en haut de page (Pauvre assis sur banc) non reproduite précédait le quinzième mouvement.

2 Probable diérèse : « mu/si/ci/ennes ».

XVI[1]

Seigneur mon Guieu, sans qu' ça vous froisse,
J' vous tends mon cœur, comm' la Pucelle[2],
Et pis mes bras[a] chargés d'angoisse,
Lourds du malheur universel ! [fin p. 198]

Car si j'étais seul à la dure
Je n' vous pos'rais pas tant d' porquois,
Mais l' pus affreux de l'aventure,
C'est qu'y sont des meillons comm' moi !

L'Homme est pas fait pour la misère
Et contrarier ses Beaux Désirs[b],
Ni pour qu' ses frangins l' forc'nt à faire
Des cravails noirs et sans plaisir.

Car y s'enferm' dans des usines
Des quarante et des cinquante ans,
Dans des bureaux, des officines,
Alors qu' les cieux sont miroitants[c].

Oh ! mon Guieu ! Si vous existez,
Donnez-nous la moell'[3] d'être libres
Et d' remett' tout en équilibre,
Suivant la grâce et la bonté ! [fin p. 199]

La liberté... la liberté !
[Faites-nous comme aux hirondelles
Donnez-nous du pain et des ailes
La liberté... la liberté !][d]

---

1 Une illustration en haut de page (Pauvre assis sur banc) non reproduite précédait le seizième mouvement.

2 Jeanne d'Arc sur son bûcher de sacrifice.

3 Le tréma de « moëll' » semble inutile ; il n'apparaît pas ailleurs dans le mot « moelle » et les dernières éditions (post. à celle de 1921) le suppriment dans ce vers.

XVII[1]

Et quant à moi pour le présent
J' vourais que mes faims soy'nt assouvies[2],
J' veux pus marner, j' veux viv' ma vie
Et tout d' suite et pas dans dix ans ! [fin p. 200]

Car c' soir j'ai comme un r'gain d' jeunesse
Un tout petit, oh ! bien petit
Et si ce soir j' sens ma détresse
Demain je r'tomb'rai abruti !

V'là Lazar' qui veut s'couer sa cendre
Et flauper l' Monde à coups d' linceul !
La liberté où j' vais la prendre ![3]
J' vas êt'[a] mon Bon Guieu moi tout seul !

J' suis su' la Terr', c'est pour y vivre,
J'ai des poumons pour respirer,
Des yeux pour voir, non pour pleurer,
Un cerveau pour lir' tous les livres,

Un estomac pour l' satisfaire,
Un cœur pour aimer, non haïr,
Des mains pour cueillir le plaisir
Et pas turbiner pour mes frères ! [fin p. 201]

Soupé des faiseurs de systèmes,
Des[b] économiss's « distingués »[c],
Des f'seurs de lois qui batt'nt la flemme
(Tout'[d] loi étrangle eun' liberté !)

Soupé des Rois, soupé des Maîtres,
Des Parlements, des Pap's, des Prêtres
(Et comm' j'ai pas d'aut' bien qu' ma peau[e],
Il est tout choisi mon drapeau !)

---

1 Illustration (Pauvre sur banc) non reproduite avant 17[e] mouvement.

2 Un pied en trop dans toutes les éditions : il faudrait élider « que ».

3 L'exclamation laisserait supposer plutôt une alternative rebelle avec « ou » : « je vais la prendre, si on ne me la donne pas tout de suite » ?

Soupé des vill's, des royaumes[1]
Où la Misèr'[a] fait ses monômes,
Soupé de c' qu' est civilisé,
Car c'est l' malheur organisé !

Nos pèr's ont assez cravaillé
Et bien assez égorgillé !
L'Homm' de not' temps faut qu'y s' arr'pose[b]
Et qu' l'Existenc'[c] lui tourne en rose. [fin p. 202]

Oh ! mon Guieu, si vous existez,
Donnez-nous la forc' d'être libres[d]
Et que mes souhaits[2] s'accomplissent.

Car au Printemps, saison qu' vous faites
Alorss[e] que la Vie est en fête
Y s'rait p'têt'[f] ben bon d'être eun' bête
Ou riche et surtout bien aimé.

(Ça s'rait ben bon, si[g] c' n'est justice !) [fin p. 203]

Illustration fermant le « Printemps » p. 204.

[1] Il manque un pied dans toutes les éditions.
[2] Avec diérèse : « sou/haits ».

CRÈVE-CŒUR[1]

[1] Titre en milieu de page suivi d'une page blanche, le poème commençant par l'illustration ici reproduite, qui occupe presque toute la première page.

Eun' fois j'ai cru que j' me mariais
Par un matin d'amour et d' Mai : [fin p. 207]

Il l'tait[1] Menuit quand j' rêvais ça,
Il l'tait Menuit, et j' pionçais d'bout
Pour m' gourer d' la lance et d' la boue
Dans l'encognur'[a] d'eun' port' cochère.

(Hein quell' santé !) — Voui j' me mariais
Par un matin d'amour et d' Mai
N'avec eun' jeuness' qui m'aimait,
Qu'était pour moi tout seul ! ma chère !

Et ça s' brassait à la campagne,
Loin des fortifs et loin d'ici,
Dans la salade et dans l' persil,
Chez un bistrop[b] qui f'sait ses magnes.

Gn'y avait eun' tablée[c] qu'était grande
Et su' la nappe en damassé !
Du pain ! du vin ! des fleurs ! d' la viande !
Bref, un gueul'ton à tout casser. [fin p. 208]

Et autour, des parents ! d' la soce !
Des grouins[2] d' muffs ou d' bons copains
Baba d' me voir tourné rupin
Contents tout d' mêm' d'êt' à ma noce :

Ma colombe, selon l'usage,
Se les roulait dans la[d] blancheur,
Et ses quinz' berg's et sa fraîcheur
F'saient rich'ment bien dans l' paysage.

---

1 Combinaison de *il 'tait* avec *l'était* ?
2 Avec diérèse : « grou/ins » ?

Je r'vois ses airs de tourterelle,
Ses joues pus bell's[a] que d' la Montreuil
Et ses magnèr's de m' fair'[b] de l'œil
Comme eun' personne naturelle,

Ses mirett's bleues[c] comme un beau jour,
Sa p'tit' gueule en cœur framboisé
Et ses nichons gonflés d'amour,
Qu'étaient pas près d'êt' épuisés. [fin p. 209]

Et moi qu' j'ai l'air d'un vieux corbeau
V'là qu' j'étais comme un d' la noblesse,
Fringué à neuf, pétant[d] d' jeunesse...
Ça peut pas s' dir' comm' j'étais beau !

[Je r'vois l' décor... la tab' servie
Ma femm' ! la verdure et l' ciel bleu,
Un rêv' comm' ça[e], vrai, nom de Dieu !
Ça d'vrait ben durer tout' la vie.][f]

(Car j'étais tell'ment convaincu
Que c' que j' raconte était vécu
Que j' me rapp'lais pus, l' diab' m'emporte,
Que je l'[g] vivais sous eun' grand porte ;

Et j' me rapp'lais pas davantage,
Au cours de c'te fête azurée,
D'avoir avant mon « mariage »[h]
Toujours moisi dans la purée.)[i] [fin p. 210]

(Les vieux carcans qui jamais s' plaint
Doiv'nt comm' ça n'avoir des rêv'ries
Ousqu'y caval'nt[j] dans des prairies
Comme au temps qu'y z'étaient poulains.)

V'nait l' soir, lampions, festin nouveau,
Pis soûlé d'un bonheur immense
Chacun y allait d'[k] sa romance,
On gueulait comm' des p'tits z'oiseaux !

Enfin s'am'nait l'heur' la pus tendre
Après l'enlèv'ment en carriole,
La minute ousque l' pus mariolle
Doit pas toujours savoir s'y prendre !

Dans eun' carrée[a] sourde et fleurie,
Dans l' silence et la tapiss'rie,
Près d'un beau plumard à dentelles
Engageant à la...[b] bagatelle, [fin p. 211]

J' prenais « ma femme ! » et j' la serrais
Pour l' *Enfin Seuls* obligatoire
Comm' dans l' chromo excitatoire[1]
Où deux poireaux se guign'nt de près...

Près ! ah ! si près d' ma p'tit' borgeoise
Que j' crois que j' flaire encor l'odeur
De giroflée ou de framboise
Qu'étaient les bouffées[c] d' sa pudeur.

J'y jasais : « Bonsoir ma Pensée[d],
Mon lilas tremblant, mon lilas !
Ma petite Moman rosée,
Te voilà, enfin ! Te voilà !

[« Comme j' vas t'aimer tous les jours !
T' es fraîch'.. t' es mignonn'.. t'es jolie,
T' as des joues comm' des pomm's d'api
Et des tétons en pomm's d'amour.][e] [fin p. 212]

[f]« Quand j'étais seul, quand j'étais nu,
Crevant, crevé, sans feu ni lieu,
Loufoque, à crans, tafeur[g], pouilleux,
Où étais-tu ? Que faisais-tu ?

---

[1] Remarque de Huysmans à propos de nus à l'Exposition des Indépendants de 1881 : « Un pastel de M. Forain est une oeuvre d'art et une huile de M. Tofani, l'immortel auteur de *enfin seuls !* n'en est pas une » (*L'Art moderne*, 1883).

« Ah ! que d' chagrins, que d' jours mauvais
Sans carl'[a], sans bécots, sans asile,
Que d' goujats cruels[b], d'imbéciles,
Si tu savais, si tu savais...[c]

« Mais à présent tout ça est loin...
Voici mon Cœur qui chante et pleure,
Viens-t'en vite au dodo, ma Fleur !... »
(Vrai c'est pas trop tôt qu' j'aye un coin.)

. . . .

« Ohé[d] l' poivrot là, l' sans probloque ?
Vous feriez pas mieux d' cravailler [fin p. 213]
Au lieur d'êt' là à roupiller ?
Foutez-moi l' camp ou... gar' le bloc ! »

. . . .

[e][Non tout' ma vie[f] j' me rappell'rai
La gueul' de cochon malhonnête
Qui s' permettait d'[g] m'interpeller
Pass' que j'y bouchais sa sonnette.][h]

Alorss comm' j' le r'luquais d' travers
Il a sorti trois revolvers,
Deux canifs et son trousseau d' clefs !
Et y s'a foutu à gueuler :

— « Au s'cours, à moi ! à l'aid'[i] ! Moman !
On m' ratiboise ! on m' saigne, on m' viole...
Gn'y a pas d' pet qu'y vienn'nt[j] les z'agents,
Pus souvent qu'on verrait leur fiole ! » [fin p. 214]

Et moi qu' j'allais p'têt' arr'sauter
Et créer un beau fait-divers...
Mal réveillé d' mon Song' d'Été
J' me suis ensauvé dans l'Hiver.[k] [fin p. 215][1]

---

[1] Poème clos par illustr. non reproduite (bourgeois étranglant la mariée).

LES MASONS[1]

I. NOCTURNE
II. LES MASONS
III. LA MAISON DES PAUVRES

1 Titres du poème et des trois parties au milieu de la p. 217, puis illustration ici reproduite, occupant la p. 219 suivie d'une page blanche.

NOCTURNE[1]

I

Quand tout l' mond' doit êt' dans son lit
Mézig trimarde dans Paris,
Boïaux frais, cœur à la dérive
En large, en long, su' ses deux rives
En Été les arpions brûlés,
En Hiver les rognons cinglés [fin p. 221]

La nuit tout' la Ville est à moi,
J'en suis comm' qui dirait le Roi
C'est mon pépin... arriv' qui plante
Ça n' peut fair' de tort à la Rente.

À chacun son tour le crottoir
J' vas dans l' silence et le désert
Car l' jour les rues les pus brillantes
Les pus pétardièr's et grouillantes
À Minoch' sont qu' des grands couloirs
Des collidors à ciel ouvert.

---

1 Illustration précédant, comme en 1903, le titre de cette première partie.

J' suis[1] l'Empereur du Pavé,
L' Princ'[a] du Bitum', l' duc du Ribouis,
L' marquis Dolent de Cherche-Pieu[b],
L' comt' Flageolant-des-Abattis[c],
L' Baron[d] d' l'Asphalte et autres lieux.

J' suis l' balladeur[e]... le bouff'-purée,
Le rôd'-la-nuit... le long'-ruisseaux[f], [fin p. 222]
Le marque-mal à gueul' tirée
Le mâche-angoiss'[g]... le cause-tout haut[2].

Si jamais vous êt's dans l'ennui
Et forcé comm' moi je le suis
À c' que ça s' passe à la balade[h],
J' vas vous ess'pliquer mon manège :

Mettons qu'y lansquine ou qu'y neige,
Eh ben[i] ! allez rue[j] d' Rivoli
Malgré qu'y ait des vents-coulis[k][3]
On est pas mal sous ses arcades.

Mais si c'est l'Été... pas la peine,
Y vaut mieux s' filer vers la Seine.
Là su' eun' berge ou sous un pont,
Vous pouvez[l] eun' bonn' couple d'heures
Dans la flotte qu'est un vrai beurre,
Mette[m] à tremper vos ripatons. [fin p. 223][4]

---

1 « Je suis » ou « Ej' suis » préférable pour obtenir un octosyllabe.

2 Composé d'auto-dérision que s'applique l'auteur des *Soliloques* ! (« caus' tout haut » serait préférable pour obtenir un octosyllabe.)

3 Vent qui passe par les trouées.

4 L'illustration reproduite ci-après p. 137 s'intercalait en haut de page avant la strophe suivante.

Tâtez, l'essai n'en coûte rien,
Car moi j' connais tous les bons coins,
Tous les trucs... on peut pas me l' mette
À forc' comm' ça d' trouver des joints
Et d' boulotter mes kilomètes.

Aussi des fois su' la grand' Ville
Du haut en bas, du sud au nord, [fin p. 224]
Y a si peu d' pétard et d' poussière
Et tout y paraît si tranquille

Qu'on s' figur' que Pantruche est mort,
Qu'on voyag' dans un grand cim'tière
Et qu'y s' réveill'ra pus jamais.
(Ah ! nom de Dieu si c'était vrai !)

Mais des fois juste à ce moment
Là-bas... en banlieue[a]... loin du centre,
Y vous vient de longs hurlements,
C'est le chien d' fer ou l' remorqueur
Hou... yaou... on dirait mon ventre !
Ya haou... on jur'rait mon cœur.

Seul'ment ces cris-là m' fout'nt la trouille ;
Ça m'occasionn' des idées noires,
Et me v'là r'parti en vadrouille
À r'tricoter des paturons, [fin p. 225]
Pou' pas risquer d'êt' fait marron
Par les escargots de trottoir.[1]

On rencont' ben des attardés,
Des clients en train d' rouspéter,
Que leurs pip'lets laiss'nt poireauter
Eune heure à leur cordon d' sonnette.

Des chiffortins, des collignons,
Des tocass's qu'a pas fait leur plâtre, [fin p. 226]
Des cabots qui rent'nt du théâtre,
Des magistrats qui r'vienn'nt du claque,
Des poivrots, des flics ou des macs.

(Mais, marioll', quand qu'on est honnête
On néglig' ces fréquentations.)

Des fois que j' traîne[2] mes arpions d' plomb,
J' m'arr'pos'[3] et j' m'adosse à un gaz
Pour voir « à quel point nous en sommes »
Tout fait croir' que j' suis vagabond :

Et d' Charonne au quartier Monceau,
Au milieu du sommeil des Hommes,
Me v'là seul avec ma pensée
Et ma gueul' pâl' dans les ruisseaux !
Les nuits où j'ai la Lun' dans l' dos,
J' piste mon Ombr' su' la chaussée [fin p. 227]
Quand qu' j'ai la Lun' en fac' des nuits,
C'est mon Ombre alorss qui me suit ;

---

1 Une illustration (paysage de rue de ville) non reproduite s'intercalait après ces deux vers placés en haut de page.
2 Sans apostrophe (« traîn' »), un pied en trop dans toutes les éditions.
3 La seconde apostrophe de toutes les éditions est inutile devant voyelle.

Et j' m'en vas... traînaillant du noir,
Y a quét' chose en moi qui s' lamente,
La Blafarde est ma seule amante,
Ma Tristesse a m' suit... sans savoir. [fin p. 228]

Illustration fermant la première partie p. 228.

LES MASONS[1]

II

Or les nuits ousque j' vagabonde,
Comm' j'ai pas trop d'occupations,
J' me fais inspecteur des Masons. [fin p. 229]

Quand que la Lune est gross' dans l' ciel,
Les nuits d' Printemps a[a] sont comm' blondes,
Et on dirait des bastions d' miel.

L'Hiver, l'Automne[b] on croirait voir,
Des châteaux de camphre ou d'ivoire,
Les nuits d'Été au clair de Lune.
(Si on laiss' l'odeur d' choléra,
Qui vous vient du côté d' Bondy),
Ça fait un décor d'opéra.

Les Masons ? Y a qu' ça[c] dans Paris
Y en a en pierr's, en marbre, en briques,
En porcelaine ou en papier : [fin p. 230][2]

---

[1] Illustration précédant, comme en 1903, cette deuxième partie.
[2] Illustrations en bas de page (formant frise jusqu'à p. 241) non reproduites.

Y en a des tocard's... des jolies,
Des branlantes... des démolies,
Des quantités qu' est en fabrique
Et qu'est blanch's comm' des mariées[1].

Y en a d' tous poils... y en a d' tout âge.
Y en a qui z'ont des flott's d'étages
Et y en a qui z'ont qu'un preumier :

Y en a des r'tapées.. des tout's neuves,
Y en a d' pimpant's et y en a d' gaies,
Y en a qu'a l'air triste des veuves
Qui ne sourieront pus jamais. [fin p. 231]

Quand j' rôdaill' dans les grands quartiers,
J'en vois qu'est comm' des forteresses,
Bouclées, cad'nassées et grillées
Si Jésus voulait y entrer
En disant : « — Voyez ma détresse »,
On s'rait pas long à l' fusiller.

Y en a qu'est si rupin's et chouettes
Qu'on s' dit qu'on aurait beau marner,
Fair' fortun' dans les cacahouettes,
On pourrait jamais s'y plumer.

Y en a qui z'ont des bow-window[2]
Ousqu'on vourait en silhouette[3]
Voir poireauter eun' tit' Juliette
Dont on serait le Roméo. [fin p. 232]

Et de d' cell's là[a]... y en a d' très bien,
Qui vous la frim'nt au vieux château,
A z'ont des tourell's, des créneaux,
Et des gargouill's à gueul's de chien.

---

1 Avec diérèse (« ma/ri/ées »).
2 Fenêtre en saillie sur la façade (anglicisme attesté dès le XVIIIe siècle).
3 Avec diérèse (« si/lhou/ette »).

(Les Preux qui cach'nt là leur noblesse
Ont bravement, dans leur jeunesse,
Spéculé su' des peaux d' lapins.)

Bon sang ! dans ces fières murailles
Qui m'ont tout l'air d'être élevées
Avec le mêm' genr' de pavés
De granit ou de pierre[a] de taille[1]
Dont est fait le Cœur des Gavés, [fin p. 233]

Doit gn'y avoir des plumards couverts
D'égledons de fourrur's et d' peaux,
Ousqu'y fait doux, ousqu'y fait chaud,
Ben moi.. j' suis dehors en Hiver.

Et v'là qu'à z'yeuter[b] ces Masons,
Aveug's et sourd's comm' des Prisons,
On s' dit — « Quoi qu'y peut s'y passer ? »
Tous ces moellons[c] forcés d' se taire,
Ça doit n'en cacher des mystères,
Mêm' que c'est terribe à penser.

Du haut en bas d' ces six étages
Pens'nt-t-y[2] un p'tit peu à c' qu'y font ?
Ben sûr y en a qui naiss'nt, qui meurent... [fin p. 234]

Y en a qui font leurs frèr's cocus,
Y en a qui pionc'nt, qui rêv'nt, qui pleurent,
Et y en a qu' ont jamais vécu.

D'aut's se zigouillent, s'empoisonnent,
D'aut's en faisant des galipettes
Se bécott'nt à la tourtereaux ;

---

1 Sans apostrophe (« pierr' »), un pied en trop dans toutes les éditions.
2 « Pens'nt-t-y » dans toutes les éditions quand « pens'nt-y » suffirait.

Des mectons cour'nt après leur bonne,
Camoufle au poing, Borgne en trompette,
Comme faisait défunt Trublot[1].

Et le tout sans jamais penser
À z'yeuter un coup par la f'nêtre, [fin p. 235]
Pour voir... on sait pas si peut-être
Leur prochain s'rait pas dans les rues
À fair' le jacque et le pied d' grue.

Quant aux quartiers des Purotains,
Dans les faubourgs, dans les banlieues,
Pas si loin d' leurs sœurs ces Merveilles
Là les Masons ont l'air de Vieilles
Qui se s'raient roulé'[a] dans leur pisse.

La pupart sont des grand's bâtisses,
Qui branl'nt, qui suint'nt, qui pleur'nt, qui puent ;
De vrais[b] casern's plein's de ménages
Où y a quoi qu'en dis'nt les repus
Du malheur à tous les étages. [fin p. 236]

Des p'tiot's sont encor pus affreuses,
A fouatt'nt le crime et la misère,
A sont couleur de panaris,
A sont gâtées... ruinées... lépreuses,
On croirait des chicots pourris
Bordant la gueule de l'enfer.

Les nuits d'amour, au mois de Mai,
On entend au travers d' leurs murs,
Des soupirs, des mots... des murmures
Ces nuits-là a[c] s' mett'nt à chanter.

---

[1] Pseudonyme épisodique et burlesque de Paul Alexis (1847-1901), romancier, auteur dramatique et publiciste, proche de Zola. Il a collaboré à de nombreux journaux et notamment, sous le nom de Trublot, au *Cri du Peuple* et à *La Lanterne de Bruant* (1897), avec des textes humoristiques en argot.

Et les Sam'dis d' paie et d' soûl'rie
L' en sort des cris, des chocs, des pleurs, [fin p. 237]
C'est Populo qui s' multiplie
Dans la crasse et dans la douleur.

Car c'est là d'dans qu'y sont r'légués
Ceuss' qu' a bâti les beaux quartiers,
Les nobles masons par centaines
Et les bell's affair's qu'a contiennent.

Y sont là n'dans... y n'ont pas l' choix
Dans ces cahut's, dans ces cassines,
Pilés, tassés à l'étroitesse
Comm' dans leurs barils des anchois
(Ça[a] qui fait bien pour la poitrine). [fin p. 238]

C'est là qu' fonctionne Étés, Hivers,
Tout' cett' pauv' grain' de faits divers
Avec toujours pendus aux fesses
L' Proprio, l'Huissier, l' Commissaire,
Dont on n' peut se débarrasser
Qu'avec un boisseau d' charbon d' bois.
Malgré ça des fois je me dis
Qu' dans n'import' quel de ces taudis[b]
Au lieur d'êt' dehors en Hiver

Vaurait p'têt' mieux eun' position
Eune existenc' pus régulière,
Un foyer quoi... un p'tit log'ment, [fin p. 239]

Eun' tabe, un buffet... eune ormoire
Eune ormoire où y aurait... des choses

Et dans l' tout eun' fraîch' tit' Moman,
Eun' jolie[c] Moman à bras roses
Qui sortiraient de son peignoir
Quand qu'elle[d] apport'rait la soupière
Ou allum'rait la suspension

Voui, voui, mais voilà... comment faire ?
Ces masons-là autant qu' les Belles
Au gas qui passe désolé
A sont pas pus hospitalières. [fin p. 240]

J'ai beau m' trémousser, j'ai pas l' rond,
Je suis tremblant, je suis traqué,
J' suis l' Déclassé... l' gas distingué
Qui la fait à la poésie :

J' suis aux trois quarts écrabouillé
Ent' le Borgeois et l'Ovréier,
J' suis l' gas dont on hait le labeur,

Je suis un placard à Douleurs,
Je suis l'Artiste, le Rêveur,

Le Lépreux des Démocraties. [fin p. 241]

Dernière illustration de la frise commencée p. 230.

LA MAISON DES PAUVRES[1]

III

N'empêch' si jamais j' venais riche,
Moi aussi j' f'rais bâtir eun' niche
Pour les vaincus... les écrasés,
Les sans-espoir... les sans-baisers [fin p. 242]

Pour ceuss' là qui z'en ont soupé,
Pour les Écœurés, les Trahis,
Pour les Pâles, les Désolés,
À qui qu'on a toujours menti
Et que les roublards ont roulés[a] ;

Eun' mason... un cottage... eun' planque,
Ousqu'on trouv'rait miséricorde,
Pus prop's que ces turn's à la manque
Ousque l'on roupille à la corde ;

1 Illustration ici reproduite précédant, comme en 1903, le titre et le premier quatrain de cette troisième partie.

Pus chouatt's que ces Asil's de nuit
Qui bouclent dans l'après-midi,
Où les ronds-d'-cuir[a] pleins de mépris
(Les préposés à la tristesse)
Manqu'nt[b] d'amour et de politesse ;

Eun' Mason Seigneur, un Foyer
Où y aurait pus à travailler, [fin p. 243]
Où y aurait pus d' terme à payer,
Pus d' proprio, d' pip'let, d'huissier.

Y suffirait d'êt' su' la Terre
Crevé, loufoque et solitaire,
D' sentir venir son dergnier soir
Pour pousser la porte et... s'asseoir.

Quand qu'on aurait tourné l' bouton
Personn' vourait savoir vot' nom
Et vous dirait — « Quoi c'est qu' vous faites ?
Si you plaît ? Qui c'est que vous êtes ? »

Non, pas d' méfiance ou d' paperasses,
Toujours à pister votre trace,
Avec leur manie[c] d'étiqu'ter ;
Ça n'est pas d' la fraternité !

Mais on dirait ben au contraire :
— « Entrez, entrez donc, mon ami, [fin p. 244]
Mettez-vous à l'ais', notre frère,
Apportez vos poux par ici. »

Pein' dedans gn'aurait des baignoires,
Des liquett's propes... des peignoirs,
D' l'eau chaud' dedans des robinets
Qu'on s' laiss'rait rigoler su' l' masque,
Des savons à l'opoponasque,
Des bross's à dents et des bidets.

Pis vite.. on s'en irait croûter
Croûter d' la soup' chaude en Hiver
Qui fait « plouf » quand ça tomb' dans l' bide,
Des frich'tis fumants, des lentilles,
Des ragoûts comm' dans les familles,
Des choux n'avec des pomm's de terre,
Des tambouill's à s'en fair' péter.

Et quand qu' ça s'rait la bell' saison
On boulott'rait dans le jardin [fin p. 245][1]
(Gn'en aurait un dans ma Mason
Un grand... un immense... un rupin)

Ousqu'y aurait des balançoires,
Des hamacs... des fauteuils d'osier
(Pou' pouvoir fair' son Espagnole)
Et ça s'rait d' la choquott' le soir
Quand mont'rait l' chant du rossignol
Et viendrait l'odeur des rosiers.

Mais l'Hiver il y f'rait l' pus bon :
Ça s'rait chauffé par tout's les pièces
Et les chiott's où poser ses fesses [fin p. 246]
J' f'rais mett' du poil de lapin d'ssus
Pou' pas qu' ça vous fass' foid au cul.

Et pis dans les chambr's à coucher
Y gn'aurait des pieux à dentelles,
D' la soye[a]... d' la vouat'... des oneillers,
Des draps blancs comm' pour des mariés,
Des lits-cage et mêm' des berceaux
Dans quoi qu'on pourrait s' fair' petiots ;

[1] La page suivante commençait par une illustration (Pauvre marchant seul et songeant dans les rues) non reproduite.

Voui des plumards, voui des berceaux
Près d' quoi j' mettrais esspressément
Des jeun's personn's, prop's et girondes,
Des rouquin's[a], des brun's et des blondes
À qui qu'on pourrait dir' — « Moman ! »
Ça s'rait des Sœurs modèl' nouveau
Qui s'raient sargées d' vous endormir
Et d' vous consoler gentiment
À la façon des petit's-mères, [fin p. 247][1]

À qui en beuglant comme un veau
(La cabèch' su' le polochon),
On pourrait conter ses misères :[b]

— « Moman, j'ai fait ci et pis ça ! »
Et a diraient : — « Ben mon cochon.[c] »
— « Moman, j'ai eu ça et pis ci. »
Et a diraient : — « Ben mon salaud ! »

« Mais à présent faut pus causer,
Faut oublier... faut pus penser,
Tâchez moyen d' vous endormir
Et surtout d' pas vous découvrir. » [fin p. 248]

Ma Mason, v'là tout, ma Mason,
Ça s'rait un dortoir pour broyés
Ousqu'on viendrait se fair' choyer
Un peu avant sa crevaison

Loin des Magistrats de mes...[2]
Qu'ont l' cœur de vous foute en prison
Quand qu'on a pus l' rond et pus d' turne.

---

1 La page suivante commençait par une illustration (Pauvre marchant seul et songeant dans les rues) non reproduite.

2 La rime laisse attendre « burnes » (voir dictionnaire-glossaire) !

Mais pour compléter l'illusion
Qu'on est redevenu mignon
Tout's mes Momans à moi, à nous,
Faurait qu'a z'ayent de beaux tétons,
Lourds, fermes, blancs, durs, rebondis
Comm' les gros tétons des nounous
Ou des fermièr's de Normandie ;

Et faurait qu' ces appâts[1] soyent nus.
Mêm' les gas les pus inconnus, [fin p. 249]
Auraient l' droit d'y boir', d'y téter
Au moment ousqu'y tourn'raient d' l'œil.

S'ils faisaient la frim' d'êt' pas sages
Dans leur plumard ou leur fauteuil
On s'empress'rait d' leur apporter
Les tétons sortis du corsage,
Pleins d'amour et de majesté.

Je vois d'ici mes Nounous tendres
Introduir' dans les pauvres gueules
De tous les Errants de Paris
Le bout de leurs tétons fleuris.

Et j' vois d'ici mes pauv's frangins
Aux dents allongées par la Faim
Boir' les yeux clos et mains crispées
Par la mort et par le plaisir. [fin p. 250]

---

1 « appas » serait de l'« argot des bourgeois » (Delvau 1866) !

Et pour jamais et pour jamais
(Le museau un peu pus content)
J' les vois un à un s'endormir

Le bout d'un téton dans les dents... [fin p. 251][1]

1 Le poème se termine par l'illustration ici reproduite et le recueil de 1903 s'achevait avec une page blanche, une autre illustration (voir ci-dessous p. 154), une autre page blanche et, précédée d'une dernière illustration (oiseau de nuit cloué) non reproduite, la « Table des matières » sur deux pages avant l'« Achevé d'imprimer ».

Poèmes des éditions de 1897

supprimés des éditions suivantes

où ils ont été remplacés

par « Crève-Cœur »

et « Les Masons »

Illustration finale p. 253 dans l’éd. de 1903.

A C T U A L I T É S

S O L I L O Q U E
DU
C H A N T E U R A M B U L A N T[1]

Donc, y z'ont fini leurs ballades
Les faux pauvr's sortis d' rich's beuglants :
Ben et moi, l' chanteur ambulant,
Y m'ont mis dans la marmelade !

Y a pus moyen d' gagner deux sous.
Après leurs admirab's tournées
Mâtin ! y n'en f'saient des jornées
Tous les soirs, y d'vaient rentrer saouls !

Y n' faisaient qu' siffler du champagne
S'enfiler d' merveilleux gueul'tons
Moi, maint'nant on m'envoye... au bagne
Quand j' m'amène avec mon jambon.

Les pip'lets m'adress'nt des discours,
Y n' veul'nt pus qu' des artiss' notoires
Et faut êt' du Conservatoire
Pour pouvoir chanter dans les cours !

Je l' dis, c'est eun' calamité
Y m'ont râflé mes p'tit's recettes
Et m' v'là maint'nant avec des dettes
C'est tout d' mêm' beau la Charité !

Cré tas d' muff'tons va, tas d' truqueurs...
A m' ruin' vot' tentativ'[2] hardie
C'est du chiqué, d' la comédie...
J'en ai soupé, moi, d' vot' grand cœur !

---

[1] Assez fortement ancré dans l'actualité, ce poème était aussi un soliloque d'un personnage misérable, mais celui-ci différait du Pauvre que l'auteur a voulu mettre en scène en s'inspirant de sa propre existence.

[2] tentativ'e (dans les deux éd. de 1897).

Quoi fair' ? Ramasser les mégots ?
On ferm' la Bourse aux bouts d' cigares
Ah ! qué sal' coup pour la fanfare
Quand les rupins s' font mendigots !

Ohé, Nini[1] ! T'as pas fini ?
Tout Paris l' sait qu' t'as z'eun' belle âme
Qu'all' te coût' pas cher ta réclame
Et qu'y t' reste encor' du « *boni* ».

Tu m'as r'tiré l' pain de d' la bouche.
Où qu' tu veux que j' pouss' mes faux airs
Quand tu miaul's au Café-Concert
J' te laiss' miauler, j' suis pas farouche.

Ton sort à toi m' laiss' sans envie
Je n' cherche[2] pas à t' fair' concurrence
Au contrair', j' propag' tes romances
Sans moi..... tu gagn'rais pas ta vie !

Ce soir, j' m'en vas dire à mes mioches
— « Mes p'tiots, faut danser d'vant l' buffet
« C'est la faute à Nini Buffet
« Si j'ai pas un radis en poche ! »

Malheur ! Quoi qu'on bouff'ra c't' hiver
Quand ma guitar' s'ra chez ma tante
— Fous-t'en, Zib'line, alle est contente
Y a rien à dire, y a qu'à crever !

Août 1895.

---

1 Voir note 3 p. 106.
2 Sans apostrophe (« cherch' »), un pied en trop.

ÉPILOGUE[1]

Paraît qu'y doit a r'venir[2], le Tzar.
Non, mais des fois... y faudrait l' dire
Si qui s' plaît pas dans son Empire,
Y pourrait t'nir un p'tit bazar,
Son peupe, y l'en f'rait eun' tir-lire !
Ben, si qu'y r'pique au balthazar,
Gn'a pas d'erreur, on va rerire.

Ça n'était pas encore assez
De grapeaux, de cérémognies,
De défilés par compagnies
Et d'un chahut des cinq cents diables
Et des gueul'tons substantiels,
Et d' la galette[3] des contribuables
Illuminant la tour Eiffel.
(Ça n'était pas encore assez
Les z'horreurs a vont r'commencer !)

Quoi ? nous r'verrons, c'est pas eun' colle
Montjarret[4], f'sant[5] d' la Haute École
Qui pétarade et caracole
Dessus son canasson fougueux.
C'est vrai, on va r'voir l' Protocole
Gaffer en s'arrachant les chueux ?

---

1 Plus encore que le poème précédent, celui-ci était trop fortement ancré dans l'actualité, celle de la visite en France, début octobre 1896, du Tsar Nicolas II, accueilli en grande pompe par le Président Félix Faure lors de cérémonies fastueuses dont témoignent articles et photos et même l'un des tout premiers films. Le poème a sans doute été supprimé aussi, parce qu'il ne devient vraiment un soliloque qu'après de nombreuses strophes de description satirique et de dénonciation sociale et politique, peut-être également en raison des nombreuses redites avec d'autres vers du recueil ainsi que de la faiblesse de quelques passages.

2 Si prosthèse d'un *a* (« ar'venir »), il faudrait une seconde apostrophe (« a'r'v'nir »).

3 Sans apostrophe (« galett' »), un pied en trop.

4 Félix Faure avait rappelé à l'Élysée le cavalier Montjarret pour guider les attelages des véhicules présidentiels.

5 Comprendre *faisant* "camarade (d'école)" (voir dictionnaire-glossaire).

Et puis les Cosaqu's de la suite
Qui sont Polonais pour la cuite
S'offrir un dessert clandestin
Avec les bougies du festin ?

Et on r'verra l' Préfet de police
Empli de tristesse et d'horreur
À la pensée qu'un nihilisse
Ou quéqu'un d' ces salauds en *isse*
Pourrait ben s'offrir el' l' caprice
D'agrandir l' trou d' bombe[1] d'un Emp'reur !

Et dans Paris gorgé d' troupiers
Où faut ben que j' mèn'[2] ma vadrouille
Gn' aura ben vingt meillons d' petsouilles
Qui viendront m' piler les goigts d' pieds !
Et on r'f'ra rendr' par des soldats
Les grands z'honneurs aux p'tits cacas
D' la p'tit' Grand' Duchesse Olga[3] !

Et quand le Tsar pos'ra tepêt
Félix Faure instruit d' la chosette
S'enfil'ra aux wouater-clozettes
Où pour pas troubler l'harmonie
Y rest'ra à s' fair' la causette
Jusqu'à c' que l'Emp'reur ait fini !

De quoi, on va r'voir la Justice,
Les Colonies et l'Intérieur
L'Armée, l' Clergé, l'Académie,
Le Théâtre, la Poyésie
Y compris les Travaux Publics
En un mot tout' la République,
Sucer les doigts d' l'Impératrice,
Ou s'user l' nombril su l' pavé ?

---

1 Sans apostrophe (« bomb' »), un pied en trop.
2 Intervention furtive de la première personne du « soliloqueur ».
3 Compter « Du/ches/se/ Ol/ga » ? (à moins de rétablir « De la » ?)

Spectacle admirabl' pour l'Histoire
Et qui doit « flatter notre espoir »
On r'verra ça n'est pas douteux
Félix Faure et Nicolas Deux
Se retéter encor' la poire
Et r' bouffer avec appétit ?

S'en sont-y collé des voitures
Tandis qu' mes s'mell's à forc' d'usure
Se trottaient et m' laissaient en plan
S'en sont-y foutu des bitures
D'ess'traordinaires[1] nourritures
Pendant qu' Bibi s' grattait les flancs !

Gn'avait qu' des gibiers, des ventrées !
D' la bonn' vinass', pas d' la bibine
Oh ! bon guieu d' bois la bonn' cuisine
Qu'aurait mieux fait dans ma cassine[2]
Et les canapés d' bécassines
Où j'aurais ben amé m' vautrer[3].

Enfin après l'apothéose
Relisons un peu leurs discours
Qui s'ils z'avaient l' mérit' d'êt' courts
Signifiaient pas toujours grand' chose

— Je bois — Tu bois — À toi — Z'à[4] moi

L' Armé' française et la Marine
Vous salu'nt[5] ainsi qu' la Tzarine

(Allons tant mieux — Vas-y mon vieux)
L'Emp'reur des Russ's et la Tzarine
Salu'nt l'Armée et la Marine !

---

1 Sans apostrophe (« D'esstraordinair's »), un pied en trop.
2 Le Pauvre vient d'être expulsé de sa petite chambre misérable (vers 133).
3 Jeu sur les sens de *canapé* et de *bécassine* (voir glossaire à **bécassine**).
4 Accent oublié dans le texte de 1897.
5 Apostrophes pas toujours nécessaires (« Armé' », « salu'nt »).

(Pis c'était tout ou ben encor)
(On s' proposait des chos's comm' suit)

— J' vous donn' la Lune a n' peut s' défendre
— Vous êt's ben bon... j'allais la prendre
— Ça n' fait rien si j' peux vous aider !

Et on appell' ça..... eune Alliance !
C'est vraiment un peu trop d' prudence
Mais tout l' monde[1] va gueulant en chœur :
— « Ah ! qu'il a ben causé l'Emp'reur ! »

Tous ces chichis et tout' c'te joie
Ça fait penser à ces borgeois
Qui r'çoiv'nt un *rasta* à la manque
Et lui pass'nt le pèze et la planque
Pass' qu'il s' dit prince et monseigneur ;
Puis quand le mec s'est cavallé
L' gésier gonflé de boustifaille,

Dans la famille on s' fait une[2] gueule,
On se r'luque et on s'aperçoit
Qu' la fill' qu'était p'tête encor vierge,
La mèr', la sœur, la tant' du père,
La grand'mère et la bisaïeule
Et l' p'tit dernier d' la concierge[3] ;
Bref tout l' mond' se r'trouve enfilé,
Et les pus jeun's, d'au moins dix sous.

---

1 Sans apostrophe (« mond' »), un pied en trop.

2 La forme populaire habituelle du déterminant (« eun' ») serait préférable.

3 Une des trois apostrophes de ce vers est à supprimer pour obtenir un octosyllabe.

Eh ben moi j' veux qu' Satan m' patafiole[1]
Si dans ces discours empruntés
Gn'a un mot qu'a l'air d'un traité
Aussi j' crois ben qu'on s' fout d' ma fiole
Mais j' me raisonn', car tôt ou tard
Populo il aura la belle
D'jà Jaurès veut fair' du pétard,
On verra comment qu'y s'appelle !

En attendant je l' dis tout haut
Eh ben moi a[2] m' courr'[3] la Russie
V'là trop longtemps qu' l'Alliance a m' scie
A n'aura pas mes capitaux[4] :

Elle et pis ses meillons d' soldats
Ses douan's et leurs futur's recettes
J' n'ai vraiment d' russ' que mes chaussettes
Et encor vrai dans quel état !

Ça rendra-t-y[5] l'Alsac'-Lorraine ?
« Ces trois couleurs dans cet ébène ? »
Ah ! pour ça non, j' crois qu'y a pas d' pet.
Ben alorss, faut-y[6] s' mettre en peine ?
Moi, j'am'rais mieux qu'on m' fout' la paix
Ou à son défaut l' Canada,
(Car moi aussi j'ai mon dada).

Vous comprenez, moi, j' suis dans l' tas ;
Ces gueul' tons, ces fêt's, ces galas,
Ousque les gros s' sont cuités ferme
Dam ! ça n'a pas payé mon terme,
V'là l'Hiver... on m'a esspulsé
V'là l'Hiver... et on peut penser
Qu'y gn'en a des flott's dans mon cas.

---

1 Un pied en trop.
2 Accent fautif dans le texte imprimé original.
3 Écrit comme dans « chasse à courre ».
4 Ceux que le Pauvre n'a pas...
5 « rendra-t'y » par erreur dans le texte imprimé original.
6 « faut'y » par erreur dans le texte imprimé original.

Et maint'nant que m' v'là quasi-nu,
Sans brich'ton, sans espoir d' probloque
Avec el l' taf d'êt' mis au bloc
Pass' que j' n' dors pus qu' dans mes loques[1],
J'ai l' droit d'engueuler mon Époque
Du crottoir ousqu'on m'a foutu !

Voui, j'ai l' droit d' la trouver saumâtre.
Et si je n' l'ai pas... ben, je l' prends.
Après tout, moi j' suis du Théâtre,
J' suis aussi un rouage[2] influent.

Et j' l' gueul', dût-il m'en cuire[3],
Que j' m'en fous, quand j'ai rien dans l' bide,
Des grapeaux, des cellunoïdes[4]
Et de nos p'tits tzars, les ronds-d'cuirs
Qu'existent[5] autant qu' des androïdes
Et qui n'ont jamais pu produire
Aut' chos' que des z'hémorroïdes !

Si j' l'avais seul'ment vu, le Tzar,
Hein ! si qu'il était v'nu me voir !
J' crois qu' j'y aurais[6] montré l'escaïer
Avec la pointe ed' mon souïer
J'y aurais fait d' la phizolofie

Et j'y aurais crié d' mon sixième :
Tu fais ta poire et ta sophie,
Passque t'es quasi un d'mi-Guieu !
Si seul'ment tu cherchais un peu :
Mais tu t' ballad's, tu tir's ta flemme.

---

1 Une des trois dernières apostrophes de ce vers est à supprimer pour obtenir un octosyllabe : « Pass' que je n' dors pus qu' dans mes loques ».

2 Avec synérèse.

3 Vers à revoir pour obtenir un octosyllabe.

4 Les boulevards et places étaient décorés de drapeaux ainsi que d'objets en celluloïd, notamment des globes.

5 Sans apostrophe (« Qu'exist'nt »), un pied en trop.

6 Avec synérèse (« Qu' j'y au/rais »), ainsi que dans les vers suivants.

Ben mon p'tit Pèr' (ça c'est très russe)
T'en as, d' l'estomac et d' l'astuce !
Moi, dans mon genre aussi, j' suis Tzar :
L'Emp'reur des Beni-Bouffe-Hasard.
Mais j' règn' que su' mes z'abattis,
Et toi sur des tas d'abrutis !

Allons ! caval' de d'sous mon toit[1]
Et quand tu s'ras rentré chez toi,
Ayant la Force, ayant le glaive,
Va-t'en trouver le grand Tolstoï[2]
Et tâche d'appliquer ses Rêves !..

1 Ce pauvre-là n'a même plus de toit, puisqu'il vient d'être expulsé (voir vers 132-141).

2 « Voici donc la grande découverte morale de Tolstoï : la loi de l'homme, l'amour, est une aspiration au bien des autres ; mais il faut que cette aspiration altruiste soit constante et universelle » (Rémy de Gourmont, diatribe citée dans le *Vocabulaire de la langue verte* d'Hector France, article **tolstoïsme**).

FARANDOLE
DES
PAUV'S 'TITS FAN-FANS

(RONDE PARLÉE)[1]

Nous, on est les pauv's 'tits Fan-fans[2]
Les p'tits flaupés... les p'tits foutus
À qui qu'on flanqu' sur le tu-tu :

Les ceuss' qu'on cuit, les ceuss' qu'on bat,
Les p'tits bibis, les p'tits bonshommes
Qu'ont pas d' bécots ni d' sucs de pomme
Mais qu'ont l' jus d' triqu' pour sirop d' gomme
Et qui pass'nt de beigne à tabac.

Les p'tits vannés... les p'tits vanneaux
Qui flageol'nt su' leurs 'tit's échasses
Et d' qui on jambonn' dur les châsses,

Les p'tits Pierrots[3]... les 'tit's vermines
Les p'tits sans-cœur, les p'tits sans-dieu,
Les fuit-d'-partout... les pisse-au-pieu
Qu'il faut ben que l'on esstermine.

Nous... on n'est pas des p'tits Fifis
Des p'tits choyés, des p'tits Bouffis
Qui n' font pipi qu' dans d' la dentelle
Dans d' la soye ou dans du velours
Et sur qui veill'nt deux sentinelles,
Ma'am' la Mort et M'sieu l'Amour.

---

[1] Ce poème, qui serait un soliloque plutôt... collectif malgré ses accents autobiographiques macabres et désespérés, ne sera repris, avec de nombreuses modifications et sous le titre « Farandole des pauv's 'tits Fan-fans morts », que plus tard, dans *Le Cœur Populaire* publié en 1914 chez Eugène Rey.

[2] L'apostrophe n'ayant pas été mise systématiquement dans l'original imprimé avant « 'tit » (ou « 'tit' ») comme ici, je l'ai rétablie plusieurs fois.

[3] Voir glossaire. Richepin avait ajouté une « Ballade pour les pauvres petits Pierrots » à son édition de 1881 de *La Chanson des Gueux* (pp. 146-147).

Nous... on nous truff' tell'ment la peau
Et not' 'tit' viande est si meurtrie
Qu'alle en prend les tons du Grapeau
Les trois couleurs de not' Patrie !

Qué veine y z'ont les z'avortés !
Nous quand on peut pus résister
On va les r'joindr' dans l' grand Mystère.
Oh ! qu' c'est donc bon d' pioncer l'hiver
N'avec les petits vers de terre...
Nous ! On aime être asticotés[1] !

Nous pauv's 'tits fan-fans d'Assassins,
Nous s'rons jamais les fantassins
Qui farfouillent dans les boïaux
Ou les tiroirs des Maternelles
Ousqu'y gn'a des Porichinelles

« Car ainsi font, font, font
Les Petites Baïonnettes[2]
Car ainsi font, font, font
Deux p'tits trous et pis... s'en vont »

Nous n'irons pas au Bois[3] non pus
Aux bois d' Justice... au bois tortu.
Nous n'irons pas à La Roquette[4]
Et zon, zon, zon, pour rien au monde.
Et zon, zon, zon, pipi nous f'sons
Et barytonnons d' la mouquette
Su' la Misère et les Prisons.

---

[1] Humour noir de cette équivoque entre le verbe *asticoter* avec son sémantisme de harcèlement physique et le nom macabre *asticot*.

[2] On a reconnu la chanson populaire des « petites marionnettes ».

[3] On a reconnu aussi la chanson « Nous n'irons plus au bois » avec ses paroles d'entraînement à la danse.

[4] À cette époque et plus largement de 1836 à 1932, on enfermait les jeunes détenus à la prison de la petite Roquette (démolie en 1974) à Paris.

Nous p'tits fan-fans, pauv's 'tits Fantômes
Nous irions ben en Paladis
Si gn'en avait z'un pour les Mômes
Eh là ! yousqu'il est le Royaume
Des mimis morts, des p'tits moutons
Où d' bons 'tits ciens nous embrass'ront ?
Car P'tit Jésus, y n'en faut pus
Lui et son Pat'lin transparent
Ousqu'on r'trouv'rait nos bons parents
(On am'rait mieux r'venir d' son ciel
Dans eun' couveuse artificielle).

Gn'en a qui dis'nt que l' Monde un jour
Y s'ra comme un grand squar' d'amour
Et qu' les Homm's qui vivront dedans
S'ront d' grands fan-fans... des p'tits fan-fans
Des gros, des beaux, des noirs, des blancs.

Chouett' ! Car sans ça les p'tits pleins d' giffes
Pourraient ben la faire à la r'biffe
Quoique après tout, on s'en j' m'en fous
Pisqu'on sait ben qu'eune heur' viendra
Ou qu' Mam' la Mort all'-mêm' mourra
Et qu' pus personne y souffrira !

Mais en guettant c'te bonn' Nouvelle
Sautez, dansez nos p'tit's cervelles.
Giclez, jutez nos p'tits citrons.
Pleurez, chialez les crocodis
— « La France a se dépopulotte » !
Les p'tits goss' y faut qu' ça boulotte
Mais ça coût' trop cher au budget !

Aign' donc, cognez ! On s' fout d' la Vie
Et d' la Famill' qui nous étrille
Et on s'en fout d' la République
Et des Électeurs alcooliques
Qui sont nos dabs et nos darons.
. . . .
. . . .

Nous... on est les pauv's 'tits Fan-fans
Les p'tits flaupés... les p'tits fourbus
Les p'tits fou-fous... les p'tits fantômes
Qui z'ont soupé du méquier d' môme
Qui n'en r'vienn'nt pas et r'viendront pus !

Variantes

Par rapport aux deux éditions de 1897 qui sont à peu près semblables l'une à l'autre[1], trois possibilités de variantes se présentent dans celle de 1903 :

1) Quatrains ajoutés ou vers totalement modifiés : ils sont mis entre crochets droits dans le texte, un appel de variante étant fait après le crochet fermant.

2) Quatrains supprimés : ils sont reproduits ci-dessous dans des variantes dont l'appel se situe à la fin du texte qui précédait ces strophes dans les éd. de 1897.

3) Modifications plus ou moins fortes sur des mots :

— rectifications d'orthographe, de ponctuation ou de typographie, qui ne sont pas toutes relevées tant elles sont nombreuses ;

— rectifications métriques, en particulier par des apostrophes mises à la place des *e instables* pour supprimer des pieds en trop ; en revanche, quand les apostrophes de l'éd. de 1903 marquaient le retranchement d'*e instables* n'ayant pas d'incidence sur le décompte des pieds des octosyllabes (« queu's » pour « queues »), j'ai rétabli la leçon de 1897, voire préféré celle des versions postérieures dans lesquelles Jehan Rictus a renoncé à cette pratique, certes courante à l'époque pour marquer des manquements à la prosodie la plus classique, mais inutile et gênante pour la lisibilité ;

— rétablissement d'*e instables* à la place d'apostrophes inutiles (« comm' » suivi de voyelle), voire erronées du point de vue du décompte des pieds ;

— formes populaires marquées ou plus marquées (« d'pis » au lieu de « d'puis »), ou, inversement, retour à des formes moins marquées (« d' » au lieu de « ed' ») ;

— choix lexicaux différents, généralement plus expressifs par leur valeur « stylistique » et/ou par leur marque populaire et/ou argotique.

Il en va de même pour les variantes des éditions revues par l'auteur à partir de 1921, mais certaines ajoutent parfois des erreurs à un texte qui ne sera jamais entièrement satisfaisant, en raison notamment des difficultés qu'il y a à transcrire le langage populaire et à l'intégrer dans la métrique classique.

L'HIVER (pp. 23-31)

p. 25 :

a C'est la leçon à partir de 1921 ; s' mett' (de 1897 à 1919)

b tienn't (1897)

c C'est la leçon dans la plupart des éd. post. ; queu' (1897 et 1903)

p. 26 :

a C'est la ponctuation de 1897 et à partir de 1921, défigurée de 1903 à 1919 : sanglots,..

---

1 « 1897a » et « 1897b » me serviront à marquer les rares discordances entre ces deux éditions, mais sans signaler les rectifications orthographiques faites dans la seconde.

b Merd', v'là l'Hiver, l'Emp'reur ed' Chine // S' fit flauper par les Japonais ! (1897) ; Merd', v'là l'Hiver, l'Emp'reur de Chine // S' fait flauper par les Japonais ! (à partir de 1921)
c Madam' (1897)
d piquié (à partir de 1921)
e Virgules après « Pauvr's » et en fin de vers (1897)
f muff (dans certaines éd. post.)
p. 27 :
a gagn't (à partir de 1921)
b « Sûr » au lieu de « Moi » (1897a)
c ed' (1897)
d Comm' d'eune Imag', d'eune Entité (1897)
e Deux-points derrière « Ainsi » (dans la plupart des éd. post.) ; Empoyés (à partir de 1921)
f n'assist'nt (1897-1919) [à partir de 1921, restitution de la lettre *e* nécessaire à la formation de l'octosyllabe]
g Artisses (à partir de 1921)
h trisses (à partir de 1921)
p. 28 :
a fair' de (à partir de 1921)
b C'est la leçon des éditions les plus récentes à cet endroit (au lieu de « p't'êt » de 1897 à 1921) et celle de toutes les éditions dans d'autres vers (« p't-êt' » eût été plus orthographique !).
c « nos interprètes » (guillemets à partir de 1921)
d S'arr'tir'nt (à partir de 1921)
e balader (dans des éd. post. à 1921)
f C'est la leçon de la plupart des éditions (au lieu de « Boulogn' » en 1897 et 1903).
g « *Misérables* » (1897)
h Beni-bouff'-Tout (1897)
i C'est la leçon de 1897 et de la plupart des éd. post. à celle de 1903 qui donne « idé' ».
j gn'a (1897)
k Virgule après « t'nez » (1897)
l « *Gueux* » (1897)
m C'est la leçon de 1897 (au lieu de « bouffrai » dans toutes les autres éd.)
n qui (1897)
o Trois quatrains de 1897 sont supprimés de 1903 à 1919. En voici le texte :

Ben, pis Bruant et pis Zola
Y z'ont plaint les Pauvr's dans des livres,
Aussi c' que ça les aide à vivre
De l'une à l'aut' Saint-Nicolas !

Mêm' qu'Émile avait eun' bedaine
À décourager les cochons,
Et qu' lui, son ventre et ses nichons
N' passaient pus par l'av'nu' Trudaine.

Alorss, honteux, qu'a fait Zola ?
Pour continuer à plaind' not' sort
Y s'a changé en hareng saur
Et déguisé en échalas.

Ces trois quatrains seront restitués, avec plusieurs corrections, à partir de 1921 :

Ben pis Mirbeau[1] et pis Zola
Y z'ont « plaint les Pauves »[2] dans des livres,
Aussi, c' que ça les aide à vivre
De l'une à l'aute[3] Saint-Nicolas !

Même[4] qu'Émile avait eun' bedaine
À décourager les cochons
Et qu' lui, son ventre et ses nichons
N' passaient pus par l'av'nu' Trudaine.

Alorss, honteux, qu'a fait Zola ?
Pour continuer à plaind' not' sort
Y s'a changé en hareng-saur[5]
Et déguisé en échalas (I)[6].

p peinture (à partir de 1921)
q gn'y a (à partir de 1921)
r de peintr's (à partir de 1921)
s plus (1897)
t Suppression des parenthèses à partir de 1921

p. 29
a avait (1897)
b Commerce (à partir de 1921)
c mais (1897)
d virgule avant « assurément » dans la plupart des éd. post.
e quand (erreur d'orthographe dans des éditions entre 1903 et 1921)
f sur (1897)
g Mais Jul's Simon l'a promulgué (1897)
h quéqu' chose (1897) [mais un pied en trop si pas d'apostrophe]
i plus (1897)

---

1 Cette fois, Bruant, qui dédie un exemplaire de la première édition de son premier livre (*Dans la Rue* I, 1889) à son « ami Jehan Rictus » en avril 1921 (voir mon introduction, p. 13), est épargné.

2 Sans apostrophe, un pied en trop.

3 « l'aute » aurait dû être élidé comme en 1897, sinon un pied en trop.

4 Sans apostrophe, un pied en trop.

5 « Harang-saur » dans certaines éditions !

6 Répondant à l'appel de note « (I) », on lit à partir de 1921 : « NOTE DE L'AUTEUR. — À l'époque où ce poème fut écrit, Émile Zola, qui était affligé d'une obésité considérable, suivit un traitement qui le réduisit à rien. »

j Soit ! (point d'exclamation dans certaines éditions post. à 1921)
k Virgule en fin de vers absente en 1897 et supprimée à partir de 1921
l C'est la leçon de 1897 et de la plupart des éd. post. à celle de 1903 qui donne « fumé' ».
m moi à la fin (1897)
n Des genss' (1897)
o s'arrbiffer (dans la plupart des éd. post.)
p. 30 :
a ballade (1897 et dans quelques éd. post.)
b mêm' de (à partir de 1921)
c Les deux quatrains entre crochets sont absents des éditions de 1897
d « Et » en début de vers, à la suite du vers 128 (1897)
e Je n' veux pus (1897)
f virgule en fin de vers dans toutes éditions de 1897 à 1919 , enfin supprimée dans l'édition de 1921.
g C'est la leçon de la plupart des éd. post. à celles de 1897 et de 1903 qui donnent « Muffleri' ».
h « *Civilisés* » (1897)
p. 31 :
a *Pharès !* » (à partir de 1921)
b L'Homme (1897)
c bien (1897)

IMPRESSIONS DE PROMENADE (pp. 32-38)
p. 35 :
a Points de suspension en fin de vers (1897)
b Point en fin de vers (1897)
c Point en fin de vers (1897)
d j' coll' (1897)
e Point en fin de vers (1897)
f C'est la leçon de 1897, reprise à partir de 1921 au lieu de « croûter » de 1903 à 1919, qui était trop populaire dans la bouche de bourgeois.
g Qu'est-ce qu'y (1897)
p. 36 :
a Point en fin de vers (1897)
b Point en fin de vers (1897)
c fraient (dans certaines éd. post.)
d Pas de points de suspension après « clou » ni de point d'exclamation final (1897)
e sur (1897)
f Point en fin de vers (1897)
g l'homme (dans la plupart des éd. post.)
h Point en fin de vers (1897 et dans certaines éd. post.)
i Point-virgule (dans certaines éd. post.)

TRILOGIE (pp. 39-72)
SONGE-MENSONGE (TRILOGIE I, pp. 41-49)
p. 43 :
a gas (sans majuscule dans tout le texte des éd. de 1897)

b s'il (1897)
c Pour l' gas (1897)
d C'est la leçon de la plupart des éd. après celles de 1897 et de 1903 qui donnent « soy'ent ».
e un soir ed' fête (1897)
f Quatrain ajouté dans l'éd. de 1903, conservé jusqu'en 1919 et supprimé à partir de l'éd. de 1921.
g C'est la leçon de la plupart des éd. après celles de 1897 et de 1903 qui donnent « rouchi's ».
p. 44 :
a gagn't en 1897 et 1903, corrigé ensuite.
b gas (1897)
c Or pour s' payer eun' fille ed' joie (1897)
d paire ed' fesses (1897)
e c' qu'on (1897)
f on se r'garde la colonne (1897)
g Les v'là (1897)
h Et d'la (1897)
p. 45 :
a z'Hommes (1897)
p. 46 :
a des lolott's en amitié (1897)
b d'puis (1897)
c La crème ed' mon râb' (1897) ; La crêm' de ma race (1921)
d moëll' (plusieurs éd. post. à celle de 1903, par exemple 1919 et 1921)
e Puis (1897)
f On peut fermer ici la parenthèse ouverte au vers 69 et qui n'est fermée dans aucune édition.
g plaisirs (1897)
p. 47 :
a Le quatrain qui suit est supprimé dans toutes les éditions à partir de celle de 1921.
b C'pendant (1897)
c va m' sauter hors la gueule (1897)
d Mes mamell's a vont aboyer (1897a)
e pair' de (1897)
f C'est la leçon de 1897 et de la plupart des éd. post. à celle de 1903, qui donne « oreillers ».
g C'est la leçon de la plupart des éd. post. à celles de 1897 et de 1903, qui donnent « joi' ».
p. 48 :
a les « bons types » (1897)
b C'est la leçon de la plupart des éd. post. à celles de 1897 et de 1903, qui donnent « joi' ».
c Eul' l' premier (1897)
d tête (dans la plupart des éd. post. à celle de 1903, mais pied en trop)
p. 49 :
a C'est la leçon de la plupart des éd. post. à celles de 1897 et de 1903, qui donnent « soy' ».

b n'écoppe ! (1897)
c C'est la leçon de la plupart des éd. post. à celles de 1897 et de 1903, qui donnent « envoy' ».
d Du Rat Mort au café Procope (1897) ; Du « Rat Mort » (1921).
e bien (1897)
f Puis (1897)

ESPOIR (TRILOGIE II, pp. 53-61)
p. 53 :
a C'est la leçon à partir de 1921, préférable pour le premier élément verbal qui est à la troisième personne du présent de l'indicatif dans les noms composés de ce genre, alors que la forme « fous-la-faim » des éd. de 1897 à 1919 serait à la deuxième personne du présent (de l'impératif ?).
b « *Brasero nocturne* » (1897), « Brasero nocturne » (à partir de 1921)
c les ceuss' qu'on frôle (1897)
d Souffr'nt c' (1897a), Souffr'nt ce (1897b)
e d'avance (1897)
f Plus... plus (1897)
g Et (1897)
h baise (1897)
p. 54 :
a force ed' (1897)
b p'têt' bien (1897)
c qu'il infus' (1897)
d r'suce (1897)
e comme' (1897)
f C'est la leçon de la plupart des éd. post. à celles de 1897 et de 1903, qui donnent « vrai' ».
g queuqu' (1897)
p. 55 :
a laissent (à partir de l'éd. de 1903, mais pied en trop)
b d'puis (1897)
c C'est la leçon de la plupart des éd. post. à celles de 1897 et de 1903, qui donnent « Vi' ».
p. 56 :
a plus (1897)
b En leur plantant dans les vitreux // Des coups d' ribouis... (1897)
c plus (1897)
p. 57 :
a finissent (à partir de l'éd. de 1903, mais un pied en trop)
b muff' (1897)
c La leçon adoptée résulte de l'assemblage de celles de 1897 (« Qu'y z'y restent ») et de celle de 1903 et des éd. post. (« Qu' z'y rest'nt »).
d Quatrain ajouté à partir de l'éd. de 1903, conservé jusqu'à celle de 1919 et supprimé à partir de celle de 1921.
e Plein (1897)
p. 58 :
a également (à partir de l'éd. de 1921, mais un pied en trop)
b leurs lits (1897)

c *l'* était oublié dans l'édition de 1897b (pas dans celle de 1897a)
d d' l'l'aventure (1897b ; pas d'erreur dans celle de 1897a)
e el' l' pus (1897)
f j' (oublié dans l'éd. de 1897a)
g vou'rais (1897b ; pas d'apostrophe dans celle de 1897a)
h Qu'à (1897)
p. 59 :
a alle (dans la plupart des éd. post. à celle de 1903)
b C'est la leçon de la plupart des éd. post. à celles de 1897 et de 1903, qui donnent « soy' ».
c « déjà » est supprimé dans certaines éd. entre 1903 et 1919, rétabli à partir de celle de 1921.
d Sûr c'est (1897)
e jacqu'trai (1897) [la leçon des éd. de 1897 oubliait la seconde apostrophe, les suivantes la rétablissent, mais en oubliant cette fois la première, que j'ai dû rétablir !]
f fille ed' (1897)
g flick (1897)
p. 60 :
a épateuse ed' (1897)
b C'est la leçon de la plupart des éd. post. à celles de 1897 (« toupies d'Allemagne » et de 1903 (« toupi's d'All'magne »).
c rayons (1897)
d pâle (1897)
e Ej' me cogn'rai (1897a), Ej' m' cogn'rai (1897b)
f p'têt (1897 et 1903)
g Pas de ligne de points ni même de parenthèses dans les éd. de 1897.
h astuce (1897)
i Blanche (1897)

DÉCEPTION (TRILOGIE III, pp. 63-72)
p. 65 :
a en plein nichons (1897)
b C'est la leçon de la plupart des éd. post. à celles de 1897 et de 1903, qui donnent « Mari'-Mad'leine ».
c Qui s' fout'nt ed' d'la (1897)
d approche, amène-toi là (1897a), approche, amèn'-toi là (1897b)
e tout chose (1897)
f retard (à partir de l'éd. de 1921, mais un pied en trop)
g marle (1897)
p. 66 :
a moche (1897)
b cale (1897)
c Ed' (1897)
d bâillent (1897a)
e C'est la leçon de la plupart des éd. post. à celles de 1897 et de 1903, qui donnent « taillé' ».
f plur' (à partir de 1903)
g cor' (1897)

p. 67 :
a cor' (1897)
b ç'a (1897a) [exemple d'erreur rectifiée dans l'éd. de 1897b]
c C'est la leçon de la plupart des éd. post. à celles de 1897 et de 1903, qui donnent « Ai' ».
d cause (1897)
e C'est la leçon des éd. de 1897 et de la plupart des éd. post. à celle de 1903, qui donne « soy' ».
f Arr'pose toi (1897a)
g pur sang (1897)
h Qu'ont l' Délicat et l' Juge en loques (1897) ; Qu'ont l' cœur et la sorbonne en loques (à partir de l'éd. de 1921)
p. 68 :
a deviner (1897)
b C'est la leçon des éd. de 1897 et de la plupart des éd. post. à celle de 1903, qui donne « Vi' ».
c d' l'usage (1897a)
d digne [...] maigre [...] jeune (1897)
e muff's (1897)
f Sologne (1897)
g C'est la leçon de la plupart des éd. post. à celles de 1897 et de 1903, qui donnent « braisoy'nt ».
p. 69 :
a nouné (1897), passé dans le dictionnaire de Bruant (1901).
b Elle (1897)
c C'est la leçon de la plupart des éd. post. à celles de 1897 et de 1903, qui donnent « ru's ».
d sçavoir (1897)
e pleurer (1897)
p. 70 :
a C'est la leçon des éd. de 1897 et de la plupart des éd. post. à celle de 1903, qui donne « soy' [...] soy' ».
b blair (1897)
c eune (1897a)
d balladeurs (1897, repris dans l'éd. de 1921, recorrigé ensuite)
e est (dans l'éd. de 1903) [erreur orthographique absente des éd. de 1897]
f Comme eul' l' Luxembourg (1897) ; Comm' le Luxembourg (à partir de l'éd. de 1921)
g l'Été (1897)
h C'est la leçon des éditions de 1897, toutes les autres étant fautives (« fasse ») du point de vue métrique.
p. 71 :
a C'est la leçon des éditions de 1897 et de la plupart des éd. post. à celle de 1903, qui donne « soy' ».
b s'rait-t'y (1897)
c Dure-au-Cœurs (1903) [erreur orthographique absente de 1897]
d C'est la leçon de la plupart des éd. post. à celles de 1897 (« Envoye son Tranchoir » et de 1903 (« Envoy' son tranchoir »).
e qu'il y ait (1897)

f gas (1897)

LE REVENANT (pp. 73-97)
LE REVENANT (**I**) (première partie, pp. 75-78)
p. 75 :
a ed' d'ssus (1897)
b même (dans la plupart des éd. post. à celle de 1903, mais un pied en trop)
c balladeur (1897)
p. 76 :
a Qu'on l'accoucha (1897)
b ed' (1897)
c d'la (1897)
d Pour l' plaisir d' rach'ter (1897)
e D'puis (1897)
f eut (1897a ; erreur rectifiée dans l'éd. de 1897b)
g crêm'rie (éd. de 1921)
h crêmière (éd. de 1921) [même erreur au vers suivant]
i ballade (1897)
p. 77 :
a Pas de fin de strophe (ni de page) ici dans les éd. de 1897.
b Un câble y (1897)
c Pas de fin de strophe ici dans les éd. de 1897.
d C'est la leçon des éd. de 1897 ; sans l'adverbe « si » supprimé de toutes les éditions à partir de celle de 1903, il manque un pied.
p. 78 :
a En 1897, le vers commençait par « Hein ! » et avait un pied en trop.
b Avec (1897)
c Distique dans les éd. de 1897.
d s' foutrait (1897) ; s'mett'rait (1903) [d'une forme populaire *metterait* ?]
e Distique dans les éd. de 1897.
f qui (1897 et 1903) [relatif syntaxiquement incorrect]
g C'est la leçon de la plupart des éd. post. à celles de 1897 et de 1903, qui donnent « envi' ».
h qué (dans la plupart des éd. post. à celle de 1903)
i Quoi qu'y (1897)

LE REVENANT (**II**) (deuxième partie, pp. 79-90)
p. 79 :
a eune (à partir de l'éd. de 1921, mais un pied en trop)
b Dieu (1897)
c Y n'est v'nu (à partir de 1921)
d rencontre (1897)
e n'en v'là eun' (1897)
f foid (dans la plupart des éd. post. à celle de 1903)
g C'est la leçon des éd. de 1897 et de la plupart des éd. post. à celle de 1903, qui donne « soy' ».
p. 80
a n'en v'là eun' (1897)

b C'est la leçon adoptée à partir de l'éd. de 1921 pour obtenir un octosyllabe, au lieu de « d'main » dans toutes les éd. de 1897 à 1919.
c Trois points d'exclamation à partir de l'éd. de 1921.
d l'extraire (1897)
e Trois points d'exclamation à partir de l'éd. de 1921.
f faudrait (à partir de l'éd. de1921)
p. 81 :
a pâle (1897)
b D'un de ces (1897)
c plus (1897)
d grelottes (1897)
e C'est la leçon des éd. de 1897 et de la plupart des éd. post. à celle de 1903, qui donne « s'assoy' ».
f ballade (1897) [variante rétablie dans l'éd. de 1921 et abandonnée de nouveau ensuite !]
g Ce vers était entre parenthèses dans les éd. de 1897.
h t'es couleur d' farine (1897)
p. 82 :
a C'est la leçon adoptée à partir de l'éd. de 1921 pour obtenir un octosyllabe, au lieu de « recommenc'rais » dans toutes les éd. de 1897 à 1919.
b venu (1897)
c On n' veut pus (1897)
d le cri (1897)
e actuel (1897)
p. 83 :
a était-ce (1897)
b Est-ce (1897)
c Sans pèze (1897)
d peupler (1897)
e d' la Guigne (1897)
f dâb (à partir de l'éd. de 1921)
p. 84 :
a hurlant (1897)
b Vers entre parenthèses dans les éd. de 1897.
c n' t' euss'nt (1897)
d bien (1897)
e (Nom de d'là, v'là la neig' qui tombe : [...]) (dans les éd. de 1897, où la strophe continue ensuite sans ligne blanche avant le dernier vers).
f Anges (1897)
p. 85 :
a C'est la leçon de la plupart des éd. post. à celles de 1897 (« soit ») et de 1903 (« soiy' »).
b C'est la leçon des éd. de 1897 et de la plupart des éd. post. à celle de 1903, qui donne « voy' ».
c bouffe-la-guign' (1897)
p. 86 :
a Pas de fin de strophe dans les éd. de 1897.
b La parenthèse fermante manquait dans l'éd. de 1897b.
c Fin de page dans les éd. de 1897.

d les Brillants (1897)
e Pas de saut de strophe après « Rois » dans les éd. de 1897.
f galoch's (1897a)
p. 87 :
a C'est la leçon des éditions les plus récentes, préférable pour un verbe du premier groupe à celle des éditions de 1897 à 1921, qui donnent « bouffrait ».
b Simples (1897)
c Eul' l' (1897)
d call' (1897)
e moëllons (1897a)
f miche (erreur dans l'éd. de 1921)
g t'ai' bien fait (1897) ; malgré la pratique généralement adoptée dans ce cas par la plupart des éd. post. à celle de 1903, aucune ne donne « t'aye ».
h froid (1897)
i a r'gard' (1897)
p. 88 :
a sans guillemets en 1897
b mêm' les Justes (1897) [un pied en trop]
c C'est la leçon des éd. de 1897, certaines éditions postérieures donnant « comm' » avec apostrophe inutile devant voyelle.
d d'puis (1897)
e Aux gas qui n'espèr'nt qu'en la Ronde (1897)
f d'puis (1897)
g t'en a (1897)
h C'est la leçon de la plupart des éditions post. à celles de 1897 et de 1903, qui donnent « tendu's ».
i C'est la leçon de la plupart des éd. post. à celles de 1897 (« t'ai' [...] t'ai bronché ») et de 1903 (« t'ay' [...] t'ay' bronché »).
j Virgule ajoutée à partir de l'éd. de 1921.
k albatros (1897)
l Goéland (1897) [variante reprise dans les dernières éditions post. à celle de 1921]
p. 89 :
a Ah ! ôt' toi d' là, tiens, prends ta course (1897)
b bat-la-dèche (1897) ; bat-la-h-crève (1903) [erreur corrigée ensuite]
c C'est la leçon à partir de 1921, préférable pour le premier élément verbal qui est à la troisième personne du présent de l'indicatif dans les noms composés de ce genre, alors que la forme « fous-la-faim » des éd. de 1897 à 1919 serait à la deuxième personne du présent (de l'impératif ?).
d gifles (1897)
e Ej' j' m'en vas (1897)
f Pas de fin de strophe ni de saut de page dans les éd. de 1897.
g Car j'ai soupé des Résignés (1897)
h Arrière, arrière (1897)
i Y vient un temps (1897)
j C'est la leçon de la plupart des éd. post. à celles de 1897 et de 1903, qui donnent « vrai's ».
k Point d'interrogation en fin de vers dans les éd. de 1897.

p. 90 :
a put (1897a)

LE REVENANT (III) (troisième partie, pp. 91-97)
p. 91 :
a l' frisquet (1897) [*frio*, argotisme recensé dans Bruant (1901) qui donnait également *frisquet* avec citation de ce passage des *Soliloques* !]
b Fend' les pavés et les carreaux (1897)
c Pas de parenthèses dans les éd. de 1897.
d Eun' (1897)
e p'-têt' (1897 ; même forme dans la suite du poème)
f y (1897)
g nécessaires (1897)
h branl'ent (1897)
i Qu' nos péritoin's (1903 et suivantes) [avec les deux apostrophes, il manque un pied, ce qui n'était pas le cas avec la leçon de 1897, ici reprise]
p. 92 :
a quat' Jeudis (1897)
b Cett' fois (1897) ; « présent » (dans la plupart des éd. après celle de 1903, qui donne « Présents »)
c C'est la leçon à partir de l'éd. de 1921, au lieu de « trempé' » de 1903 à 1919.
d Couleur du sang des raccourcis (1897)
e Arrière, arrière (1897)
f à (1897)
g Tu n' pourrais (1897)
h Pleure (1897 ; *idem* au vers 38)
i C'est la leçon des éd. de 1897 et de la plupart des éd. postérieures à celle de 1903, qui donne « soy' ».
j Pas de fin de strophe (ni de saut de page) dans les éd. de 1897.
p. 93 :
a Un soliloque de (dans la plupart des éd. post. à celles de 1897 et de 1903, mais un pied en trop, si pas d'apostrophe)
b Pis qu'y (1897)
c Sors-toi, ton cœur (1897) ; Sors-moi ton cœur (à partir de 1921).
p. 94 :
a Pas de fin de strophe (ni de saut de page) dans les éd. de 1897.
b sur (1897)
c C'est la leçon des éd. de 1897 et de la plupart des éd. postérieures à celle de 1903, qui donne « Vi' ».
d Ça f'ra des eustach's pour qui nous touch'ra (1897)
p. 95 :
a Pas de fin de strophe dans les éd. de 1897
b alors (1897)
c chez l' Patron des Étoiles (1897)
d Vers supprimé à partir de l'éd. de 1921.
e Quéqu' chos' qui s'rait comme eun' prière (1897a)
f dâb (à partir de l'éd. de 1921)

p. 96 :
a d'puis (1897)
b bien (1897)
c voudrait (1897)
d C'est la leçon des éd. de 1897 et de la plupart des éd. postérieures à celles de 1897 et de 1903, qui donnent « vrai' ».
e Dans les éd. de 1897, pas de parenthèses.

LE PRINTEMPS (pp. 99-125)
LE PRINTEMPS (I) (LA JOURNÉE, pp. 101-111)
p. 101 :
a Merl' (à partir de l'éd. de 1921) [en écho au début de « L'Hiver »]
b Qu'a se r'nouvelle (1897) ; Qu'a r'biffe au truc encore eun' fois (à partir de 1921)
c C'est la leçon de la plupart des éd. post. à celle de 1903, qui donne « av'nu' ».
p. 102 :
a qui (1903 et suivantes) [la forme « qu'y » de 1897, moins éloignée de la syntaxe régulière, est conservée ici]
b rose (1897)
c à (1897) [erreur]
p. 103 :
a C'est la leçon des éd. de 1897 et de la plupart des éd. postérieures à celle de 1903, qui donne « puï' ».
b d'puis (1897)
c quèqu's (1897)
d femme (1897a)
e Un quatrain présent en 1897, cité dans les dictionnaires d'A. Bruant (1901 ; articles **dégueulas** et **vomitatoire**), puis d'Hector France (article **vomitatoire**, lettre **V** après 1901), est supprimé à partir de 1903 (remplacé par une illustration), sans doute en raison de son caractère trop verbeux et de son allusion trop ciblée à une actualité déjà dépassée :

> Voui ! les cieux sont si dégueulas,
> Corrompus et vomitatoires
> Qu'on s' dit : — C'est cor' eun' drôl' d'histoire,
> Arton a dû passer par là. »[1]

p. 104 :
a Les cognes (1897)
b quèqu' (1897)
c à (1897)
d Les pus morts (1897a), Les pus vioques (1897b)
e quèqu' chose (1897)
f C'est la leçon de la plupart des éd. postérieures à celles de 1897 et de 1903, qui donnent « envi' ».

---

[1] L.-É. Arton fut l'un des principaux corrupteurs politiques dans le scandale du canal de Panama.

g radine (1897)
p. 105 :
a Pas de guillemets dans les éditions de 1897.
b tub (1897) [l'apostrophe permet de mieux lire *tube* "chapeau haut-de-forme"]
c Les deux quatrains entre crochets droits ont été ajoutés à partir de 1903.
d éclair' (1897)
e Ben, y l'est bath eul' l' mois d'Avril (1897)
f printemps (1897)
p. 106 :
a moi, j' suis né élégant (1897)
b étroite (1897)
c pousser (1897)
d grands besoins (1897)
e d'puis (1897)
p. 107 :
a de (dans la plupart des éd. post. à celle de 1903, mais un pied en trop)
b ed' (1897)
c transmettr' (1897)
d roses (1897)
e Un seul point d'exclamation à partir de 1921.
f Une parenthèse ouverte en 1897, non refermée ensuite.
g choux (1897)
h Qu'aurait pas (1897)
i ville (1897)
j d'aut's (dans la plupart des éd. post. à celles de 1903)
p. 108 :
a C'est la leçon des éd. de 1897 et de la plupart des éd. postérieures à celle de 1903, qui donne « pu' ».
b richesse ed' (1897)
c Virgule après « là » en 1897
d peaux nouvelles (1897a), peaux nouvelle (1897b)
e C'est la leçon de la plupart des éd. postérieures à celles de 1897 et de 1903, qui donnent « envi's ».
f nos z'ognons (1897)
g quèqu' (1897)
h premièr's (1897)
i C'est la leçon de l'éd de 1897b (« vie » en 1897a) et de la plupart des éd. postérieures à celle de 1903, qui donne « Vi' ».
j qu'y ya (1897)
k qui n'ont (1897)
p. 109 :
a feuille (à partir de l'éd. de 1921, mais un pied en trop)
b Les deux quatrains entre crochets droits ont été ajoutés à partir de 1903.
c Leurs affair's, a sont leurs affaires (1897)
d lumière (1897)
e y n' soit fait (1897)
f jou'nt (1897)
g Pas de guillemets dans les éd. de 1897

p. 110 :
a Le quatrain entre crochets droits a été ajouté à partir de 1903.
b poperiétaires (1897)
c ed' d'pis (1897)
d C'est la leçon de la plupart des éd. postérieures à celles de 1897 et de 1903, qui donnent « joi's ».
e plus (1897)
f en guise ed' d'schloff (1897)
g Y s' frott'nt (1897)
p. 111 :
a C'est la leçon de la plupart des éd. postérieures à celles de 1897 et de 1903, qui donne « dépass'nt ».
b C'est la leçon des éd. postérieures à celles de 1897, qui donnent « Morale ».
c N' s'rait-c' que (1897)
d M'sieur (1897)

LE PRINTEMPS (II) (LE FURTIF ET LE MYSTÉRIEUX, pp. 113-116)
p. 113 :
a Pas de points de suspension dans les éd. de 1897
b s' contente (à partir de l'éd. de 1921, mais un pied en trop)
p. 114 :
a bistrot (dans la plupart des éd. post. à celle de 1903)
b À partir de l'édition de 1903, un quatrain de celles de 1897 est supprimé ici, sans doute avant tout parce que la prison de Mazas a été démolie en 1900 :

(Oh ! là là ! minc' de belle orgie
Le jour ous qu'on prendra Mazas,
La Roquett', Clairvaux, Pélagie,
Dommag' que je s'rai sans dout' pas là.)

Il est probable aussi que ce quatrain introduisait une rupture sémantiquement et grammaticalement trop forte dans la tirade contre l'inertie conformiste du peuple se contentant de plaisirs faciles.

c L' Dimanch, l' Peup' (1897)
d Fauve (1897)
e trams' (1897)
p. 115 :
a Trois points de suspension à partir de l'éd. de 1921.
b panier (1897)
c su' bitume (1897)
p. 116 :
a C'est la leçon à partir de l'éd. de 1921, au lieu de « p'-têt' » de 1897 à 1919 ; en revanche, l'éd. de 1921 écrit « çà » par erreur.

LE PRINTEMPS (III) (PRIÈRE, pp. 117-125)

p. 117 :

a C'est la leçon des éd. de 1897 et de la plupart des éd. postérieures à celle de 1903, qui donne « puré' ».

b Pas de guillemets ni de majuscule dans les éd. de 1897.

c C'est la leçon de la plupart des éd. post. à celles de 1897 et de 1903 qui donnent « le » (un pied en trop).

d garce (1897)

e Si qu'y mass' pus (1897)

f l'Alsace-Lorraine (1897)

p. 118 :

a je suis (à partir de l'éd. de 1921, mais un pied en trop)

b C'est la leçon de la plupart des éd. post. à celles de 1897 et de 1903, qui donnent « f'rai » (erreur de concordance avec « tournais »).

c mettr' (éd. de 1921) [mais l'apostrophe serait alors inutile devant voyelle, d'où le retour à « mett' » dans des éd. post.]

d Les trois quatrains suivants (jusqu'à « sacrifice ») sont absents de l'éd. de 1897a, mais présents dès l'édition de 1897b.

e Leçon de l'édition de 1897b ; quéqu's uns (à partir de 1903)

f fonds (1897b)

g Ce vers était entre parenthèses dans l'éd. de 1897b.

h d' chercher la Gloire (1897b)

i C'est la leçon de l'éd. de 1897b et de la plupart des éd. postérieures à celle de 1903, qui donne « scionné' ».

p. 119 :

a amours (1897)

b qui-qui (1897)

c Et v'là c' que j' souffre et c'est ben vrai (1897)

d Le quatrain suivant (jusqu'à « obéissance ») est absent de l'éd. de 1897a, mais présent dès celle de 1897b.

e Et mes ribouis rient en goguette (1897)

p. 120 :

a baladait (dans les éditions plus récentes après celle de 1921)

p. 121 :

a Pourquoi (dans l'éd. de 1921)

b Et m' les rouler (1897a)

c torgnioles (1897)

d C'est la leçon de la plupart des éd. postérieures à celles de 1897 et de 1903, qui donnent « envi's ».

p. 122 :

a Rapport aux gonciers qu'est d' la rousse (1897)

b Et son boulot m' porte à songer (1897)

c force de (à partir de 1921, mais un pied en trop)

d l'invisible (1897)

e ç'a (1897, par erreur)

p. 123 :

a Ainsi qu' mes bras (1897)

b ses beaux désirs (1897)

c éclatants (1897)

d Les éd. de 1897 donnaient trois vers différents : « Donnez-nous du pain et des ailes, // Donnez-nous les plum's des oiselles, // Les pattes des clebs qu'on puiss' call'ter ! ».

p. 124 :

a et (1897a ; erreur manifeste rectifiée dans l'éd. de 1897b)
b Ces (à partir de 1921)
c Pas de guillemets de prise de distance dans les éd. de 1897.
d Toute (1897)
e Et comm' j'ai pour tout bien qu' ma peau (1897a)

p. 125 :

a misèr' (1897)
b se r'pose (1897)
c l'Existence (1897)
d la force d'êtres libres (1897)
e Alors (1897)
f C'est la leçon de 1897a et à partir de l'éd. de 1921, au lieu de « p'-têt' » de 1897b à 1919.
g s' (1897)

Après un titre « ACTUALITÉS », les éditions de 1897 faisaient suivre « Le Printemps » de trois poèmes, remplacés à partir de 1903 par « Crève-cœur » et par « Les Masons ». Ces trois poèmes retranchés sont retranscrits ci-dessus pp. 153-168, entre la fin du texte de l'édition de 1903 et les variantes.

CRÈVE-CŒUR (pp. 127-132) [Ce poème ajouté en 1903 avait d'abord été publié en 1900 par le Mercure de France dans un recueil intitulé *Doléances — Nouveaux Soliloques* —]

p. 129 :

a encoignur' (1900)
b bistrot (après l'éd. de 1903)
c C'est la leçon de la plupart des éd. post. à celles de 1900 et de 1903, qui donnent « tablé' ».
d d'là (1900)

p. 130 :

a Ses jou's plus bell's (1900)
b faire (dans des éd. plus récentes post. à celle de 1921, mais un pied en trop)
c bleu's (1900)
d brillant (1900)
e « çà » (de 1900 à 1919), corrigé en « ça » à partir de 1921.
f Quatrain différent en 1900 :

> Je r'vois l' décor, tout l' monde heureux
> (J' sentais pus l' frio ni la lance)...
> Un rêv' comm' çà vrai, nom de Dieu !
> D'vrait ben durer tout' l'Existence :

g Que j' le (1900)
h Pas de guillemets dans l'éd. de 1900.

i Parenthèse fermante oubliée dans la plupart des éd. post. à celle de 1903.
j rigol'nt (1900)
k de (à partir de l'éd. de 1921, mais un pied en trop)
p. 131 :
a carré' (1900)
b Pas de points de suspension dans l'éd. de 1900.
c bouffé's (1900)
d — Ma Perl', ma Pensée (1900)
e Quatrain ajouté de 1903 à 1919, puis supprimé à partir de l'éd. de 1921.
f Dans l'éd. de 1900, pas de guillemets intermédiaires jusqu'à celui qui ferme la déclaration au vers 93.
g craintif (1900)
p. 132 :
a Sans car' (1900)
b Virgule erronée entre « goujats » et « cruels » dans l'éd. de 1921.
c Le quatrain ci-après, qui suivait dans l'édition de 1900, a été supprimé à partir de celle de 1903 :

> Écarte un peu tes beaux tits voiles,
> Comm' t'es mignonn' comm' t'es jolie,
> C' que tu dois n'êt' gironde à poils...
> Moi j'suis affreux, j'ai trop pâti.

d Ohè (1900)
e Le quatrain ci-après, qui suivait la ligne de points dans l'édition de 1900, a été supprimé à partir de celle de 1903 :

> Du coup j' rouvris les clignotants
> Et j' me r'trouvai sous l' porche humide
> Abruti, ventre et têton vides
> Dans la déveine et l' mauvais temps.

f C'est la leçon des éd. post. à celle de 1903, qui donne « vi' ».
g de (à partir de 1921, mais un pied en trop)
h Fortement modifié à partir de l'éd. de 1903, le quatrain précédent se présentait ainsi dans l'éd. de 1900 où il faisait suite à celui reproduit à la variante e ci-dessus :

> Et d'vant un gros porc malhonnête
> Qui m'offrait des coups d' parapluie
> Pass' que j'y bouchais sa sonnette
> Et qu'y voulait rentrer chez lui !

i aide (1900)
j viennent (1900 et à partir de 1921, mais un pied en trop)
k Dans l'éd. de 1900, le poème se prolongeait par les sept vers suivants, les six premiers formant deux tercets :

Et on appell' ça eun' Patrie !
P'ffuit ! oh ! là là, y a jamais d' trêve
Pour ceuss' comm' moi qui batt'nt la crève.

Pas l' droit d' s'inventer eun' aut' Vie
(On vourait qu'on peut pas y croire)
Pas l' droit d' bouffer, de rire ou d' boire

Et pas l' droit d'aimer... même en Rêve !

LES MASONS (pp. 133-152) [poème ajouté en 1903 et postérieur à la mort de Paul Alexis (Trublot) en 1901 (voir note 1, p. 144)]

LES MASONS (I) (NOCTURNE, pp. 135-139)
p. 136 :
a princ' (dans des éd. plus récentes post. à celle de 1921)
b Dolent-de-Cherche-Pieu (à partir de l'éd. de 1921)
c Abatis (dans des éd. plus récentes post. à celle de 1921)
d baron (dans des éd. plus récentes post. à celle de 1921)
e baladeur (dans des éd. plus récentes post. à celle de 1921)
f long' ruisseaux (erreur à partir de 1921)
g mâch-angoiss' (erreur à partir de 1921)
h ballade (éd. de 1921, mais pas dans les plus récentes)
i Et ben (éd. de 1921, mais pas dans les plus récentes)
j C'est la leçon de la plupart des éd. post. à celle de 1903, qui donne « ru' ».
k vents coulis (dans des éd. plus récentes post. à celle de 1921)
l pouez (de l'éd. de 1903 à celle de 1919)
m mettre (à partir de l'éd. de 1921)
p. 137 :
a C'est la leçon de la plupart des éd. post. à celle de 1903 , qui donne « banlieu' ».

LES MASONS (II) (LES MASONS, pp. 141-146)
p. 141 :
a à (erreur dans les éd. de 1903 à 1919)
b Virgule ajoutée à partir de l'éd. de 1921.
c C'est la leçon de la plupart des éd. post. à celle de 1903, qui donne « çà » par erreur.
p. 142 :
a Et de cell's-là (à partir de l'éd. de 1921)
p. 143 :
a pierres (dans des éd. récentes post. à celle de 1921, mais toujours un pied en trop)
b C'est la leçon des éd. à partir de 1921, au lieu de « z'yeutes » (erreur de 1903 à 1919) ; j'ai seulement ajouté en plus l'accent sur la préposition *à*.
c C'est la leçon d'éd. post. à celles de 1903 à 1921, qui donnent « moëllons ».

p. 144 :
a C'est la leçon des éd. à partir de celle de 1921, au lieu de « roulé » (erreur de 1903 à 1919).
b vraies (dans des éd. récentes post. à celle de 1921)
c à (erreur dans les éd. de 1903 à 1919)
p. 145 :
a C'est la leçon de la plupart des éd. post. à celle de 1903, qui donne « çà » par erreur.
b C'est la leçon à partir de l'éd. de 1921 (au lieu de « n'import' quel' d' ces taudis » avec un pied en moins de 1903 à 1919), mais « quel' » est corrigé en « quel » dans des éd. plus récentes post. à celle de 1921.
c C'est la leçon dans la plupart des éd. post. à celle de 1903, qui donne « joli' ».
d Quand qu'alle (de 1903 à 1919) [le calembour incongru est supprimé ensuite en revenant à la forme régulière du pronom « elle »]

LES MASONS (III) (LA MAISON DES PAUVRES, pp. 147-152)
p. 147 :
a C'est la leçon d'éd. plus récentes post. à celles de 1903 à 1921, qui donnent « roulé » (avec erreur d'orthographe).
p. 148 :
a C'est la leçon à partir de l'éd. de 1921, au lieu de « ronds d' cuir » dans celles de 1903 à 1919.
b manquent (à partir de l'éd. de 1921, mais un pied en trop)
c C'est la leçon de la plupart des éd. post. à celle de 1903, qui donne « mani' ».
p. 149 :
a C'est la leçon de la plupart des éd. post. à celle de 1903, qui donne « soy' ».
p. 150 :
a rouquines (à partir de l'éd. de 1921, mais un pied en trop)
b Les deux-points sont ajoutés à partir de l'éd. de 1921.
c Point d'exclamation dans des éd. plus récentes post. à celle de 1921.

DICTIONNAIRE-GLOSSAIRE

précédé d'une

« Étude rapide de la langue

des *Soliloques* »

Étude rapide de la langue des *Soliloques*

Le langage du recueil reproduit avant tout le parler populaire de la région parisienne[1], mâtiné de quelques régionalismes du Nord-Ouest où est né Jehan Rictus (Boulogne-sur-Mer). Ce parler offre trois types de caractéristiques souvent associées les unes aux autres (déformations phonétiques ; déformations syntaxiques et morphosyntaxiques ; lexique expressif) et qui se rapprochent parfois du parler enfantin, sans que l'on puisse toujours déterminer dans ce rapprochement la part résultant de la transcription de phénomènes observés dans le peuple (*corridor* > *collidor* est une déformation souvent relevée dans les dictionnaires de fautes de langage) de celle résultant des besoins d'expression de l'auteur.

Voici un tableau rapide de ces caractéristiques qui seront reprises pour chaque mot dans le dictionnaire-glossaire, même s'il n'a pas été possible de toutes les y décrire.

I. Déformations phonétiques

A. Suppressions, en particulier dans des mots très fréquents de la langue :

— du phonème-voyelle instable appelé *e muet* (*cauchemar* > *cauch'mar*), ainsi que de phonèmes-voyelles phonétiquement proches de ce dernier (*peut-être* > *p't-être* ; *déjà* > *d'jà* ; *où est-c' que* réduit en *ousque*) ;

— de certains phonèmes dans des mots grammaticaux : voyelles (*tu* > *t'* ; *qui* > *qu'*) ou consonnes (*il* > *i*, transcrit *y* ; *elle* > *a* ; *quel* > *qué* ; *quelque chose* > *quéqu' chose*, mais aussi *quét' chose* ; *sur* > *su'*, *parce que* > *passque*) ;

— de semi-consonnes transcrites par les lettres *u* (*depuis* > *d'pis*) et *i* (*bien* > *ben*) ;

— des consonnes liquides dans des groupes consonantiques, plus souvent *l* (*plus* > *pus*, *pluie* > *puïe*, *escalier* > *escaïer*) que *r* (*propriétaire* > *popiétaire*) ;

— d'autres phonèmes-consonnes inclus dans des groupes consonantiques, lesquels se trouvent simplifiés : *extraire* > *esstraire*, *artiste* > *artisse*, *peut-être* > *p't-êt'*.

B. Adjonctions :

— du phonème-consonne de liaison [z], souvent marque de pluriel (*qui ont* > *qui z'ont*)[2], mais pas toujours (*a eu* > *a z'eu*, *il y a un troupeau* > *gn'a z'un troupeau*) ;

---

[1] Il ne s'agit cependant pas d'un patois rural d'une province proche de Paris, comme celui dans lequel Gaston Couté avait commencé à composer et à déclamer à cette époque.

[2] Jehan Rictus ajoute parfois typographiquement la lettre *z* de marque du pluriel là où elle est inutile : *leurs z'amis*, *les z'Hommes*, etc.

— ajout de la consonne d'appui *n* devant voyelle (*avec* > *n'avec*, *en v'là* > *n'en v'là*) ;
— ajout (prosthèse) du phonème-voyelle [a] au début de verbes commençant par *r*[1] : *r'poser* > *arr'poser* ;
— prononciation de lettres devenues muettes en finale[2] : *alors* > *alorss*, *ceux* > *ceuss*, *gens* > *genss* ;
— la suppression du phonème-voyelle *e instable* est contrebalancée par la prosthèse de cette voyelle en début de mot, phénomène transcrit soit par *e* (*de* > *ed'*) soit par *eu* (*le* > *eul'*).
C. Modifications :
— des phonèmes-consonnes articulés à l'avant de la bouche sont prononcés à l'arrière de la bouche, notamment s'ils sont suivis de phonèmes-consonnes d'arrière (*travail* > *cravail*) ou de la semi-consonne la plus postérieure [j] (*Dieu* > *Guieu*, *tiens !* > *quiens !*, *n'y a* > *gn'a*, *métier* > *méquier*)[3] ;
— le phonème-voyelle [ɛ] (transcrit par *è* ou *ai*) en position initiale s'ouvre parfois en [a] : *elle* > *alle*, *aimer* > *amer* ;
— le phonème-voyelle [u] (*ou*) est parfois transformé en *o ouvert* : *aujourd'hui* > *aujord'hui*, *pourquoi* > *porquoi* ;
— autres susbstitutions de phonèmes-consonnes sur des mots de forme inhabituelle pour la plupart (*corridor* > *collidor*, *celluloïd* > *cellunoïd*), mais pas tous (*oreiller* > *oneiller*).

II. Déformations syntaxiques et morphosyntaxiques

A. Suppressions :
— du pronom *il* impersonnel : elle est systématique dans *il y a*, rare dans d'autres tournures impersonnelles (*il f'ra* > *f'ra*) ;
— de la première partie de la négation (*ne*) : *si tu ne peux pas* > *si tu peux pas* ;
— réduction de *où est-c' que* en *ousque*.
B. Adjonctions :
— de la particule/conjonction *que* de détachement et/ou de renforcement : *à qui qu'on a menti* ; *comm' si qu' j'aye* ; *si qu'a fait peau neuve* ; *si qu'y r'viendrait* ;
— de la particule de renforcement *z'y* (après *leur*) : *ça leur z'y donne* ;
— emploi de la forme interrogative (*ousque*) à la place du pronom relatif *où* renforcé par *que* (*la minute ousque...*)
— formes renforcées du subjonctif : *aie(s)* > *aye*, *sois* ou *soit* > *soye* ;
C. Modifications :
— auxiliaire *avoir* au lieu de l'auxilaire *être* (*s'est trompé* > *s'a trompé*) ;
— désaccords entre sujets et verbes : *ceuss' qu'a d' la guigne*.

---

1 Trait de prononciation repéré plus fortement dans la région de Boulogne-sur-Mer.
2 Ces consonnes étaient encore prononcées à cette époque dans l'usage populaire, si bien qu'il s'agit d'une adjonction par rapport à la norme qui était alors recommandée dans les classes cultivées et qui s'est peu à peu imposée.
3 Phénomène inverse dans *quelque chose* > *quét' chose* (antériorisation pour l'articulation avec *ch*).

III. Lexique expressif

L'expressivité des unités lexicales que les dictionnaires marquent comme propres aux usages familier, populaire et argotique résulte de différents procédés de formation qui opposent aux mots de la langue normée neutre des substituts permettant aux énonciateurs de colorer leurs discours de subjectivité et/ou de présenter les choses sous un jour autre. Jehan Rictus a exploité ces procédés et il l'a fait le plus souvent en reprenant des mots et des tournures qui circulaient dans le parler populaire parisien de son temps, voire figuraient dans des dictionnaires d'argot ; parfois aussi il en a forgé lui-même, sans qu'il soit toujours facile de déterminer à coup sûr quelles sont ses propres créations : comment être sûr que le composé *lappe-la-boue*, formé comme substitut de *soulier*, est un mot d'auteur ?

Dans le dictionnaire-glossaire qui suit, je m'efforcerai d'apporter des précisions sur la présence ou non des termes non seulement dans des dictionnaires d'argot antérieur, en particulier le « Glossaire argotique » ajouté par Jean Richepin à la fin de *La Chanson des Gueux* (éd. de 1881), le *Dictionnaire d'argot moderne* (1881) de Lucien Rigaud, qui s'appuie sur son *Dictionnaire du jargon parisien* (1878), le *Dictionnaire historique d'argot* (onzième édition en 1889, les précédentes échelonnées depuis 1858) de Lorédan Larchey ainsi que son *Supplément* (troisième édition en 1889, la première en 1880)[1] et le *Dictionnaire argot-français & français-argot* (1896) de Georges Delesalle, mais aussi dans *L'Argot au XXe siècle* (1901 ; voir mon introduction p. 13), dictionnaire français-argot qui illustre près d'une centaine de termes par des citations des *Soliloques* de 1897 et dont je publie dans la présente collection une édition inversée et raisonnée après l'avoir étudié dans *Bruant et l'argotographie française* (2004, Champion)[2].

Cette étude décrivait différents procédés de formation à l'origine des argotismes recensés dans Bruant et l'on peut appliquer cette description au lexique des *Soliloques* recensé et référencié dans le glossaire :

---

1 Le dictionnaire-glossaire ne précise pas à quelles dates Rigaud ou Larchey ont recensé tel ou tel *item*. Seules des rééditions critiques des dictionnaires de ces deux auteurs permettront d'affiner la description des emprunts du premier au second (à partir de 1878), puis du second au premier (à partir de 1881) ; il restera à étudier leurs rapports avec le *Dictionnaire de la langue verte* de Delvau (1866 et autres éd. ultérieures) qui, ne semblant pas avoir été utilisé par Jehan Rictus, ne sera pas beaucoup exploité ici, pas plus que le *Vocabulaire de la langue verte* d'Hector France, dont les feuillets des lettres **A** à **F** ont été publiés progressivement de 1894 à 1897, ni que le *Dictionnaire thématique français-argot* de Lermina & Lévêque, datable de 1896-1897. En revanche, j'ai cité à plusieurs reprises les *Curiositez françoises* d'A. Oudin (1640) et le *Dictionnaire comique, satyrique, critique, burlesque, libre et proverbial* de P.-J. Le Roux (1718 à 1786).

2 On consultera avec profit également le *Dictionnaire historique des argots français* de Gaston Esnault (1965) et, malgré ses lacunes et inexactitudes en matière d'argot, le *Trésor de la langue française* (1971-1994, version numérisée 2004).

A. Procédés de manipulation de la forme phonique

1. Corruptions phonétiques (voir aussi la partie I. ci-dessus) :

— Substitutions de phonèmes comme dans *collidor* pour *corridor* ou *égledon* pour *édredon* ;

— Suppressions de phonèmes comme dans *'tit* pour *petit* (aphérèse), *artisse* pour *artiste* (apocope), *escaïer* pour *escalier* ou *chueux* pour *cheveux* (syncopes) ;

— Manipulations phonétiques plus complexes (dans *phizolofie* pour *philosophie*, il y a désordre syllabique et jeu graphique), reposant parfois sur des confusions ou des à-peu-près (*chien de fer* pour *chemin de fer*, *crottoir* pour *trottoir*).

2. Procédés morphologiques de déformation plus importante :

— Réduplication (ou redoublement) : *Nini* pour *Eugénie*, *baba* pour *ébahi* ;

— Apocope avec ou sans recherche d'une finale expressive : *aristo* pour *aristocrate*, *tram* pour *tramway* ;

— Largonji : *loufoque* pour *fou*.

3. Procédés morphologiques ou syntaxiques de formation avec ou sans déformation :

— Adjonction de suffixes ou d'appendices expressifs soit sans apocope (*gueulard*, *flemmard* ; *gueuleton*) soit avec apocope (*anarcho* pour *anarchiste*, *Parigot* pour *Parisien*, *proprio* pour *propriétaire*) ;

— Suffixation savante parodique : *excitatoire* et *vomitatoire* ;

— Composition populaire de type Verbe + Nom (*bouffe-purée* "miséreux") ou Verbe + Groupe du Nom (*lappe-la-boue* "chaussure (de miséreux)", *fout-la-faim* "miséreux") ou de type Préposition + Nom (*sans-cœur*, *sans-pognon*) ;

— Périphrases humoristiques : *Comte Flageolant-des-Abattis*, *Baron de l'Asphalte*.

4. Emprunts (avec ou sans déformation) à d'autres langues : (*pas*) *bezef* (arabe) pour (*pas*) *beaucoup*, *clebs* (arabe) pour *chien*, *schnick* "eau-de-vie" (dialecte germanique lorrain ou alsacien).

B. Procédés de manipulation sémantique :

— Métaphore : *anglais* "menstrues" (couleur rouge de l'uniforme des Anglais) ; particulièrement, application aux humains de mots concernant les animaux comme dans *groin* "nez" ;

— Métonymie : *Blafarde* "lune" (caractéristique de couleur pour désigner l'objet, avec conversion d'adjectif en nom propre), *tube* "chapeau" (caractéristique de forme pour désigner l'objet) ;

— Antonomase : *poubelle* (du nom du préfet de la Seine qui en prescrit l'usage en 1883), *boucicaut* (du nom du chef de rayon devenu propriétaire du *Bon Marché* et qui a développé et transformé cet établissement en l'un des premiers Grands Magasins parisiens).

DICTIONNAIRE-GLOSSAIRE

Abréviations

CC = Crève-Cœur, pp. 127-132.
D = Déception (trilogie III), pp. 63-72.
E = Espoir (trilogie II), pp. 53-61.
Ep = Épilogue, pp. 157-163.
F = Farandole des Pauv's tits Fan-fans, pp. 165-168.
H = L'Hiver, pp. 23-31.
IP = Impressions de Promenade, pp. 32-38.
MM = Les Masons (partie II du poème « Les Masons »), pp. 141-146.
MN = Nocturne (partie I du poème « Les Masons »), pp. 135-139.
MP = La Maison des Pauvres (partie III du poème « Les Masons), pp. 147-152.
P1 = Le Printemps (partie I), pp. 101-111.
P2 = Le Printemps (partie II), pp. 113-116.
P3 = Le Printemps (partie III), pp. 117-125.
R1 = Le Revenant (partie I), pp. 75-78.
R2 = Le Revenant (partie II), pp. 79-90.
R3 = Le Revenant (partie III), pp. 91-97.
SCA = Soliloque du Chanteur ambulant, pp. 155-156.
SM = Songe-Mensonge (trilogie I), pp. 31-49.
v = vers n°

N. B. 1 : Dans ce glossaire, la lettre *e* est restaurée à la place de l'apostrophe qui la remplace dans les *Soliloques* (par ex., **gueuleton** pour « gueul'ton »).
N. B. 2. : Pour les mots employés plusieurs fois dans le recueil, les occurrences ne sont pas nécessairement toutes recensées.
N. B. 3. : Les références des dictionnaires utilisés dans ce glossaire, dont certaines sont données p. 193, sont fournies dans ma bibliographie finale.
N. B. 4 : L'attestation d'un mot dans un dictionnaire d'argot ne doit pas le faire considérer comme relevant nécessairement du seul usage argotique (si tant est qu'il soit possible de définir celui-ci), mais avant tout comme une unité à laquelle les argotographes reconnaissent une valeur expressive.
N. B. 5 : « fin-de-siècle » concerne des mots à la mode à la fin du XIXe s.

— A —

a [*pron. pers. sujet 3e pers. fém. devant consonne*] : corruption pop. d'*elle*(*s*) en région parisienne et autour [SMv40, Ev156, R3v14, etc.] (voir aussi **alle**).

à [*prép.* ; quelques confusions orthographiques avec le précédent dans certaines éditions des *Soliloques*]
1° *à la* + groupe substantivé
de telle ou telle manière, par ex. dans *à la j' m'en-fous* et *à la p'têt'-bien* [Ev32] et dans *à la tourtereaux* [MMv71]
Remarque(s) : procédé fréquent dans l'usage populaire.

2° Voir aussi **dure** pour *à la dure*, **flan** pour *à la flan*, **manque** pour *à la manque*, **rebiffe** pour *à la r'biffe* et **roue** pour *à la roue*.

abattis [*n. m.*]
membres (corporels) [MNv20, Epv167]
Remarque(s) : métaphore recensée dans des dict. d'argot (Larchey, Rigaud) avant 1897, puis dans Bruant.

admirab' [*adj.*] : corruption populaire d'*admirable* [SCAv6].

aigne donc ! [*loc. interjective*]
(exprimant la violence des coups, comme *han !*) [Fv77]
Remarque(s) : usage populaire.

aile [*n. f.*]
savoir où donner de l'aile
savoir où aller [Ev37]
Remarque(s) : métaphore populaire.

alle [*pron. pers. 3e pers. fém.*] : corruption pop. d'*elle* en région parisienne et autour [Ev161, R3v95, Fv68 (« all'-même »), etc.] (voir aussi **a**).

aller [*v.* ; souvent forme populaire *je vas* (par exemple Hv93-105) pour *je vais* ou *je m'en vas* (par exemple Hv134, R2v261, MNv88) pour *je m'en vais*]
I. *je m'en vas* + infinitif
je vais + infinitif [Hv134, SMv116, R2v261-264]
Remarque(s) : tournure populaire expressive pour l'auxiliaire de futur proche.

II. *s'en aller de* + nom de partie vitale du corps
être mortellement malade de cette partie vitale [R2v71 (poitrine)]
Remarque(s) : sens figuré (métaphore).

III. *y aller de* + nom d'extériorisation humaine
faire entendre [CCv57]
Remarque(s) : synonyme expressif.

alorss [*adv.* et *élément de loc. conjonctive de sub.*] : prononciation ancienne restée populaire d'*alors* [SMv137, R3v110, P3v208 (« alorss que »), CCv103, MNv87, etc.], recensée dans Bruant.

amener (s') [*v.*]
arriver [Dv1, CCv59, SCAv12]
Remarque(s) : synonyme de l'usage populaire recensé dans Rigaud avant 1897, puis dans Bruant.

amer [*v.*] : prononciation populaire (forme déjà employée par Villon) d'*aimer* [Dv126, Dv157, R1v50, P3v105, P3v141, Epv71, Fv57, etc.].

amiquié [*n. f.*] : corruption populaire et enfantine (palatalisation) d'*amitié* [SMv62].

anarcho [*n.*]
anarchiste [R1v64]
Remarque(s) : apocope et suffixation avec *–o* ; forme répandue dans l'argot politique d'alors et recensée dans Delesalle avant 1897, puis dans Bruant.

anglais [*n. m.*]
avoir ses Anglais
avoir ses menstrues [R1v32]
Remarque(s) : métaphore recensée dans des dict. d'argot (Larchey, Rigaud) avant 1897, puis dans Bruant.

appuyer (s') [*v.*]
s'appuyer qqn
avoir des rapports sexuels avec qqn [Ev196]
Remarque(s) : tournure populaire recensée dans *Supplément* de Larchey avant 1897, puis dans Bruant.

Aristo [*n.*]
aristocrate [Ev129]
Remarque(s) : apocope avec sélection de la finale *–o* ; mot recensé dans des dict. d'argot (Larchey, Rigaud) avant 1897, puis dans Bruant.

arpion [*n. m.*]
pied [Ev176, MNv5, MNv76]
Remarque(s) : sens dérivé d'un mot emprunté au provençal (*arpioun* "griffe") et recensé dans des dict. d'argot (Larchey, Rigaud, Richepin) avant 1897, puis dans Bruant.

arr'garder [R2v217], **arr'nouveler** [P1v4], **arr'poser** [Dv69, P3v203, MNv77], **arr'sauter** [CCv111], **arr'venir** [Epv1]
regarder, renouveler, reposer, ressauter, revenir
Remarque(s) : déformation populaire par prosthèse d'un *a* devant *r* (redoublé typographiquement), attestée plus fortement dans le Nord-Ouest.

artique [*n. m.*] : corruption populaire d'*article* [Hv14 (de journal)].

artisse [*n.*] : corruption populaire (déjà dans Richepin et fréquente dans les chansons de l'époque) du suffixe savant *–iste* du mot *artiste* [Ev57, R1v64, SCAv14].

asphalte [*n. m.*]
trottoir (ou rue) recouvert(e) d'asphalte [MNv21]
Remarque(s) : métonymie passée dans l'usage courant au cours de la seconde moitié du XIXe siècle (voir aussi **bitume** et **macadam**).

asticoter [*v.*]
tourmenter physiquement (frapper) [Fv31]
Remarque(s) : Jehan Rictus joue sur l'association entre le nom *asticot* et le verbe *asticoter* (non dérivé du premier), pris dans cette acception qui est recensée dans Delesalle avant 1897, puis dans Bruant.

astuce [*n. f.*]
avoir de l'astuce
être adroit [Ev209, Dv146, Epv163]
Remarque(s) : acception ancienne en vogue à la fin du XIXe siècle, recensée dans Bruant (« aplomb »).

aujord'hui [*adv.*] : corruption populaire d'*aujourd'hui* [R2v38, R2v92].

aut' [*adj. ou pronom indéfini*] : corruption populaire d'*autre* [*adj.* : IPv41, R1v68, etc. ; *pron.* : SMv16, SMv42, etc. (les autres)].

avoir [*v. et aux.* ; souvent forme *aye*(*nt*) au subj. au lieu de *aie*(*nt*)]
I. employé à la place de l'auxiliaire *être* dans des tournures pronominales : « s'a trompé » [IPv52], « s'a aigri » [R1v30], « s'a défilé » [R2v134], « s'a empiffré » et « s'a décoll'té » [P1v11-111], « s'a foutu » [CCv106].
Remarque(s) : tournure populaire et enfantine.

II. *s'en avoir* + Groupe du Nom (sentiment)
éprouver + Groupe du Nom (sentiment) à cause de cela [P1v152]
Remarque(s) : tournure populaire qui ne se limite pas aux sentiments (acceptions “avoir reçu”, “avoir pris”).

III. *avoir* dans *gn'a*, *y a* et *y gn'a* (et *gn'a pas*, *y gn'a pas*) [voir ces termes à leur place dans l'ordre alphabétique]

IV. *avoir* + groupe complément incluant nom marqué (expressif) : voir ces mots (par ex. ci-dessus **astuce** pour *avoir de l'astuce*).

Azor [*n. pr.*]
nom de chien pouvant être donné comme surnom à tout chien [P1v202]
Remarque(s) : nom venu d'un opéra-comique à succès de 1771 (*Zémire et Azor*) et recensé dans des dict. d'argot (Larchey, Delesalle) avant 1897, puis dans Bruant.

azuré [*adj. qual.*]
d'un bleu azur [Dv45 (bleu du sang de la noblesse) et CCv48 (bleu des beaux jours et du rêve)]
Remarque(s) : emploi figuré propre au langage poétique (et qui n'a rien de populaire).

— B —

baba [*adj.*]
ébahi [CCv21]
Remarque(s) : substitut formé par redoublement à partir de l'adj. *ébahi* et recensé dans des dict. d'argot (Rigaud, *Supplément* de Larchey, Delesalle) avant 1900, puis dans Bruant.

bagatelle [*n. f.*]
amour physique [CCv66]
Remarque(s) : acception particulière recensée dans des dict. d'argot (Rigaud, *Supplément* de Larchey, Delesalle) avant 1900, mais pas dans le Bruant, qui ne l'a sans doute pas jugée argotique.

bagnole [*n. f.*]
voiture [pas nécessairement automobile à l'époque] [P3v109]
Remarque(s) : mot populaire employé dans différentes régions pour désigner de vieilles et/ou mauvaises voitures, puis toute voiture par extension ; recensé dans des dict. d'argot (Larchey, Rigaud, Delesalle) avant 1897, puis dans Bruant.

bagot [*n. m.*]
1° bagage

2° *faire les bagots*
décharger les bagages (notamment des fiacres) [R2v202]
Remarque(s) : déformation par apocope et suffixation en *–ot* ; le dérivé *bagotier* se trouve dans Delesalle avant 1897, puis dans Bruant avec une citation de G. Herbert, dans laquelle se trouve également *bagot*, que le Bruant recense en citant aussi ce passage des *Soliloques*.

baigner [*v.*]
se les baigner (*dans*)
être plongé avec plaisir (dans) [P1v97]
Remarque(s) : l'acception figurée courante de la tournure pronominale est revigorée par l'emploi sans antécédent du pronom *les* au référent viril.

baiser [*v.*]
posséder charnellement [Ev24]
Remarque(s) : acception ancienne recensée dans Le Roux 1718, puis dans Delesalle avant 1897, puis dans Bruant ; Jehan Rictus l'a construite ici avec le complément *la peau* en jouant sur l'équivoque entre sens propre et sens figuré de l'expression (voir **peau**).

balade [variante *ballade*] [*n. f.*]
promenade [R1v39, MNv28, SCAv1 (*ballade*, synonyme de *tournée*)]
Remarque(s) : nom populaire et familier dérivé par conversion de *balader* (voir ce mot) et recensé dans des dict. d'argot (Larchey, Rigaud, Delesalle) avant 1897, puis dans Bruant.

balader [variante *ballader*] [*v.*]
1° marcher [R2v54, R3v103, P1v28 (*ballader*)]
Remarque(s) : cet emploi intransitif avec cette acception, plus ancien dans l'usage populaire que la tournure pronominale (ci-dessous en 2°), est recensé dans des dict. d'argot (*Voleurs* de Vidocq 1836-37 avec la définition « marcher sans but, flâner », Rigaud, Delesalle) avant 1897, puis dans Bruant.

2° *se balader*
se promener [Hv117, Epv162 (*se ballader*)]
Remarque(s) : tournure pronominale recensée avec cette acception dans des dict. d'argot (Larchey, Rigaud) avant 1897, puis dans Bruant.

3° *emplois transitifs* :
a) promener [P3v81 (*ballader ses roupies*)]

b) *ballader ses testicules*
se promener [P2v19]

c) *se faire ballader les rognons*
se faire trimballer [Hv71]
Remarque(s) : ces emplois transitifs avec cette acception, plus récents dans l'usage que les précédents (voir 1° et 2°), ont ici une expressivité renforcée grâce aux compléments choisis par l'auteur.

baladeur [*adj. et n.*]
1° *adj.* : rôdeur [Dv154]

2° *n.* : rôdeur [MNv22]
Remarque(s) : adjectif ou nom, ce dérivé de *balader* est recensé dans des dict. d'argot (Larchey, Rigaud, Delesalle) avant 1897, puis dans Bruant.

ballade, ballader, balladeur [voir **balade, balader, baladeur**]

balthasar ou **balthazar** [*n. m.*]
festin [Hv145, Epv6]
Remarque(s) : antonomase s'appuyant sur l'anecdote biblique (*Daniel,* V) du festin au cours duquel Balthazar, roi de Babylone, vit apparaître les mots « Mané — Thécel — Pharès » qui annonçaient la chute de sa ville ; mot répandu en littérature dans la seconde moitié du XIXe siècle et recensé dans des dict. d'argot (Larchey, Rigaud, Delesalle) avant 1897, puis dans Bruant.

barbe [*n. m.*]
maquereau (souteneur) [Ev23]
Remarque(s) : apocope de *barbeau* ou de *barbillon* ("souteneur" par association entre *maquereau* et ces poissons barbus) ; mot recensé dans des dict. d'argot (*Supplément* de Larchey à partir d'une citation de Méténier datée de 1885, Delesalle) avant 1897, puis dans Bruant.

barboter [*v.*]
patauger (avec idée d'engluement) [Ev72]
Remarque(s) : sens figuré (métaphore) ancien dans l'usage familier.

barytonner [*v.*]
barytonner de la mouquette
péter [Fv46]
Remarque(s) : expression burlesque sans doute forgée par Jehan Rictus à partir d'une métaphore sur *barytonner* associée au nom *mouquette* dont l'acception "derrière" serait toute récente (voir **mouquette**).

bath [*adj.*]
bien, bon et beau (à la fois) [Hv57, SMv65 et variante e de P1v89 (p. 182)]
Remarque(s) : mot recensé dans des dict. d'argot (Larchey, Rigaud, Richepin, Delesalle) avant 1897, puis dans Bruant.

batifoler [*v.*]
s'ébattre [P1v51]
Remarque(s) : la forme phonique du mot le fait parfois considérer comme *fam.* ou *pop.* dans les dict., surtout quand il se charge d'une connotation sexuelle ("lutiner").

bat-la-crève [*n. m.*] [voir aussi **battre la crève** et **crève**]
miséreux [R2v259]
Remarque(s) : composé expressif formé sur l'expression *battre la crève* et semblable à bien d'autres de la même époque, ce dont témoigne leur liste dans Bruant (*s.v.* **misérable**).

bat-la-dèche [*n. m.*] [voir aussi **dèche**]
miséreux [variante b de R2v259 (voir p. 179)]
Remarque(s) : composé expressif formé sur l'expression *battre la dèche* "vivre dans la misère" (déjà dans Larchey, puis Delesalle) et semblable à bien d'autres de la même époque, ce dont témoigne leur liste dans Bruant (*s.v.* **misérable**).

battant [*n. m.*]
estomac [R1v75 (*se mettre qqch dans le battant*)]
Remarque(s) : mot recensé dans des dict. d'argot (Larchey avec la définition « gosier », Rigaud, Delesalle) avant 1897, puis dans Bruant, qui cite ce passage des *Soliloques*.

battre la crève [*loc. verbale*] [voir aussi **crève** et **battre la dèche**]
traîner son épuisement (proche de l'agonie) [var. de la fin de CC (voir p. 186)]
Remarque(s) : on trouve dans Larchey et Delesalle (puis Bruant) *battre la dèche* "vivre dans la misère" (association avec *battre le pavé*).

bécan [*n. m.*]
oiseau [P1v51 (association humoristique avec *vache*) et P2v66]

Remarque(s) : mot recensé dans des dict. d'argot avant 1897, mais avec forme différente et sens restreint : *becquant* "poulet" dans Larchey, Rigaud, Delesalle ; Bruant, citant ce passage des *Soliloques*, accepte l'élargissement de sens.

bécassine [*n. f.*]
femme (sotte ?) [Epv70, si l'on voit une équivoque entre "oiseau (à manger)" et "femme", amenée par le jeu sur les sens "meuble" et "mets" de *canapé*]
Remarque(s) : on trouve la métaphore *bécasse* "femme sotte" dans des dict. d'argot avant 1897 ("femme maigre" dans Larchey, "femme sotte" dans Rigaud, "femme grande, maigre et niaise" dans Delesalle), puis dans Bruant ("femme bête") [Bécassine, personnage de bande dessinée, date de 1905].

bécot [*n. m.*]
(petit) baiser [Dv124, P1v190, P3v91, CCv88, Fv6]
Remarque(s) : ce dérivé affectif populaire déjà ancien est recensé dans des dict. d'argot (Larchey, Delesalle) avant 1897, puis dans Bruant, qui cite le premier passage des *Soliloques*.

bécotter [*v.*]
se bécotter
se donner des bécots [MMv71]
Remarque(s) : verbe familier ancien formé sur *bécot* (variante *bécoter*) et recensé dans des dict. d'argot avant 1903 (Larchey avec citation d'une chanson de Béranger, Delesalle, Bruant).

béguin [*n. m.*]
toquade amoureuse [SMv75 (relation amoureuse)]
Remarque(s) : avec ce sens figuré déjà ancien (l'amour vous enserre la tête comme la coiffe appelée *béguin*), le mot est recensé dans des dict. d'argot (Larchey, Rigaud, Delesalle) avant 1897, puis dans Bruant.

beigne [*n. f.*]
coup [Fv8]
Remarque(s) : mot ancien recensé dans des dict. d'argot (Rigaud, *Supplément* de Larchey, Delesalle) avant 1897, puis dans Bruant.

belle [*n. f.*]
partie qui détermine le gagnant [P3v43, Epv111]
Remarque(s) : Jehan Rictus prend au sens figuré ce terme de l'argot des joueurs passé dans l'usage courant, mais encore recensé dans des dict. d'argot (Larchey, Rigaud, Delesalle) avant 1897.

ben [*adv. et interj.*]
bien [Hv36-37, Hv93, Hv152, SMv131 et v134, Dv19, etc.]
Remarque(s) : cette corruption populaire de *bien* dans ses emplois adverbiaux et en interjection [Hv93 = *Eh bien !*] est signalée dans Delesalle, puis dans Bruant.

Beni-bouffe-hasard [*n. composé*]
miséreux (pour qui se nourrir dépend du hasard) [Epv166]
Remarque(s) : composé humoristique forgé par Jehan Rictus sur (et par opposition à) *beni-bouffe-tout* (voir ci-dessous), avec influence phonique probable de *beni-mouffetard* "Parisien".

Beni-bouffe-tout [*n. composé*]
individu glouton (ici avec connotation de parasitisme) [Hv74]
Remarque(s) : ce composé humoristique, forgé à partir de l'expression arabe au pluriel (*beni* "fils de" + élément changeant) déjà parodiée (*beni-coco, beni-mouffetard* sont attestés avant 1897), est curieusement absent de la quasi-totalité des dict. jusqu'à aujourd'hui, bien qu'il soit passé dans l'usage fam. ou pop. peut-être même avant les *Soliloques*. Le mot n'est pas recensé dans le Bruant, qui le cite pourtant dans ce passage en illustrant *birbe* (voir ci-dessous).

berge [*n. f.*]
année [R1v22, CCv25]
Remarque(s) : mot emprunté au romani et recensé dans des dict. d'argot (Rigaud, *Supplément* de Larchey, Delesalle) avant 1897, puis dans Bruant.

bergeoise [*n. f.*]
bourgeoise [Ev189]
Remarque(s) : plutôt que déformation populaire, mot-valise forgé par Jehan Rictus à partir de *bergère* "femme" (voir article suivant) et de *bourgeoise*.

bergère [*n. f.*]
femme [SMv66]
Remarque(s) : peut-être dérivé du sens "marmite" mais jouant aussi sur le féminin de *berger*, ce mot est recensé dans des dict. d'argot (*Supplément* de Larchey, Delesalle) avant 1897, puis dans Bruant, qui cite ce passage des *Soliloques*.

betterave [*n. f.*]
individu arriéré [Ev113]
Remarque(s) : le Bruant recensera une acception péjorative d'extension partiellement différente (« campagnard, paysan ») pour les utilisateurs du mot.

beuglant [*n. m.*]
café-concert où l'on chante à tue-tête [SCAv2]
Remarque(s) : participe substantivé expressif du verbe *beugler* "chanter à tue-tête", ce mot est recensé dans des dict. d'argot (Larchey, Rigaud, Delesalle) avant 1897, puis dans Bruant.

beugler [*v.*]
geindre [IPv58 (en chantant), R2v91, MPv82]
Remarque(s) : acception métaphorique du verbe *beugler* recensée dans Rigaud.

bezef [*pr. indéfini* (*ici en emploi adverbial*)]
beaucoup [Ev130 (*pas bezef*)]
Remarque(s) : mot emprunté à l'arabe et recensé dans des dict. d'argot (Rigaud, *Supplément* de Larchey, Delesalle) avant 1897, puis dans Bruant.

Bibi ou **bibi** [*n. m. souvent substitut du pronom personnel de 1ère pers. sg.*]
1° enfant [Fv5 (*bibi*)]
Remarque(s) : Jehan Rictus emploie ici un terme affectueux adressé à ceux que l'on aime et recensé dans des dict. d'argot (Larchey, Rigaud) avant 1897.

2° moi [IPv20, Ev139 et v143, Epv65 (*Bibi*)]
Remarque(s) : application à soi-même du mot affectueux, fréquente à cette époque dans les usages marqués (*La Muse à Bibi* 1879-1882) et relevée dans des dict. d'argot (Rigaud, *Supplément* de Larchey, Delesalle) avant 1897, puis dans Bruant.

bibine [*n. f.*]
boisson de qualité inférieure [Epv66]
Remarque(s) : mot recensé dans des dict. d'argot (Rigaud qui donne « bière », *Vocabulaire de la langue verte* d'Hector France) avant 1897, puis dans Bruant (« bière inférieure »).

bicher [*v.*]
ça biche
ça va ensemble, ça prend [Dv125]
Remarque(s) : tournure peut-être dérivée de l'acception « mordre » (à propos du poisson dans le voc. de la pêche) et recensée dans des dict. d'argot (Rigaud, *Supplément* de Larchey, Delesalle) avant 1897, puis dans Bruant, qui cite ce passage des *Soliloques*.

bicoque [*n. f.*]
petite maison sans prétention [Ev54]
Remarque(s) : mot familier d'usage courant dans cette acception.

bicyclisse [*n.*]
bicycliste (aujourd'hui *cycliste*) [P2v44]
Remarque(s) : corruption populaire (voir **artisse**) d'un mot récent à cette époque et recensé comme argotisme dans Delesalle et dans Bruant.

bide [*n. m.*]
1° ventre [R3v18, MPv47]
Remarque(s) : dérivé par apocope de *bidon* "ventre", ce mot attesté avant 1897 (1885 selon Esnault) est recensé dans Bruant.

2° *ne rien avoir dans le bide*
avoir faim [Epv117]

bidoche [*n. f.*]
viande (étendu ici au corps humain) [R1v3 (*charrier sa bidoche*)]

Remarque(s) : renvoyant au départ à la viande de *bidet*, le mot, recensé dans des dict. d'argot (Larchey, Rigaud, Richepin, Delesalle) avant 1897 et repris dans Bruant, a été étendu à toute viande, puis au corps humain.

bile [*n. f.*]
ne pas se faire de bile
ne pas se faire de soucis [Hv85]
Remarque(s) : déjà ancienne, l'expression familière *se faire de la bile* (avec ou sans négation) est recensée dans des dict. d'argot (Larchey, Delesalle) avant 1897.

birbe [*n. m.*]
vieillard [Hv75]
Remarque(s) : mot recensé dans des dict. d'argot (*Voleurs* de Vidocq 1836-1837, Larchey, Rigaud, Richepin, Delesalle) avant 1897, puis dans Bruant, qui cite ce passage des *Soliloques*.

bistrop ou **bistrot** (après l'éd. de 1903) [*n. m.*]
marchand de vin [P2v28, CCv14]
Remarque(s) : mot recensé dans des dict. d'argot (*Supplément* de Larchey, Delesalle) avant 1897, puis dans Bruant ; graphie *bistrop* surprenante, propre aux premières éditions des *Soliloques*.

bitume [*n. m.*]
trottoir (recouvert de bitume) [Ev202, R2v60, P2v67, MNv18]
Remarque(s) : extension de sens par métonymie (comme avec *asphalte* et *macadam*), mentionnée dans des dict. d'argot (Larchey, Rigaud, Delesalle) avant 1897.

biture [*n. f.*]
excès (ici de nourriture) [Epv63]
Remarque(s) : mot venu du vocabulaire des marins et recensé avec cette acception et/ou celle liée à la boisson (« cuite ») dans des dict. d'argot (Larchey, Rigaud, Delesalle) avant 1897, puis dans Bruant.

Blafarde [*n. propre f.*]
Lune (personnifiée) [Dv121, MNv90]
Remarque(s) : cette application à la lune, par métonymie, de l'adj. renvoyant à la pâleur est recensée dans Delesalle, puis dans Bruant, qui cite le premier passage des *Soliloques*.

blair [*n. m.*]
nez [SMv118, Dv143, P1v212, P3v81]
Remarque(s) : dérivé par apocope de *blaireau* "nez", ce mot est recensé dans des dict. d'argot (Rigaud, Richepin, *Supplément* de Larchey, Delesalle) avant 1897, puis dans Bruant.

bléchard [*adj. et n.*]
laid [P1v59 (*employé comme n. f.*)]

Remarque(s) : dérivé expressif de *blèche* “laid”, ce mot est recensé dans le *Suplément* de Larchey (*devenir bléchart* “dépérir”) et dans Delesalle, puis dans Bruant, qui cite ce passage des *Soliloques*.

bloc [*n. m.*]
1° prison, salle de police [CCv98]
Remarque(s) : mot recensé dans des dict. d’argot (Larchey, Rigaud, Delesalle) avant 1900, puis dans Bruant.

2° *mettre au bloc*
emprisonner [Epv137]
Remarque(s) : expression recensée dans Rigaud, puis dans Bruant.

blot [*n. m.*]
avoir son blot
avoir son compte [R2v266]
Remarque(s) : Jehan Rictus donne la valeur “en avoir assez” à cette expression formée à partir du mot d’argot *blot* “prix” et de l’expression *ça fait mon blot* “ça me convient”, tous deux recensés dans des dict. d’argot (Larchey, Rigaud, Richepin, Delesalle) avant 1897, puis dans Bruant.

bloum [*n. m.*]
chapeau (haut de forme) [Dv41, P1v77]
Remarque(s) : peut-être dérivé par apocope du nom propre de commerçant *Blumenthal*, ce mot est recensé dans des dict. d’argot (Rigaud, Delesalle) avant 1897, puis dans Bruant, qui cite le premier passage des *Soliloques*.

boïaux [*n. m. (pl. dans ce sens)*]
intestins, entrailles [Hv88, MNv3, Fv34]
Remarque(s) : forme graphique adoptée pour transcrire la prononciation de ce mot dans l’usage populaire, qui en a toujours appliqué le sens aux animaux et aux êtres humains.

bois tortu [*loc. n. m.*]
vigne [Fv43]
Remarque(s) : en reprenant cette expression ancienne encore recensée dans des dict. d’argot (Larchey, Delesalle) avant 1897, Jehan Rictus joue-t-il sur une métaphore (sang des mauvais traitements / jus tiré du bois tordu) ?

bon guieu de bois [voir **Guieu**]

boniment [*n. m.*]
discours (sans cesse répété) [Ev26]
Remarque(s) : mot recensé dans des dict. d’argot (Larchey, Rigaud, Delesalle) avant 1897, puis dans Bruant ; Jehan Rictus exploite ici la valeur de ressassement liée à l’origine foraine du terme.

bonne I. [*n. f.*]
servante, domestique [MMv72]

Remarque(s) : ce sens de l'adj. substantivé est passé depuis longtemps dans l'usage général.

bonne II. [*n. f. pl.*]
en avoir de bonnes
(se) raconter des histoires [Ev141]
Remarque(s) : cet emploi avec *en* sans antécédent, ici antiphrastique comme dans d'autres expressions semblables (*en avoir de belles*, *belles paroles*, etc.), se rapproche de la tournure pop. ou fam. *en avoir une bonne* "avoir une bonne histoire", encore recensée dans des dict. d'argot avant 1897 (Rigaud, Larchey).

borgeois, **borgeoise** [*adj. employé comme n.*] : prononciation pop. de *bourgeois* et de *bourgeoise* (voir ces mots).

Borgne [*n. m.*]
membre viril ? [MMv73]
Remarque(s) : la scène décrite et la majuscule personnifiante (*cf. Popaul*) suggèrent ce sens métaphorique (le pénis, également appelé *cyclope* en argot, n'a qu'un œil), moins fréquent à l'époque que celui d' "anus" et qui, à la différence de celui-ci, n'est recensé dans aucun dict. avant l'éd. de 1903 des *Soliloques*.

botter [*v.*]
convenir, plaire [Dv65]
Remarque(s) : extension métaphorique à partir du sens "aller bien" (à propos de chaussures ou de bottes), recensée dans des dict. d'argot (Larchey, Rigaud, Delesalle) avant 1897, puis dans Bruant.

bouchon [*n. m.*]
mettre un bouchon
frictionner (donner des coups) [SMv122]
Remarque(s) : métaphore à partir des soins donnés aux chevaux ; les dict. d'argot (Rigaud et Delesalle, puis Bruant) recensent plutôt *bouchonner* dans cet emploi.

boucicaut [*n. m.*]
grand magasin [Ev192]
Remarque(s) : antonomase métonymique à partir du nom d'Aristide Boucicaut (1810-1877), chef de rayon devenu propriétaire du *Bon Marché* et qui, ayant développé et transformé cet établissement en l'un des premiers Grands Magasins parisiens (fin des travaux en 1887 après sa mort), a servi de modèle à Zola pour le personnage d'Octave Mouret dans *Au Bonheur des Dames* ; mot absent des dictionnaires.

boucler [*v.*]
fermer [R2v176, MMv29, MPv15]
Remarque(s) : mot pop. ou fam. recensé dans des dict. d'argot (Larchey, Rigaud, Delesalle) avant 1897, puis dans Bruant.

bouffe-la-guigne [*n. composé*]
miséreux (malchanceux) [R2v149]
Remarque(s) : composé humoristique formé sur *bouffe-la-balle* “goinfre” avec équivoque entre *guigne* “cerise” et *guigne* “malchance”, ce mot est ensuite recensé pour la première fois dans Bruant (liste des substituts de *misérable*).

bouffe-purée [*n. composé*]
miséreux [MNv22]
Remarque(s) : composé humoristique jouant sur l’équivoque entre *purée* “mets à base de légumes écrasés” et *purée* “misère” (créé par l’auteur ?).

bouffer [*v.*]
1° manger [Hv79, IPv11, Ev60, R2v51, etc.]
Remarque(s) : substitut expressif de *manger* sans doute lié au gonflement des joues, ce verbe est recensé dans des dict. d’argot (Larchey, Rigaud, Richepin, Delesalle avec l’acception “manger avec excès”) avant 1897, puis dans Bruant ; dans certains passages, Jehan Rictus l’emploie avec un sens figuré, par exemple dans R2v166, R3v48 et dans l’expression suivante.

2° *bouffer de la tête de cochon*
recevoir un coup de tête [SMv124]
Remarque(s) : cette expression humoristique jouant sur l’équivoque du composé *tête de cochon* sera recensée dans Bruant, qui cite ce passage des *Soliloques*.

bouffi [*adj. substantivé*]
enfant grassouillet [Fv17]
Remarque(s) : rien d’argotique ni même de populaire dans cet emploi de l’adjectif comme substantif.

bouillasse [*n. f.*]
misère [SMv96]
Remarque(s) : ce dérivé de *bouillie* “misère” (ce dernier créé sur le modèle de *purée* et en jouant sur l’association avec *boue*, faite aussi pour *bouillasse*) sera recensé pour la première fois dans Bruant, qui cite ce passage des *Soliloques*.

boulot [*n. m.*]
travail [Hv58 et var. b (p. 184) de P2v123 (avec équivoque sur *pain boulot*)]
Remarque(s) : substitut de formation peu claire (mais lié au verbe plus ancien *boulotter* “vivre”, d’où “travailler” et “manger”) et que l’on trouve recensé également sous la forme *bouleau*, notamment dans Delesalle, puis dans Bruant, qui donne aussi *boulot*.

boulotter [*v.*]
manger [R2v262 (sens figuré agressif avec le complément « la pomme d’Adam), MNv44 (sens figuré avec le complément « kilomètre »), MPv53, Fv75]

Remarque(s) : dérivé du sens plus ancien "vivre, prospérer", ce substitut expressif de *manger* est recensé dans des dict. d'argot (Larchey, Rigaud, Delesalle) avant 1897, puis dans Bruant.

bouquin [*n. m.*]
livre [R2v165]
Remarque(s) : ce substitut expressif fam. ou pop. de *livre*, répandu dans l'usage, est recensé dans Rigaud, mais pas dans les autres dict. d'argot de la fin du XIXe siècle.

bourgeois [*adj. employé comme n. m.*]
[individu] de condition aisée (par opposition aux ouvriers) [Hv7, R2v47, MMv141, Epv92]
Remarque(s) : Jehan Rictus, qui privilégie la variante pop. *borgeois*, n'emploie plus ce mot pour désigner de façon objective les habitants des villes (bourgs), mais pour désigner en mauvais part les gens de condition aisée.

bourgoise [*adj. employé comme n. f.*]
femme [CCv71(« borgeoise » par déformation pop.)]
Remarque(s) : acception dérivée du sens "maîtresse de maison" et recensée dans des dict. d'argot (Rigaud, Delesalle) avant 1900, puis dans Bruant.

bourlinguer [*v.*]
avancer avec peine dans la vie [SMv4]
Remarque(s) : Mot venu du voc. de la marine et recensé dans des dict. d'argot (Larchey, Delesalle) avant 1897, puis dans Bruant (« être dans la misère »).

bourrer [*v.*]
se bourrer les tripes
se goinfrer [IPv10]
Remarque(s) : expression populaire expressive formée sur un moule commun dont le complément varie.

boustifaille [*n. f.*]
nourriture [P3v31, Epv97]
Remarque(s) : mot populaire expressif associé à *bouffer* "manger avec excès" et recensé dans des dict. d'argot (Rigaud, Delesalle) avant 1897, puis dans Bruant, qui cite le premier passage des *Soliloques*.

bouzin [*n. m.*]
tapage [R2v18]
Remarque(s) : mot populaire recensé, plus souvent sous la forme *bousin*, dans des dict. d'argot (Larchey, Rigaud, Delesalle) avant 1897, puis dans Bruant, qui cite ce passage des *Soliloques*.

boxon [*n. m.*]
bordel [P3v142]
Remarque(s) : dérivé de *bocard* (même sens) par apocope avec adjonction d'une finale expressive, ce mot est recensé, parfois sous la forme *bocson* ou

bocçon, dans des dict. d'argot (*Voleurs* de Vidocq 1836-37, Larchey, Rigaud, Delesalle) avant 1897, puis dans Bruant.

braisé [*adj.*]
riche [SMv34]
Remarque(s) : dérivé de *braise* "argent", ce mot est recensé dans le *Dictionnaire français-argot* de Lermina & Lévêque, puis dans Bruant, qui cite ce passage des *Soliloques*.

branler [*v.*]
branler dans le manche
être secoué de tremblements [R3v14]
Remarque(s) : emploi figuré courant d'une expression d'abord appliquée aux outils qui se démanchent.

brasser (se) [*v.*]
se passer [CCv11]
Remarque(s) : cet emploi pronominal comme substitut expressif de *se passer* est recensé dans le *Trésor de la langue française* sans citation ni attestation.

bricheton [*n. m.*]
pain (représentant plus largement la nourriture) [Dv30, R3v135, Epv136]
Remarque(s) : mot populaire expressif recensé dans des dict. d'argot (Rigaud, Richepin, *Supplément* de Larchey , Delesalle) avant 1897, puis dans Bruant.

briffer [*v.*]
manger [Hv113, SMv24]
Remarque(s) : substitut poulaire de *manger*, recensé dans des dict. anciens (déjà dans Oudin 1640 et Le Roux 1718), puis dans des dict. d'argot (Richepin, *Supplément* de Larchey, Delesalle) avant 1897, puis dans Bruant.

brique [*n. f.*]
se caler des briques et des moellons
n'avoir rien à manger [R2v210]
Remarque(s) : avec le second complément (*moellons*) ajouté au premier (*briques* ; au départ "miettes" selon Esnault 1965 ou "petit morceau" selon le *Trésor de la langue française*), Jehan Rictus renforce une expression issue du croisement de deux autres, répertoriées dans des dict. d'argot avant 1897 : d'une part *se caler les joues* (ou autres noms de sens proche) ou *se les caler* "manger" (Rigaud, *Supplément* de Larchey, Delesalle), d'autre part *se coller* ou *s'enfiler des briques* (ou autres noms de sens proche) "n'avoir rien à manger" (*Supplément* de Larchey pour *se coller* ; Rigaud pour *s'enfiler*; repris dans Delesalle) ; les expressions *se caler des briques* (suivi ou non de *à la sauce caillou*), *des cailloux*, *des cloques*, *des jetons* "être privé de nourriture, jeûner", sont recensées ensuite dans Bruant.

broyé(s) [*participe-adj. employé comme n.*]
celui qui est brisé par la vie (ceux qui sont brisés par la vie) [MPv94]
Remarque(s) : emploi nominal s'inscrivant dans le voc. politique progressiste.

bûcher [*v.*]
cogner, frapper [R1v89]
Remarque(s) : cet emploi comme substitut de *frapper* (ici avec complément introduit par *sur*) est recensé dans des dict. d'argot (Larchey, Rigaud, Delesalle) avant 1897, puis dans Bruant, qui cite ce passage des *Soliloques*.

burnes [*n. f. svt pl.*]
couilles [MPv97]
Remarque(s) : il faut deviner, amené par la rime à la place des points de suspension, ce mot populaire absent du *Trésor de la langue française* et pourtant recensé dans Delesalle, puis dans Bruant, avant 1903.

buter [*v.*]
buter dans et *se buter dans*
frapper à mort [SMv118, R1v53 (*se buter dans*), R2v261]
Remarque(s) : emploi particulier, chez Rictus, de ce verbe dans lequel l'auteur semble réunir *buter* "heurter" et *butter* "assassiner, tuer", ce dernier étant recensé dans des dict. d'argot (Larchey, Rigaud, Richepin, Delesalle) avant 1897, puis dans Bruant.

— C —

c'lui, **c' que** (et *c' qui*), **c't'** et **c'te** [voir ordre alphabétique (apostrophe non prise en compte)]

cabèche [*n. f.*]
tête [MPv83]
Remarque(s) : pour ce substitut expressif de *tête* emprunté à l'espagnol *cabeza* "tête", les dict. d'argot donnent tantôt *cabèce* (Rigaud, Delesalle), tantôt *cabèche* (Larchey), le Bruant ayant repris les deux formes avant l'éd. de 1903 des *Soliloques*.

cabot [*n. m.*]
comédien [MNv71]
Remarque(s) : dérivé de *cabotin* par apocope et peut-être association avec *cabot* "chien", ce substitut péjoratif de *comédien* est recensé avec la définition "acteur sans talent" dans des dict. d'argot (Larchey, Rigaud, Delesalle, Bruant) avant l'éd. de 1903 des *Soliloques*.

caca [*n. m.*]
1° excrément [P1v213, Epv38]
Remarque(s) : mot pop. ou fam. ancien souvent employé à propos d'enfants (Epv38).

2° *faire caca* (*sur*)
souiller [Dv100]
Remarque(s) : ce sens figuré est ancien et courant.

cador [*n. m.*]
chien [P1v172]
Remarque(s) : ce mot, sans doute emprunté à l'arabe *qaddour* "puissant > chef" et appliqué aux chiens peut-être par l'intermédiaire d'un nom de chien comme *Capitaine* (selon Esnault 1965), est absent du *Trésor de la langue française*, mais recensé dans des dict. d'argot (Rigaud, *Supplément* de Larchey, Delesalle) avant 1897, puis dans Bruant.

cahute [*n. f.*]
habitation misérable [MMv109]
Remarque(s) : mot expressif ancien et courant.

cale [voir **fond de cale (à)**]

caler [voir *se caler des briques* à **brique**]

calicot [*n. m.*]
commis de magasins de nouveautés [SMv27, Ev190]
Remarque(s) : ce nom donné par métonymie (*calicot* "toile") en 1817 à un personnage de vaudeville, commis de nouveautés, et appliqué par antonomase à ces commis, est recensé dans des dict. d'argot (Larchey, Delesalle) avant 1897, puis dans Bruant.

calleter [*v.*]
s'en aller vivement [variante d de P3v165-168 (voir p. 185)]
Remarque(s) : mot recensé, plutôt sous les formes *caleter* ou *calter*, dans des dict. d'argot (Rigaud, *Supplément* de Larchey, Delesalle) avant 1897, puis dans Bruant, qui cite avec la graphie *calter* ce passage des *Soliloques* de 1897.

cambrioleur [*n.*]
voleur (dans les habitations) [R1v65]
Remarque(s) : ce mot est recensé, parfois sous la forme *cambriolleur*, dans des dict. d'argot (*Voleurs* de Vidocq 1836-37, Larchey, Rigaud, Delesalle) avant 1897, puis dans Bruant.

camoufle [*n. f.*]
chandelle [MMv73]
Remarque(s) : ce mot est recensé dans des dict. d'argot (*Voleurs* de Vidocq 1836-1837, Larchey, Delesalle, Bruant) avant l'éd. de 1903 des *Soliloques*.

camp [*n. m.*]
1° *foutre le camp* ou *foutre son camp*
s'en aller vivement [IPv20, CCv98]
Remarque(s) : les expressions populaires *ficher le camp* et *foutre le camp*, venues du voc. militaire, sont recensées dans des dict. d'argot (*foutre le camp* dans Delvau 1866, *ficher le camp* dans Larchey, *fiche le camp* dans Delesalle) avant 1897, puis dans Bruant.

2° *tout fout le camp*
tout se dégrade [R2v127]
Remarque(s) : cet emploi au sens figuré, attesté avant 1897, sera recensé dans Bruant.

canasson [*n. m.*]
cheval [Dv136, P1v141, P1v197, Epv20]
Remarque(s) : ce substitut expressif, péjoratif ou affectueux, de *cheval* est recensé dans des dict. d'argot (Larchey, Rigaud Delesalle) avant 1897, puis dans Bruant.

canon [*n. m.*]
verre de vin [P2v27, avec jeu déjà ancien sur *canon* "pièce d'artillerie"]
Remarque(s) : ce mot populaire est recensé dans des dict. d'argot (*Voleurs* de Vidocq 1836-1837, Larchey, Rigaud, Delesalle) avant 1897, puis dans Bruant.

car' [voir **carle**]

carapater (se) [*v.*]
s'en aller vivement [Hv4, Hv9]
Remarque(s) : le mot est déjà recensé dans des dict. d'argot (Larchey, Rigaud et Delesalle, qui donnent *se carapater* "se sauver" ; Richepin, qui donne *carapater* "marcher, avec idée de fatigue") avant 1897, puis dans Bruant.

carcan [*n. m.*]
cheval efflanqué [CCv51]
Remarque(s) : ce mot populaire est recensé dans des dict. d'argot (Larchey, Rigaud, Delesalle) avant 1900, puis dans Bruant.

carle [*n. m.*]
argent [CCv88 (variante *car'*, p. 186)]
Remarque(s) : mot recensé dans des dict. d'argot (*Voleurs* de Vidocq 1836-37, Larchey, Delesalle) avant 1900, puis dans Bruant.

carme [*n. m.*]
argent [Ev174]
Remarque(s) : mot recensé dans des dict. d'argot (Larchey, Rigaud, Delesalle) avant 1897, puis dans Bruant, qui cite ce passage des *Soliloques*.

carmer [*v.*]
payer [P1v108]
Remarque(s) : mot recensé dans des dict. d'argot (Rigaud, *Supplément* de Larchey, Delesalle) avant 1897, puis dans Bruant.

carne [*adj. et n.*]
rosse [SMv120, Ev120]
Remarque(s) : ces emplois du mot, avec l'acception "rosse" donnée au nom féminin péjorativement appliqué à des animaux et à des mégères (Rigaud, Larchey, Delesalle), sont recensés dans le *Trésor de la langue française* sans

datation, avec citations de Céline 1936 et de Genevoix 1948 ; celles des *Soliloques* auraient été intéressantes, en particulier la première (« troupeau de carnes » appliqué aux « bons types »).

carrée [*n. f.*]
chambre [CCv63]
Remarque(s) : mot recensé dans des dict. d'argot (Rigaud, *Supplément* de Larchey et Delesalle) avant 1900, puis dans Bruant.

caser [*v.*]
trouver une place (à qqn), établir (qqn) [Hv68]
Remarque(s) : mot fam. entré bien avant 1897 dans des dict. de langue.

casser [*v.*]
à tout casser
sans retenue [CCv18 (avec jeu de mot sur *casser* "manger")]
Remarque(s) : expression fam. recensée dans des dict. d'argot (Larchey, Rigaud, Delesalle) avant 1900, puis dans Bruant.

cassine [*n. f.*]
petite maison pauvre [MMv109] ou petite chambre pauvre [Epv69]
Remarque(s) : mot populaire ancien recensé dans des dict. d'argot (Larchey, Delesalle, Bruant) avant l'éd. de 1903 des *Soliloques*.

cause-tout-haut [*n. composé*]
soliloqueur [MNv25]
Remarque(s) : composé humoristique que l'auteur-diseur se forge pour se désigner lui-même.

causette [*n. f.*]
conversation sans manière [Epv44]
Remarque(s) : mot familier déjà ancien.

cavaler [*v.*] [voir aussi **recavaller** (**se**)]
1° a) courir [CCv53 (appliqué à des chevaux)]
Remarque(s) : à partir du sens premier "aller à cheval" et du sens dérivé "courir", Jehan Rictus recrée un équivalent de *galoper*.

b) courir pour déguerpir (appliqué à des personnes) [R2v255, Epv169]
Remarque(s) : avant 1897, certains dict. d'argot recensent bien, pour le verbe intransitif non pronominal, cette acception qui est reprise dans Bruant (« fuir ») avec citation du premier passage des *Soliloques*, mais on peut voir aussi dans ces deux impératifs une dérivation d'emplois pronominaux avec suppression du pronom réfléchi.

2° *se cavaler*
s'enfuir, se sauver [IPv6, P1v103, Epv96]
Remarque(s) : emploi pronominal recensé dans des dict. d'argot (Larchey, Rigaud, Delesalle) avant 1897, puis dans Bruant.

cellunoïde [*n. m.*] : corruption populaire du néologisme technologique *celluloïd* désignant ici [Epv148] des globes décorant boulevards et places à l'occasion de la venue du tsar.

ce que [locution adv. exclamative (voir aussi **c' que** ou **c' qu'** ou **c' qui** dans l'ordre alphabétique, apostrophe non prise en compte)]
comme ! que ! (adv. exclamatifs) [Dv157]
Remarque(s) : voir **c' que** ou **c' qu'** ou **c' qui**.

cérémognie [*n. f.*] : corruption (pop. ou due à l'auteur ?) étendant au mot-base *cérémonie* la prononciation des dérivés (*cérémonieux*, *cérémonial*) [Epv9].

ceuss ou **ceuss'** [*pronom démonstratif* parfois précédé de l'article, souvent devant pronom relatif, le verbe étant parfois au singulier derrière la forme élidée *qu'* du pronom relatif sujet *qui*]
1° ceux [Hv3, Hv13 (« ceuss' qu'a d' la guigne »), Hv55, Hv114, Hv144, IPv54 (« ceuss' qu'a voulu »), SMv33 (« ceuss'-là »), SMv86 (« des ceuss' qui »), SMv121(« ceuss' là »), Ev5, Ev95, Dv11, P1v176, MMv105 (« ceuss qu'a bâti »), etc.]
Remarque(s) : prononciation populaire (déjà transcrite dans Richepin 1881).

2° *les ceusses* (*qui*)
ceux (qui) [Hv62, R1v77, R2v167, P2v79, Fv4]
Remarque(s) : tournure syntaxique populaire.

chahut [*n. m.*]
tapage (de fête) [SMv32, R2v17, Epv11]
Remarque(s) : mot recensé avec cette acception dans des dict. d'argot (Larchey, Rigaud, Delesalle) avant 1897, puis dans Bruant, qui cite le second passage des *Soliloques*.

chahuter [*v.*]
bousculer, culbuter [Dv103]
Remarque(s) : mot recensé avec cette acception dans des dict. d'argot (Larchey, Rigaud, Delesalle) avant 1897, puis dans Bruant.

chamailler (se) [*v.*]
se disputer [Ev90]
Remarque(s) : mot ancien à peine familier.

chambard [*n. m.*]
agitation bruyante [SMv49 (qualifié de « faux », autrement dit de vain)]
Remarque(s) : ce mot fin-de-siècle, dérivé de *chambarder* "bouleverser" et attesté à l'époque dans l'argot de Polytechnique où il désignait certains chahuts, est recensé dans Delesalle et repris dans Bruant.

chameau [*n. m.*]
individu rosse [P1v64]

Remarque(s) : cette épithète métaphorique est recensée dans des dict. d'argot (Rigaud, Delesalle) avant 1897, puis dans Bruant.

chandelle [*n. f.*]
(*voir*) *trente-six chandelles*
être ébloui [Dv181]
Remarque(s) : expression figurée déjà ancienne et courante.

charger [*v.*]
sans charger
sans exagérer [Ev49]
Remarque(s) : emploi figuré déjà ancien et courant.

charlotte [*n. f.*]
type de femme (à préciser) [SMv61-62]
Remarque(s) : explication à trouver pour cette comparaison (« les Nations s' pass'ront des langues, // Comm' des charlott's en amiquié », « Comm' des lolott's en amitié » dans les éd. de 1897) reposant sur une antonomase désignant un type précis de femmes qui « se passent des langues » (voir **langue**) ; de nombreux personnages féminins, littéraires ou non, ont eu *Charlotte* pour prénom et *Lolotte* pour « petit nom » avant 1897.

charrier [*v.*]
charrier sa bidoche
marcher péniblement [R1v1-3]
Remarque(s) : variante plus expressive de l'expression *se charrier* "se déplacer d'un côté, de l'autre" qui est recensée dans Rigaud ; Bruant reprend *charrier sa bidoche* ou *sa viande* (**aller**) en citant ce passage des *Soliloques*.

châsse(s) [*n. m. souvent pl.*]
œil (yeux) [Ev176, R2v244, Fv11]
Remarque(s) : mot recensé dans des dict. d'argot (Larchey, Rigaud, Delesalle) avant 1897, puis dans Bruant, qui cite le second passage des *Soliloques*.

chaud [*adj. employé comme adv.*]
1° *il fera chaud* + proposition temporelle (*quand...*)
cela n'arrivera pas de sitôt (ou jamais) [Hv79 (avec jeu sur la situation hivernale mise en scène dans le poème)]
Remarque(s) : expression recensée dans Larchey.

2° vite [R2v26]
Remarque(s) : cet emploi adverbial (ou interjectif) expressif déjà ancien est recensé dans Rigaud.

chaussettes russes [*n. composé f. pl.*]
chaussettes de fortune faites avec des morceaux de tissu entortillant le pied [Epv120 (avec jeu sur la visite du Tsar et dislocation du nom composé)]

Remarque(s) : expression recensée dans des dict. d'argot (*Supplément* de Larchey, Delesalle) avant 1897, puis dans Bruant, qui cite ce passage des *Soliloques* de 1897.

chausson [*n. m. employé comme adj.*]
décrépit (avec connotation de prostitution pour certaines femmes) [P3v143]
Remarque(s) : acception recensée dans des dict. d'argot (Larchey, Delesalle) avant 1897.

cheveu [*n. m.*]
se faire des cheveux
se morfondre [P2v91]
Remarque(s) : expression fam. recensée dans des dict. d'argot (Rigaud, Delesalle) avant 1897, puis dans Bruant.

chialer [*v.*]
pleurer [Hv40, SMv116, Dv132, Fv73]
Remarque(s) : mot recensé dans des dict. d'argot (Richepin, *Supplément* de Larchey, Delesalle) avant 1897, puis dans Bruant (avec citation de Richepin).

chichi ou **chi-chi** [*n. m.*]
1° manière affectée (avec connotation de chose vaine) [Epv91]
Remarque(s) : mot fin-de-siècle recensé avec cette acception dans le *Dictionnaire français-argot* de Lermina & Lévêque et repris dans Bruant qui cite ce passage des *Soliloques* de 1897 pour illustrer le sens "chose vaine, fadaise".

2° bavardage, discours (cancanier) [P1v67]
Remarque(s) : mot fin-de-siècle recensé avec cette acception dans Bruant.

chicot [*n. m.*]
dent cariée ou reste de dent cariée [MMv94 (à propos de masures)]
Remarque(s) : mot ancien appliqué depuis longtemps aux dents dans l'usage familier.

chien de fer [*n. composé m.*]
chemin de fer [R2v89 (avec *hurlement*), MNv56 (avec *cri*)]
Remarque(s) : à-peu-près métaphorique recensé ensuite dans Bruant, qui cite le premier passage des *Soliloques*.

chiendent [*n. m.*]
voilà le chiendent
voilà la difficulté [Ev63 (« v'là l' chiendent »)]
Remarque(s) : sens figuré ancien (Le Roux 1718) recensé dans des dict. d'argot (Larchey, Delesalle) avant 1897, puis dans Bruant.

chiffortin [*n.*]
chiffonnier [MNv69]

Remarque(s) : variante de *chifferton* (Vidocq 1836-37, Rigaud, Larchey, Delesalle) ou de *chifforton* (Bruant), ce dérivé de *chiffe* est recensé dans Bruant avant l'éd. de 1903 des *Soliloques*.

chiottes [*n. f. pl.*]
cabinets (d'aisances) [MPv64]
Remarque(s) : mot pop. expressif recensé dans des dict. d'argot (Delesalle, puis Bruant), avant l'éd. de 1903 des *Soliloques*.

chiqué [*n. m.*]
esbrouffe, faux-semblant [Ev67, Dv153, SCAv23]
Remarque(s) : mot du vocabulaire des peintres, passé dans le langage courant avec valeur péjorative et recensé, parfois aussi sous la forme *chiquet*, dans des dict. d'argot (Larchey, Delesalle) avant 1897, puis dans Bruant.

chopper [*v.*] [variante de *choper*]
1° voler, prendre [IPv7]
Remarque(s) : mot recensé avec cette acception dans des dict. d'argot (Larchey, Rigaud, Delesalle) avant 1897, puis dans Bruant.

2° attraper (une maladie) [R2v63]
Remarque(s) : extension de sens signalée dans Bruant, mais attestée avant 1897.

choquotte [*n. f.*]
chose agréable [MPv59]
Remarque(s) : mot recensé avec cette acception, notamment pour des expressions comme *c'est de la choquotte*, dans des dict. d'argot (Rigaud, Richepin, *Supplément* de Larchey avec citation de Richepin, Delesalle, Bruant) avant l'éd. de 1903 des *Soliloques*.

chose [*n. f. en emploi adj. invariable* (souvent précédé de *tout*)]
interloqué, mal à l'aise [Dv17]
Remarque(s) : emploi expressif déjà ancien, recensé dans des dict. d'argot (Larchey, Rigaud, Delesalle) avant 1897.

chosette [*n. f.*]
petite chose [Epv41]
Remarque(s) : diminutif ancien à valeur généralement expressive.

chouatte [*adj.*] : prononciation populaire de *chouette* (voir ce mot) en région parisienne et autour [MPv14].

chouette [*adj. et interj.*]
1° bon, beau, bien [Hv60, P2v95, MMv33]
Remarque(s) : mot expressif recensé dans des dict. d'argot (Larchey, Rigaud, Richepin, Delesalle) avant 1897, puis dans Bruant.

2° *chouette !*
(interjection marquant la satisfaction) [Fv64]
Remarque(s) : l'emploi interjectif est déjà signalé dans Rigaud et sera repris dans Bruant.

chouné [*n. m.*]
terme affectueux adressé à un enfant [Dv110]
Remarque(s) : dans l'éd. de 1903, Jehan Rictus a remplacé *nouné* (voir ce mot) à ce même passage en 1897 par *chouné*, sorte de diminutif de *chou* ou réduction de *bichounet* avec influence des diminutifs méridionaux (*pitchounet*) ; mot absent de tous les dictionnaires avant et après cette date.

chromo [*n. m.*]
estampe en couleur obtenue par chromolithographie [CCv69]
Remarque(s) : abréviation par apocope, avec changement de genre, passée dans l'usage courant dans la seconde moitié du XIXe siècle.

chueux [*n. m. pl.*] : corruption populaire de *cheveux* [Epv22]

cib [*n. m.*]
tête [P3v140]
Remarque(s) : dérivé par apocope de *ciboulot* "tête" (voir article suivant), ce mot sera recensé dans Bruant, qui cite ce passage des *Soliloques*.

ciboulot [*n. m.*]
tête [Dv83]
Remarque(s) : ce substitut expressif est recensé dans des dict. d'argot (Delesalle après Fustier 1883 dans *Supplément* au *Dictionnaire de la langue verte* de Delvau) avant 1897, puis dans Bruant.

cien [*n. m.*] : prononciation régionale (nord) et enfantine de *chien* [Fv53]

cig [*n. m.*] [variante de *cigue* ou *sigue*]
pièce d'or de vingt francs [SMv33]
Remarque(s) : mot recensé, sous les variantes *sigue* et *cigue*, dans des dict. d'argot (*Voleurs* de Vidocq 1836-37, Larchey qui donne *cigue*, Rigaud qui donne *cig*, Delesalle qui donne *cigue* et *cig*) avant 1897, puis dans Bruant.

citron [*n. m.*]
tête [Dv56, P3v111, Fv72 (jeu sur le jus qu'on en tire quand on le presse)]
Remarque(s) : substitut métaphorique recensé dans des dict. d'argot (Rigaud, *Supplément* de Larchey et Delesalle) avant 1897, puis dans Bruant, qui cite le premier passage des *Soliloques*.

c'lui [*pron. démonstratif*] : réduction de *celui*, moins fréquente aujourd'hui que *çui* dans l'usage populaire [Hv69 (« c'lui-là »), SMv15, R1v11 et v21].

clabaud [*n. m.*]
bavardage à grands cris [R2v173]

Remarque(s) : cet emploi dérivé du sens ancien *clabaud* “individu qui crie” (Le Roux 1718 ; recensé dans *Supplément* de Larchey, article **clabaud de cohue**), lui-même dérivé métaphoriquement du sens premier “chien de chasse aboyeur”, sera ensuite repris dans Bruant, qui cite ce passage des *Soliloques*.

clampin [*n. m.*]
individu qui se traîne (appliqué parfois aux enfants qu’il faut traîner) [P3v5]
Remarque(s) : mot ancien (“boiteux” dans Le Roux 1718) recensé dans des dict. d’argot (Richepin avec la définition “fainéant”, Delesalle, qui ajoute “propre à rien”) avant 1897, puis dans Bruant.

clapet [*n. m.*]
bouche [R2v125]
Remarque(s) : métaphore dont cette attestation littéraire de 1897 dans les *Soliloques* est passée inaperçue, y compris dans Bruant ; à la suite d’Esnault 1965, les dict. d’aujourd’hui remontent seulement à *boîte à clapet* en 1907.

claque I. [*n. m.*]
bordel [MNv72]
Remarque(s) : mot recensé dans des dict. d’argot (Larchey, Rigaud, Delesalle, Bruant) avant l’éd. de 1903 des *Soliloques*.

claque II. [*n. f.*]
1° *en avoir sa claque*
en avoir assez [Hv109]
Remarque(s) : expression recensée dans des dict. d’argot (Rigaud, *Supplément* de Larchey, Delesalle) avant 1897, puis dans Bruant, qui cite ce passage des *Soliloques*.

2° *ne pas valoir une claque*
ne rien valoir [Ev149]
Remarque(s) : dans cette expression ignorée des dictionnaires, Jehan Rictus semble avoir substitué *claque* à *coup*, tel qu’il se trouve dans *valoir le coup* ; on pourrait aussi y associer le sens “applaudissement” recensé dans Bruant et dérivé de *claque* “groupe de spectateurs payés pour applaudir”.

claque-dents [*n. composé m.*]
bordel [P1v227]
Remarque(s) : composé expressif recensé dans des dict. d’argot (Rigaud, *Supplément* de Larchey, Delesalle) avant 1897, puis dans Bruant, qui cite ce passage des *Soliloques*.

claquer [*v.*]
mourir [Hv123]
Remarque(s) : substitut expressif de *mourir* recensé dans des dict. d’argot (Larchey, Rigaud, Delesalle) avant 1897, puis dans Bruant.

clebs [*n. m.*]
chien [P1v167, P1v220, variante d de P3v168 (voir p. 185)]

Remarque(s) : emprunt à l'arabe *kleb* "chiens" attesté avant 1897 (*cleb* dans Delesalle) et repris ensuite dans Bruant.

clignotant(s) [*participe-adj. pris comme n. m.*]
œil (yeux) [Dv25, variante e de CCv99 (voir p. 186)]
Remarque(s) : à partir de *clignot(s)* "œil, yeux" formé sur *cligner* et recensé dans des dict. d'argot (*Supplément* de Larchey, Delesalle) avant 1897, Jehan Rictus semble avoir forgé ce dérivé de *clignoter*, ensuite recensé dans Bruant, qui cite le premier passage des *Soliloques*.

clique [*n. f.*]
toute la clique
toute la bande [R2v159]
Remarque(s) : expression ancienne renvoyant à un groupe de personnes s'unissant pour commettre leurs méfaits.

clou [*n. m.*]
foutre au clou
mettre au poste de police [IPv36]
Remarque(s) : le mot *clou* est recensé avec l'acception "poste de police, prison" dans des dict. d'argot (*Voleurs* de Vidocq 1836-37, Larchey, Rigaud, Delesalle) avant 1897, puis dans Bruant.

cochon [*n. m.*]
I. 1° individu lubrique [Dv154]
Remarque(s) : emploi ancien et courant avec connotation sexuelle, recensé dans des dict. d'argot (Larchey, Rigaud, Delesalle) avant 1897, puis dans Bruant.

2° individu méchant [CCv100]
Remarque(s) : emploi ancien et courant (associable à l'expression *jouer un tour de cochon* ainsi qu'à *cochonnerie* "indélicatesse").

II. *cochon de...* (+ nom) [construction dite « qualitative » ; voir **garce**]
sale [Dv78 (ici au sens figuré de *sale*)]
Remarque(s) : tournure injurieuse attestée avant 1897, mais non recensée dans les dict. d'argot.

III. *mon cochon !*
mon vieux (terme affectueux adressé à quelqu'un qu'on aime) [MPv86]
Remarque(s) : emploi dérivé par inversion du sens du précédent comme dans *mon salaud* (avec influence de l'expression *copain comme cochon*) et recensé dans Bruant (avec citation de Courteline) avant l'éd. de 1903 des *Soliloques*.

IV. *bouffer de la tête de cochon* (voir **bouffer**)

cocotte [*n. f.*]
femme de mœurs légères [SMv64 (jeu phonique avec *cocotier*)]

Remarque(s) : mot déjà ancien recensé dans des dict. d'argot (Larchey, Rigaud, Delesalle) avant 1897, puis dans Bruant.

cogne [*n. m.*]
représentant de l'ordre (gendarme ou policier) [variante a de P1v43 (voir p. 181)]
Remarque(s) : après 1897, Jehan Rictus a remplacé par *flic* ce mot recensé dans des dict. d'argot (Larchey, Rigaud, Richepin, Delesalle) avant 1897, puis dans Bruant (qui cite Richepin).

colle [*n. f.*]
mensonge, faux-semblant [Epv17]
Remarque(s) : acception fort ancienne encore recensée dans des dict. d'argot (Rigaud, Richepin, Delesalle) avant 1897.

coller [*v.*]
1° mettre [P3v140]
Remarque(s) : substitut expressif de *mettre* recensé dans des dict. d'argot (Larchey, Rigaud, Delesalle) avant 1897, puis dans Bruant.

2° *se coller*
a) se mettre [R2v283]
Remarque(s) : emploi pronominal réfléchi ancien et courant comme substitut expressif de *se mettre, se placer*.

b) se donner [Epv60]
Remarque(s) : emploi pronominal réfléchi (avec des compléments d'objet variés) ancien et courant comme substitut expressif de *se donner, s'octroyer*.

collidor [*n. m.*] : corruption populaire ancienne de *corridor* [MNv16], souvent relevée dans les dict. de fautes de langage avant 1897.

collignon [*n. m.*]
cocher (avec nuance péjorative) [MNv69]
Remarque(s) : dérivé par antonomase du nom d'un cocher devenu criminel par irascibilité et exécuté en 1855, ce mot est recensé dans des dict. d'argot (*Supplément* de Larchey, Delesalle, Bruant) avant 1903.

colonne ou **Colonne** [*n. f.*]
membre viril en érection (surtout dans la masturbation) [SMv44]
Remarque(s) : l'expression *se polir la colonne* "se masturber" est recensée dans des dict. d'argot (Rigaud, Delesalle) avant 1897, puis dans Bruant.

comète ou **Comète**
refiler la comète
vagabonder [SMv17, Dv53]
Remarque(s) : expression métaphorique fin-de-siècle formée à partir du sens "ruban" de *comète* et recensée dans Delesalle avant 1897, puis dans Bruant, qui cite le premier passage des *Soliloques*.

comme qui dirait [*loc. adv.*]
pour ainsi dire [MNv8]
Remarque(s) : expression familière attestée avant 1903.

commugnion [*n. f.*] : prononciation populaire mouillée de *communion*, marquée par changement de graphie [P1v158].

Communeux [*n.*]
membre de la Commune de Paris de 1871 [Ev105]
Remarque(s) : mot recensé dans des dict. d'argot (Larchey, Delesalle) avant 1897, puis dans Bruant.

connaître [*v.*]
je te connais comme si je t'avais fait
je te connais parfaitement [Dv49]
Remarque(s) : expression familière dont les pronoms sont variables.

copahu [*n. m.*]
baume tiré du tronc du copayer et utilisé notamment contre la gonorrhée [SMv29]
Remarque(s) : malgré son allure argotique et son utilisation en argot (*copahu* "infirmier", *avaler le copahu* "entendre son arrêt de mort"), le mot doit être pris ici dans son sens propre médical non argotique.

copain [*n. m.*]
camarade [SMv23, R1v51, R2v113, CCv20]
Remarque(s) : mot pop. et fam. recensé dans des dict. d'argot (Larchey, Rigaud, Richepin, Delesalle) avant 1897, puis dans Bruant.

cor ou **cor'** **(core)** [*adv.*] : corruption populaire de l'adv. *encore* (répandue dans de nombreuses régions et recensée dans Bruant) [SMv78, Ev30, Ev120, Dv97, R1v23, R2v198, R3v16, R3v104, P1v72, P1v164].

costeau [*adj.*]
vigoureux [SMv133]
Remarque(s) : mot expressif pop. et fam., également attesté sous les variantes *costaud* et *costo* et dont l'histoire lexicographique et argotographique n'est pas claire (association de *costo* avec *costel* "souteneur" dans Delesalle) ; Bruant donnera *costeau*, *costaud* et *costo* avec les acceptions "fort" et "musclé".

couillon [*adj et n. m.*]
[individu] bête (parfois avec idée de lâcheté) [Ev206, R2v151 (« bon couillon »)]
Remarque(s) : vieux mot pop. également attesté sous les formes *coïon*, *coyon* et *couyon* et recensé dans des dict. d'argot plutôt avec le sens "poltron" (Larchey, Rigaud, Delesalle, puis Bruant) qu'avec le sens "bête" (Bruant).

coup [*n. m.*]
I. 1° *le coup de...*
quelque chose qui mérite d'être divulgué [Hv167 (« le coup d' la misère »)]
Remarque(s) : sens expressif dérivé du sens pop. plus général "acte, action".

2° *coup de chien*
acte de violence (avec idée de surprise) [Ev14]
Remarque(s) : "mauvais tour, trahison" dans Delesalle, puis dans Bruant, qui distinguera aussi le sens "acte de violence, bagarre" sans idée de traîtrise, ce qui est plus proche de cet emploi dans les *Soliloques*.

3° *coup de Trafalgar*
imprévu aux conséquences lourdes [R1v86]
Remarque(s) : expression pop. et fam. formée sur le souvenir de la défaite de Trafalgar (1805) et attestée maintes fois entre 1877 et 1897, elle sera recensée notamment dans Bruant.

4° *coup de traversin* [voir **traversin**]

5° (*quel*) *sale coup pour la fanfare*
quelle sale histoire, quel mauvais coup [SCAv27 (qui touche ici un musicien des rues)]
Remarque(s) : expression attestée à cette époque.

6° *coup de fion* [voir **fion**]

7° *coup de tampon* [voir **tampon**]

8° *valoir le coup* [voir **valoir**]

II. Dans des loc. adv. :
1° *du coup*
suite à cela, à cause de cela [IPv17, variante e de CCv99 (voir p. 186)]
Remarque(s) : expression fam. maintes fois attestée avant 1897 (on la trouvera employée sept fois dans des exemples ou citations du Bruant).

2° *un coup* ; *pour un coup*
une fois [MMv76] ; pour une fois [Dv146]
Remarque(s) : expressions fam. maintes fois attestées avant 1903 (notamment dans des exemples et citations du Bruant).

3° *d'un coup*
d'une traite, en une seule fois [R3v53]
Remarque(s) : expression fam. maintes fois attestée avant 1897.

4° *tout par un coup*
tout d'un coup [Ev158, Dv7]
Remarque(s) : variante expressive de *tout d'un coup*.

couple [*n. f.*]
paire [MNv37 (à propos d'heures)]
Remarque(s) : variante féminine ancienne de *couple* attestée dans certains domaines et dans certains emplois régionaux (souvent vieillis).

courir [*v.*]
fatiguer, importuner [Epv115 (avec forme « a m' courr' » au lieu de « elle me court »)]
Remarque(s) : emploi transitif pop. dérivé de celui du domaine de la chasse et recensé dans Rigaud (*la courer* "ennuyer") avant 1897, puis dans Bruant (*courir*, associé éventuellement à une autre construction *courir à qqn sur l'asperge, sur le haricot*, etc., qui, selon Esnault 1965, évoquerait métaphoriquement le morpion).

c' que ou **c' qu'** ou **c' qui** (réduction de *c' qu'il*) [*loc. exclamative*] [voir aussi **ce que**]
comme ! que ! [Hv21-22 (« c'qui » pour « ce qu'il »), variante o de Hv80 (voir p. 170), SMv21 (« c'qu'y » pour « ce qu'il »), Dv59, Dv81 (pron. exclamatif : « c' que t'as pris »), R2v163, R2v239, P1v161, P3v9, variante c de CCv90 (voir p. 186)]
Remarque(s) : tournure exclamative courante dans l'usage oral (« c' que tu peux êt' bête ! »).

crache-impôts [*n. composé*]
individu qui doit payer ses impôts [P2v5]
Remarque(s) : composé formé sur le verbe expressif *cracher* "payer".

cramponner (se)
tenir bon [Ev16]
Remarque(s) : emploi figuré expressif ancien.

cran [*n. m.*]
à crans
anxieux, à bout de nerfs [CCv85]
Remarque(s) : expression figurée recensée dans des dict. d'argot (*Supplément* de Larchey, Delesalle) avant 1900, puis dans Bruant ("de mauvaise humeur").

crasse [*n. f.*]
saleté physique (d'où, au sens figuré, condition sociale misérable) [Dv39, MMv103]
Remarque(s) : le glissement vers le sens figuré indiqué ci-dessus est amorcé dans le second passage des *Soliloques*.

cravail [*n. m.*] : prononciation pop. et enfantine (palatalisation) de *travail* [R2v77], avec barbarisme pop. sur la forme du pluriel [P3v156 (« cravails »)].

cravailler [*v.*] : prononciation pop. et enfantine (palatalisation) de *travailler* [P3v201, CCv96].

cravailleur [*n.*] : prononciation pop. et enfantine (palatalisation) de *travailleur* [P1v164, P2v3].

cré [*adj. en début d'injure ou de juron*]
sacré (en début d'injure ou de juron) [SCAv21 (« cré tas de... »)]
Remarque(s) : réduction ancienne de *sacré* dans cet emploi, recensée dans Larchey et Delesalle.

crème [*n. f.*]
crème de (ma) race
sperme [SMv71]
Remarque(s) : le contexte incite à penser à cette métaphore, qui n'est recensée dans aucun dict. et ne semble pas être attestée dans la littérature avant 1897.

crevaison [*n. f.*]
mort [MPv96]
Remarque(s) : dérivé de *crever* (substitut expressif de *mourir*), ce mot est attesté avant 1850 et recensé dans des dict. d'argot (Larchey, Rigaud, Delesalle, Bruant) avant 1903.

crevant [*participe employé comme adj.*]
1° mourant, au bout du rouleau [CCv84]
Remarque(s) : le sens est ici directement hérité de celui du participe présent de *crever* "mourir" (voir ce mot).

2° navrant [Ev145]
Remarque(s) : Jehan Rictus semble jouer sur l'équivoque du sens "navrant", recensé dans Larchey et Rigaud, avec le sens dérivé "drôle", recensé dans Delesalle ; ces deux sens seront repris dans Bruant.

crève [*n. f.*] [voir aussi **battre la crève**]
épuisement (proche de l'agonie) [variante k de la fin de CC dans la 1e éd. de 1900 (voir p. 187)]
Remarque(s) : il semble que le sens de ce nom déverbal formé sur le verbe *crever* "exténuer" et recensé dans Bruant (« mort, agonie ») avait une portée plus large que son association avec des maladies comme la grippe.

crevé [*participe employé comme adj.*]
à bout de forces [Dv135, CCv84, MPv23]
Remarque(s) : le sens est ici hérité de *crever* "exténuer", affaiblissement du sens "tuer".

crève-cœur [*n. composé m.*]
ce qui déchire le cœur (ici avec idée de déception extrême) [CC (titre)]
Remarque(s) : mot composé expressif très ancien.

crève-d'amour [*n. composé*]
individu en manque d'amour (sexuel) [SMv46]

Remarque(s) : Jehan Rictus forge ce composé sur le modèle d'autres comme *crève-la-faim.*

crever [*v.*]
I. *se faire crever la peau*
se faire tuer [Ev131]
Remarque(s) : l'expression pop. (voir aussi **peau**) peut être prise ici au sens propre et au sens figuré ("se battre jusqu'au bout").

II. 1° mourir [R2v94, P3v16, SCAv48]
Remarque(s) : cet emploi du verbe, attesté depuis longtemps dans l'usage populaire, comme substitut expressif de *mourir*, est recensé dans Le Roux 1735 et, après 1897, dans Bruant.

2° *crever de faim*
mourir de faim [P3v85]
Remarque(s) : association ancienne avec la faim, attestée avant 1897 par l'existence de composés comme *crève-la-faim*, celui-ci recensé dans Delesalle avant 1897, puis dans Bruant.

crible [*n. m.*]
avoir son crible (*de*)
avoir assez (de) [Ev77]
Remarque(s) : expression attestée pour la première fois dans les *Soliloques* (1897) et sans doute dérivée de l'un des sens pris par *crible* "tamis" plutôt que du verbe argotique *cribler* "crier".

croc [*n. m.*]
dent [Dv135]
Remarque(s) : l'acception de ce mot, résultant d'une extension ancienne aux humains d'un terme appliqué d'abord à des animaux, est recensée dans des dict. d'argot (*Vice puni* de Grandval 1725, Larchey, Delesalle) avant 1897, puis dans Bruant.

crocodile [*n. m.*]
individu qui verse des larmes masquant son inhumanité [Hv87, Fv73 (« crocodi » dans prononciation pop. et enfantine)]
Remarque(s) : métaphore ancienne tirée d'une légende selon laquelle le crocodile pleurait après avoir dévoré sa proie (voir *Trésor de la langue française*).

croquant [*n.*]
rustre [Dv104]
Remarque(s) : mot ancien (Oudin 1640, Le Roux 118) repris dans Delesalle avant 1897, puis dans Bruant.

crottoir [*n. m.*] : corruption populaire et enfantine (palatalisation) de *trottoir*, avec calembour sur *crottoir* (dérivé de *crotte*) [MNv11, Epv141].

croustiller [*v.*]
manger [P2v28]
Remarque(s) : mot expressif recensé dans des dict. d'argot (Rigaud, Delesalle) avant 1897, puis dans Bruant.

croûter [*v.*]
manger [variante f d'IPv24 (voir p. 172), MPv45-46]
Remarque(s) : mot pop. (d'où sa suppression dans la bouche de privilégiés au vers 24 d'IP à partir de 1921) recensé dans le *Vocabulaire de la langue verte* d'Hector France avant 1897, puis dans Bruant ; il faut le rapprocher de l'expression déjà ancienne *casser la croûte*, puis du nom *croûte* "nourriture", attesté à la même époque et recensé dans France, puis dans Bruant.

croûton [*n. m.*]
tableau de mauvais peintre [P1v138]
Remarque(s) : ce mot est dérivé des mots anciens *croûte* "mauvais tableau" et *croûton* "mauvais peintre", ce dernier étant recensé dans Delesalle et dans le *Vocabulaire de la langue verte* d'Hector France avant 1897.

c't I. (*c'tait* à l'imparfait) [*pron. démonstratif* + *est* ou *était*] : réduction pop. de *c'est* [P1v33 (« c't' »)] et de *c'était* [Ev79 (« c'tait »), P3v24 (« c'tait »)].

c't' II. (**c't** serait préférable) [fém. **c'te** (ou **c't'**)] [*adj. démonstratif*] : réduction populaire de *cet* [Hv124 (« c't' Ange »), SCAv45 (« c't' hiver »)] et de *cette* [SMv81 (« c'te nuit »), Dv62 (« à c't' heure »), R3v43 (« c'te vach' de réalité »), R3v95 (« c'te bête »), P1v3 (« c'te putain d' Vie »), P1v81 (« c'te vach'-là »), P3v13 (« c'te garc' de République »), CCv47 (« c'te fête »), Epv91 (« c'te joie »), Fv70 (« c'te bonn' Nouvelle »)] ; l'expression *à c't heure* [Dv62], parfois donnée comme patoise, est plutôt populaire.

c'tait [voir **c't I.**]

c'te [voir **c't' II.**]

cuire [*v.*]
1° frapper [Epv146]
Remarque(s) : acception métonymique (la peau brûle là où elle est frappée) expressive non recensée dans les dictionnaires.

2° *dût-il m'en cuire*
même si je devais en souffrir [Fv4]
Remarque(s) : acception métonymique prise depuis longtemps au sens figuré dans les expressions de ce type.

cuite [*n. f.*]
ivresse [Epv24]
Remarque(s) : en rapport avec *cuit* "ivre", ce mot pop. est recensé dans des dict. d'argot (Rigaud, *Supplément* de Larchey, Delesalle) avant 1897, puis dans Bruant.

cuiter (se) [*v.*]
s'enivrer [Epv131]
Remarque(s) : dérivé de *cuite*, le verbe est recensé dans des dict. d'argot (Rigaud, Delesalle) avant 1897, puis dans Bruant.

cul [*n. m.*]
1° derrière [R3v68, P1v88, P1v178, MPv66]
Remarque(s) : mot pop. ancien.

2° *poser son cul*
s'asseoir (avec idée de se reposer) [Dv15]

culbutant [*n. m.*]
pantalon [P3v98]
Remarque(s) : substitut expressif de *pantalon*, formé comme masculin de *culbute* "culotte" et recensé dans des dict. d'argot (Richepin, Delesalle) avant 1897, puis dans Bruant (avec citation de Richepin).

culbute [*n. f.*]
faire la culbute
faire l'amour [P3v97]
Remarque(s) : expression métonymique ancienne.

— D —

d'jà, **d'pis** [voir ordre alphabétique (sans prise en compte de l'apostrophe)]

dab [*n. m.* (parfois *dâb* dans éd. tardives des *Soliloques* ; accent non justifié)]
père [R2v117, R3v117, Fv81]
Remarque(s) : mot d'argot recensé dans des dict. d'argot (*Voleurs* de Vidocq 1836-1837, Larchey, Rigaud, Richepin, Delesalle) bien avant 1897, puis dans Bruant.

dada [*n. m.*]
idée à laquelle on revient sans cesse [Epv128]
Remarque(s) : sens figuré ancien, calqué au XVIIIe siècle sur l'anglais *hobby-horse*.

danse [*n. f.*]
danse du ventre
danse orientale avec mouvements du ventre [Hv108]
Remarque(s) : avec cette expression en vogue à son époque, Jehan Rictus joue probablement ici aussi sur le sens argotique antiphrastique (*danse du ventre* "faim"), dérivé d'expressions comme *danser devant le buffet* (voir article suivant) et qui sera recensé dans Bruant.

danser [*v.*]
danser devant le buffet
avoir faim [SCAv42]
Remarque(s) : Jehan Rictus joue sur une homonymie facile avec le nom d'Eugénie Buffet, mais aussi sur la profession du chanteur, en employant cette expression antiphrastique recensée dans des dict. d'argot (Larchey, Rigaud, Delesalle) avant 1897, puis dans Bruant.

dardés [*participe employé comme n. m. pl.*]
seins [R2v130]
Remarque(s) : avec cet emploi inhabituel (et non lexicographié) du participe comme nom, Jehan Rictus joue sur *dard* "arme pointue blessante" et sur *darder* "jaillir" qui pouvaient s'appliquer aux tétons et aux seins.

daron [*n. m.*] [voir aussi fém. **daronne**]
père [R1v13, R3v119, Fv81]
Remarque(s) : substitut de *père* recensé dans des dict. d'argot (*Vice puni* de Grandval 1725, *Voleurs* de Vidocq 1836-37, Larchey, Rigaud, Delesalle) bien avant 1897, puis dans Bruant.

daronne [*n. f.*]
mère [Dv148, R2v116, P3v25]
Remarque(s) : substitut de *mère* recensé dans des dict. d'argot (*Vice puni* de Grandval 1725, *Voleurs* de Vidocq 1836-37, Larchey, Rigaud, Richepin, Delesalle) avant 1897, puis dans Bruant.

datte [*n. f.*]
ne pas en foutre une datte
ne rien faire [SMv6]
Remarque(s) : le mot *datte*, en raison de la petitesse du fruit, servait à exprimer la négation ou le refus ; emploi recensé dans des dict. d'argot (*Vocabulaire de la langue verte* d'Hector France, Delesalle) avant 1897, puis dans Bruant ; pour le verbe, voir **foutre**, section I.

débagouler [*v.*]
proférer des paroles en abondance [Hv135]
Remarque(s) : lié à l'idée de vomir, le sens figuré pop. de ce verbe, bien qu'ancien (Oudin 1640, Le Roux 1718), est encore recensé dans Delesalle avant 1897, puis dans Bruant.

débine [*n. f.*]
misère [R3v46]
Remarque(s) : mot pop. ancien (d'Hautel 1807), recensé dans des dict. d'argot (Larchey, Rigaud, Delesalle) avant 1897, puis dans Bruant ; Jehan Rictus lui ajoute l'adjectif épithète médical *indurée* pris dans un sens figuré "endurci" (voir aussi **dèche**).

débiner [*v.*]
se sauver [R2v255]

Remarque(s) : emploi non pronominal ou impératif pronominal sans pronom pour ce verbe recensé dans des dict. d'argot (Larchey, Rigaud, Richepin, Delesalle) avant 1897, puis dans Bruant.

dèche [*n. f.*] [voir aussi **bat-la-dèche**]
misère (par manque d'argent) [Hv102, SMv70, P1v104, P2v12, P3v33]
Remarque(s) : ce mot associé au départ à l'idée de dette ou de dépense s'est répandu dans son sens second "misère par manque d'argent", recensé dans des dict. d'argot (Larchey, Rigaud, Delesalle) avant 1897, puis dans Bruant ; Rigaud jugeait la dèche plus passagère que la débine.

défiler (se) [*v.*]
s'esquiver (quand on a besoin de vous) [R2v134]
Remarque(s) : acception métaphorique déjà ancienne, mais encore recensée dans des dict. d'argot (Larchey, Delesalle) avant 1897, puis dans Bruant.

déglingué [*participe-adj.*]
débraillé, en piteux état [Dv28]
Remarque(s) : le sens vestimentaire du participe employé comme adjectif est recensé dans des dict. d'argot (*Supplément* de Larchey, Delesalle) avant 1897, puis dans Bruant.

dégueulas [*adj.*]
abject [variante e de P1v40 (voir p. 181) ; voir aussi note 1 p. 111]
Remarque(s) : l'adjectif dérivé de *dégueuler* est recensé, avec son sens physique et/ou moral, dans des dict. d'argot (Delvau, Rigaud, Richepin, *Supplément* de Larchey, Delesalle) avant 1897, puis dans Bruant, qui cite ce passage des *Soliloques* de 1897.

dégueuler [*v.*]
vomir [SMv23]
Remarque(s) : verbe attesté depuis longtemps et encore recensé dans des dict. d'argot (*Dictionnaire de la langue verte* d'Hector France, Delesalle) avant 1897, puis dans Bruant.

Délicat [*adjectif employé comme n. m.*]
cœur [variante h de Dv79 (voir p. 176)]
Remarque(s) : ce nom qualifiant de l'éd. de 1897 inventé par Jehan Rictus est remplacé de 1903 à 1919 par le nom qualifiant « Ressautant » (voir ce mot), lequel est remplacé à son tour à partir de 1921 tout simplement par « cœur » [voir aussi **Juge** et **sorbonne**].

démanché [*participe-adj.*]
en désordre [P2v69]
Remarque(s) : emploi poétique figuré introduit par *comme*.

dépasser qqn [*v.*]
surprendre qqn [P1v220]
Remarque(s) : emploi figuré fam. ancien.

dépopulotter (se) [*v.*]
perdre son « populo » [Fv74]
Remarque(s) : dérivé de *populo* (voir ce mot) forgé par l'auteur avec finale diminutive *–ott* (*er*) marquant la déliquescence.

dergnier [*adj.*] : prononciation populaire (palatalisation) de *dernier*, marquée par changement de graphie [MPv25].

déringoler [*v.*] : corruption populaire du verbe *dégringoler* dont l'expressivité est renforcée dans ces deux passages [R2v27, R2v141]

dessaler [*v.*]
initier [R3v130]
Remarque(s) : emploi figuré fam. (plutôt en mauvaise part, ce qui ne semble pas être le cas dans ce passage), qui sera recensé dans Bruant.

détraqué [*participe-adj employé comme n.*]
individu au cerveau dérangé [Ev193 ; il s'agit ici de femmes]
Remarque(s) : mot parfois recensé dans des dict. d'argot (*Supplément* de Larchey, Delesalle) avant 1897.

deuil [*n. m. employé comme un adj. attribut*]
endeuillé, attristé [Dv97]
Remarque(s) : emploi dérivé de l'expression régionale *faire deuil* "attrister".

dévisser (se) [*v.*]
être gravement malade, être mourant [Dv75]
Remarque(s) : acception métaphorique recensée dans Delesalle et qui sera reprise dans Bruant.

diable [*n. m.*]
des cinq cent diables
extrême [Epv11]
Remarque(s) : formule superlative ancienne.

dire [*v.*]
ça ne peut pas se dire comme (ici suivi de « j'étais beau »)
[j'étais] extrêmement [beau] [CCv38]
Remarque(s) : formule superlative fam.

d'jà [*adv.*] : prononciation pop. de *déjà* [R3v129, P3v25, P3v48, Epv112].

doche [*n. f.*]
mère [P1v36]
Remarque(s) : mot d'argot recensé dans des dict. d'argot (Rigaud sous les formes *dauche* et *doche*, Richepin, *Supplément* de Larchey, Delesalle) bien avant 1897, puis dans Bruant (avec citation de Richepin).

dodo [*formule et n. m.*]
1° dors (formule de berceuse) [Dv110]
Remarque(s) : formule très ancienne.

2° lit [CCv95]
Remarque(s) : acception déjà ancienne (*Vice puni* de Grandval 1725) recensée dans des dict. d'argot (Larchey, Delesalle) avant 1897, puis dans Bruant.

donner [*v.*]
1° *ne pas donner* + valeur minime ou chose de valeur minime + *de* + complément
estimer qqch (ou qqn) comme n'ayant pas (ou plus) beaucoup de valeur [Ev150]
Remarque(s) : expression ancienne encore recensée dans Bruant avec différents compléments (*broquille*, *clou*, etc.).

2° *donner dans qqch*
s'adonner à (ici avec idée adjacente de se laisser abuser) [Ev66]
Remarque(s) : emploi ancien recensé dans des dict. d'argot (Larchey, Rigaud, Delesalle) avant 1897, puis dans Bruant.

3° (*ne pas* ou *ne plus*) *savoir où donner de l'aile* ou *du groin* [voir **aile** et **groin**]

donzelle [*n. f.*]
fille ou femme de mœurs légères [P3v108]
Remarque(s) : acception fréquente dans la seconde moitié du XIXe siècle.

dorsale [*n. f.*]
épine dorsale (colonne vertébrale) [R1v68]
Remarque(s) : réduction peu habituelle et non lexicographiée du nom composé *épine dorsale*.

douce (en) [*loc. adv.*]
doucement, en douceur [R1v84, P2v56]
Remarque(s) : proche de la loc. *à la douce* recensée dans des dict. d'argot (Larchey, Rigaud, Delesalle), l'expression *en douce* est donnée dans Delesalle avant 1897, puis dans Bruant, qui cite le premier passage des *Soliloques*.

douète (à) [*loc. adv.*] : prononciation pop. régionale de *droite* (*à*) [R1v2].

d'pis [*prép.*] : prononciation pop. de *depuis* [Ev75, R2v231, R3v124, etc.].

droit [*n. m.*]
si je n'ai pas le droit, je le prends
je me fiche du droit [Epv140-143]
Remarque(s) : attestation littéraire intéressante pour cette formule d'insoumission, courante dans l'usage.

dur [*adv.*]
durement [P3v7 (péniblement), Fv11 (violemment)]
Remarque(s) : emplois adverbiaux expressifs anciens.

dure (à la) [*loc. adv.*]
durement (de manière rude) [SMv97, R1v16, P3v149]
Remarque(s) : expression attestée dès la première moitié du XIXe siècle.

— **E** —

économisse [*n.*] : réduction pop. de la finale *–iste* d'*économiste* [P3v190].

écoper [*v.*]
recevoir des coups [SMv125]
Remarque(s) : acception figurée recensée dans des dict. d'argot (Larchey, Rigaud, Delesalle) avant 1897, puis dans Bruant.

écrabouiller [*v.*]
écraser [MMv140 (au sens figuré "coincer")]
Remarque(s) : vieux mot expressif fam., parfois recensé dans des dict. d'argot (*écarbouiller* dans Delesalle, les deux formes dans Bruant) avant 1903.

écriveuse [*n. f.*]
femme qui écrit (écrivain, femme de lettres) [Ev194]
Remarque(s) : dérivé marqué qui, comme le masculin *écriveux* (ou même *écriveur*), peut être interprété comme péjoratif ; le *Vocabulaire de la langue verte* d'Hector France, lettre **E** avant 1897, donne « **écriveur**, **écriveuse**. Personne possédée de la rage d'écrire ».

ed' I. [*prép.*] : prononciation pop. de *de*, liée à la suppression du *e instable* devant consonne [Hv82 (« Ed' peint's »), Hv88 (« ed' nos trip's »), etc.].

ed' II. [*article indéfini pl.*] : prononciation pop. de *de*, liée à la suppression du *e instable* devant consonne [Hv60 (« ed' chouett's tableaux »)].

ed' III. ou **ed' d'** (peu justifié) [article partitif] : prononciation pop. de *de*, liée à la suppression du *e instable* devant consonne [SMv82 (« ed' d' la bell' gonzesse »)].

égledon [*n. m.*] : déformation pop. d'*édredon* (couvre-pied rempli de duvet, d'eider au départ) [MMv54], plus complexe qu'une simple palatalisation.

égorgiller [*v.*]
rendre gorge ? [P3v202]
Remarque(s) : le verbe, d'usage familier, a plutôt les sens "égorger" et, au figuré, "nuire".

ej' [*pron. pers. première pers. du sg*] : prononciation pop. de *je*, liée à la suppression du *e instable* devant consonne [SMv133 (« ej' s'rais »), R2v261 (« Ej' m'en vas »)].

el' ou **el' l'** (peu justifié) [*article défini masculin*] [voir aussi **eul** ou **eul'**] : prononciation pop. de *le*, liée à la suppression du *e instable* devant consonne [Ev148 (« el' pus dans l'ordure »), P3v5 (« el' l' pauvr' clampin »), Epv31 (« el' l' caprice »)].

embarquer [*v.*]
emmener avec soi, d'où séduire (si le complément renvoie à une femme) [P3v100]
Remarque(s) : sens figuré attesté peu avant 1897 et qui sera recensé dans Bruant avec le sens "embaucher" mais illustré par une citation où il est bien question de séduire une femme.

empaumer [*v.*]
enjôler (avec idée de duperie) [R2v209]
Remarque(s) : sens figuré courant attesté dès le XVIIe siècle.

empiffrer (s') [*v.*]
se goinfrer [P1v110, P2v39]
Remarque(s) : ce mot attesté dès le XVIIe siècle avec le sens "devenir piffre (ventru)" sera ensuite recensé en 1905 dans Bruant avec citation de ce passage des *Soliloques*.

empoyé [*n.*] : corruption populaire d'*employé* [Hv49].

encognure [*n. f.*] : variante ancienne d'*encoignure*, conforme à sa prononciation [CCv6].

enfilade [*n. f.*]
en enfilade
à la suite [P1v178]
Remarque(s) : Jehan Rictus joue aussi ici sur le sens sexuel ancien *enfiler* "pénétrer", recensé dans Oudin 1640 et, avec nuance de sodomie, dans Le Roux 1718.

enfilé [*participe-adj.*]
perdant (originellement au jeu) [Epv104]
Remarque(s) : à ce sens ancien recensé dans des dict. d'argot pour *s'enfiler* ("perdre au jeu" et "s'endetter" dans Larchey, "perdre plusieurs coups aux cartes" dans Rigaud, "perdre continuellement" dans Delesalle) avant 1897, puis dans Bruant (*se faire enfiler* "perdre au jeu"), Jehan Rictus associe peut-être les sens "sodomiser" (Le Roux 1718, Delesalle) et "tromper" (Delesalle, puis Bruant).

enfiler (s') [voir aussi **enfilé**]
1° entrer [R1v57 (avec jeu associant le sémantisme du verbe à celui du trou de l'aiguille du proverbe évangélique), Epv42]
Remarque(s) : sens courant attesté dès le XVIIe siècle.

2° avaler [SCAv10]
Remarque(s) : sens recensé dans des dict. d'argot (Rigaud, *Supplément de Larchey*, Delesalle) avant 1897, puis dans Bruant.

engraisser (s') [*v.*]
prospérer [Ev102]
Remarque(s) : sens figuré attesté maintes fois au XIXe siècle.

engueuler [*v.*]
invectiver avec force [Hv134, R2v285 (*s'engueuler*), Epv140]
Remarque(s) : vieux mot expressif toujours recensé dans des dict. d'argot (Larchey, Rigaud, Delesalle) avant 1897, puis dans Bruant.

enquier [*adj.*] : déformation phonétique populaire et enfantine (palatalisation) d'*entier* [P1v2].

enquiquiner [*v.*]
importuner [P1v141]
Remarque(s) : mot expressif recensé dans des dict. d'argot (Rigaud, *Supplément* de Larchey corrigeant son dictionnaire à **enquiquinement**, Delesalle) avant 1897, puis dans Bruant, qui cite ce passage des *Soliloques*.

ensauver (s') [*v.*]
s'enfuir [CCv114]
Remarque(s) : vieux mot encore attesté régionalement.

entrelardé [*participe-adj. pris comme n.*]
mêlé (dans lequel se sont mêlés) [R1v65]
Remarque(s) : Jehan Rictus emploie ici comme nom le participe d'un vieux verbe (Oudin 1640, Le Roux 1718) qui avait pris le sens figuré “mitiger”.

épatant [*participe prés. employé comme adj.*]
formidable [Ev209, P1v33]
Remarque(s) : cet adjectif, fort en vogue au XIXe siècle (comme le verbe dont est issu le participe ; voir **épater**), est recensé dans des dict. d'argot (Larchey, Rigaud, Delesalle) avant 1897, puis dans Bruant.

épater [*v.*]
étonner [R2v10]
Remarque(s) : verbe fort en vogue au XIXe siècle et recensé dans des dict. d'argot (Larchey, Rigaud, Delesalle) avant 1897, puis dans Bruant.

épateur, **épateuse** [*adj.* et *n.*]
séducteur, séductrice [Ev190]

Remarque(s) : ce dérivé du verbe *épater* est recensé dans des dict. d'argot (Rigaud, Larchey, Delesalle) avant 1897, puis dans Bruant.

épave [*n. f.*]
individu que sa vie a abîmé [P3v32]
Remarque(s) : sens métaphorique courant, maintes fois attesté au XIXe siècle.

Errant [*adj. employé comme n. propre*]
vagabond (individu que son destin condamne à être itinérant) [MPv118]
Remarque(s) : cet emploi de l'adjectif comme nom est attesté avant 1903.

escaïer [*n. m.*] : corruption populaire et enfantine d'*escalier* [Epv155].

escargot de trottoir [*nom composé m.*]
sergent de ville (policier) [MNv64]
Remarque(s) : expression recensée dans des dict. d'argot (Rigaud, Delesalle, Bruant) avant 1903.

esgourde [*n. f.*]
oreille [P1v83]
Remarque(s) : mot expressif recensé dans des dict. d'argot (Larchey, Rigaud, Delesalle) avant 1897, puis dans Bruant.

ess'pliquer [MNv29], **esspressément** [MPv74], **esspulser** [Epv133], **essterminer** [Fv15], **esstraire** [R2v25 (voir **extraire**)], **ess'traordinaire** [Epv64], etc. : simplification pop. des préfixes latins *-ex* et *-extra* devant consonne dans *expliquer*, *expressément*, *expulser*, *exterminer*, *extraire*, *extraordinaire*.

estomac [*n. m.*]
courage (avec idée de force) [R2v40-41 (« l'estomac de r'subir »), R3v141 (« l'estomac de nous défendre »), Epv163 (*avoir de l'estomac*)]
Remarque(s) : sens figuré maintes fois attesté dans la seconde moitié du XIXe siècle et recensé dans des dict. d'argot (Rigaud, *Supplément* de Larchey, Delesalle) avant 1897, puis dans Bruant.

état de santé [*nom composé m.*]
connaître l'état de santé de qqn
bien connaître les dispositions de qqn [IPv35]
Remarque(s) : expression non recensée dans les dictionnaires.

étrenner [*v.*]
subir des dommages (en particulier des coups) [Ev70]
Remarque(s) : acception recensée dans des dict. d'argot (Larchey, Rigaud, Delesalle) avant 1897, puis dans Bruant.

étroit, étroite [*adj. employé comme n.*]
faire son étroite
faire sa mijaurée [P1v96]

Remarque(s) : expression recensée dans des dict. d'argot (Rigaud, Delesalle) avant 1897, puis dans Bruant, qui cite ce passage des *Soliloques*.

eul ou **eul'** ou **eul' l'** (peu justifié) [*article défini masculin* devant consonne] [voir aussi **el'**] : prononciation pop. de *le*, liée à la suppression du *e instable* devant consonne [Hv31 (« eul' mond' »), Dv160 (« eul' Luxembourg »), R1v9 (« eul' trimardeur »), etc.].

eun' [*article indéfini fém.*] : prononciation pop. d'*une* [Hv38 (« eun' popularité »), Hv46 (« D'eun' magnèr' »), Hv57 (« eun' bath chose », etc.], légèrement différente de celle retenue dans Richepin et transcrite par *ein'*.

euss ou **euss'** [*pron. pers. 3e pers. pl. m.*] : prononciation populaire d'*eux* [Hv57, IPv12, SMv49, SMv59, SMv127, SMv129, etc.].

eustache [*n. m.*]
couteau (de poche) [R3v100]
Remarque(s) : dérivé du prénom d'un fabricant de couteaux de Saint-Étienne (dès 1782), ce mot est recensé dans des dict. généraux et des dict. d'argot (Richepin, Delesalle) avant 1897, puis dans Bruant.

excitatoire [*adj.*]
qui provoque l'excitation (sexuelle) [CCv69]
Remarque(s) : dérivé savant parodique qui n'est recensé dans aucun dict. ni avant ni après 1900.

extraire [*v.*]
y a d' quoi se l'extraire (on trouve aussi *se l'attraper*) *et se la mordre*
il y a de quoi être étonné au point d'extravaguer dans son comportement [R2v25]
Remarque(s) : expression populaire colorée qui n'est recensée ni dans les dict. généraux ni dans les dict. d'argot ni avant ni après 1897.

— F —

f'sant [voir **faisant**], **f's...** (terminaison verbale) [voir **faire**]

fabrique [*n. f.*]
en fabrique
en construction [MMv18]
Remarque(s) : sens vieilli du nom dans cet emploi.

fabriquer [*v.*]
voler [Hv18]
Remarque(s) : cette acception, donnée aussi par l'argot au verbe *faire* dont *fabriquer* est un substitut expressif, est recensée dans des dict. d'argot (*Supplément* de Larchey, Delesalle) avant 1897, puis dans Bruant.

fafiot [*n. m.*]
en fafiot
en papier [P2v78]
Remarque(s) : le nom *fafiot* (ou *faffiot*) est recensé comme substitut de *papier* (pour plusieurs des sens de ce dernier) dans des dict. d'argot (*Voleurs* de Vidocq 1836-37, Larchey, Rigaud, Delesalle) avant 1897, puis dans Bruant.

faire [*v.*] [on trouve des formes réduites comme « f'sais » pour *faisais*, « f'sons » pour *faisons*, etc.]
1° *se faire à*
s'habituer à [Hv131, P3v57]
Remarque(s) : emploi courant du verbe *faire* quand il est pronominal.

2° *la faire à*
agir ostensiblement de telle ou telle façon (parfois avec nuance de tromperie) [SMv34, MMv139, Fv65]
Remarque(s) : sens familier plusieurs fois attesté au XIXe siècle et recensé dans des dict. d'argot (Larchey, Rigaud, Delesalle) avant 1897, puis dans Bruant.

3° *faire le* (ou *la*) ou *son* (ou *sa*) + nom de personne ou nom qualifiant des personnes
se comporter en (ou à la manière d'une ou des) personne(s) du même type [SMv69 (« le jacque »), Dv92 (« f'sais ta poire »), P1v7 (« sa poire »), P1v95 (« mon Sagan » ; voir note 1 p. 106), P1v96 (« mon étroite »), MMv79 (« le jacque »), MPv58 (« son Espagnole »), Epv159 (« sa poire et sa sophie »)]
Remarque(s) : pour la plupart des expressions, voir le nom qui suit.

4° *faire* + noms ou infinitifs sans préposition (*caca, la culbute, la danse du ventre, la frime, sa gueule, une gueule, du joli, ses magnes, de l'œil, du pétard, le pied-de-grue, pipi, son plâtre, tarter*)
Remarque(s) : voir ces noms et l'infinitif *tarter*.

5° *se faire* :
a) suivi d'un nom dans une expression marquée (*de la bile, des cheveux, une gueule, ta tête*)
Remarque(s) : voir ces noms.

b) suivi d'un infinitif dans une expression marquée (*crever la peau, péter, scier*)
Remarque(s) : voir ces verbes.

6° *faire dans* + nom de profession
travailler dans [SMv30]
Remarque(s) : emploi régional ou familier attesté avant 1897.

7° *être fait marron* [voir **marron**]

8° *comment que ça se fait* (*que*...) ?
pourquoi ? [Ev1, Ev13, Ev29]
Remarque(s) : tournure familière courante.

9° *je te connais comme si je t'avais fait* [voir **connaître**]

faisant [*n. m.*]
camarade d'école (avec idée de complicité pour de mauvais coups ?) [Epv18]
Remarque(s) : ce mot, parfois donné comme distinct de *faisan* "escroc", est recensé avec l'acception "camarade de collège" dans des dict. d'argot (*Supplément* de Larchey, Delesalle) avant 1897, puis dans Bruant.

falloir [*v.*]
1° *faut*
il faut [Hv32-37 et *passim*]
Remarque(s) : Jehan Rictus emploie rarement *il faut*, souvent *y faut* (en particulier *faut-y*), mais plus souvent encore *faut* sans pronom impersonnel, comme dans les usages fam. et pop.

2° (*y*) *faurait*
(il) faudrait [R1v52, R2v35, P1v226, P3v144, MPv103 et 107]
Remarque(s) : corruption populaire de la forme du conditionnel présent.

falot [*n. m.*]
œil [Dv170 (« rouvrir mes falots sanglants »)]
Remarque(s) : métaphore s'appuyant sur le sens "lanterne" et qui n'est pas recensée dans les dict. ; il est probable que Jehan Rictus joue aussi sur la ressemblance avec *calot* "œil (rond)", mot qui figure en revanche dans des dict. d'argot (Larchey, Rigaud, Delesalle avant 1897, puis Bruant).

fan-fan [*n. m.*]
enfant [titre de F, Fv1, Fv32, etc.]
Remarque(s) : mot dérivé du nom *enfant* par redoublement hypocoristique (marquant l'affection normalement due aux enfants) ; Jehan Rictus joue aussi sur l'association avec *fantôme* (Fv48).

falzar [voir **phalzar**]

fanfare [*n. f.*] [voir à **coup** l'expression *sale coup pour la fanfare !*]

farfouiller [*v.*]
fouiller en triturant ou en retournant tout [Fv34]
Remarque(s) : vieux mot expressif, recensé dans Delesalle pour expliquer deux expressions formées avec ce verbe.

fauché [*participe employé comme adj.*]
ruiné, sans le sou [SMv73, Ev18, Ev147]
Remarque(s) : métaphore recensée dans des dict. d'argot (Larchey, Rigaud, Delesalle) avant 1897, puis dans Bruant.

faurait, **faut** [voir **falloir**]

fauvette [*n. f.*]
jeune fille (avec idée d'inconstance) [Dv98]
Remarque(s) : métaphore attestée depuis longtemps, notamment dans l'expression *dénicheur de fauvettes* "séducteur", et qui n'est pas toujours recensée dans les dictionnaires.

feignant [*adj. et n.*]
paresseux [Ev205]
Remarque(s) : perçu comme variante populaire de *fainéant*, ce mot qui a la forme du participe présent de *feindre* est anciennement attesté, mais encore recensé à cette époque dans des dict. d'argot (Delesalle, *Vocabulaire de la langue verte* d'Hector France, puis Bruant).

ferme [*adv.*]
fortement (intensivité devenant abondance s'agissant de boisson) [Epv131]
Remarque(s) : ce passage des *Soliloques* apporte une attestation littéraire intéressante pour cet emploi adverbial, sans doute plus ancien, en contexte de boisson.

fermer [*v.*]
ferme ça ! fermons ça ! fermez ça ! (*fermer ça*)
tais-toi ! taisons-nous ! taisez-vous (*se taire*) [R2v31 (« fermons ça »)]
Remarque(s) : à partir d'expressions comme *fermer* + noms renvoyant à la bouche, s'est formée la tournure expressive avec déictique, qui sera recensée dans Bruant (avec citation et exemple) mais reste souvent ignorée par les lexicographes.

fieu [*n. m.*]
fils [R3v128]
Remarque(s) : forme picarde de *fils* plus largement répandue, parfois recensée dans des dict. (Le Roux 1786), notamment d'argot (Delesalle, *Vocabulaire de la langue verte* d'Hector France, puis Bruant).

fifi [*n. m.*]
enfant [Fv16]
Remarque(s) : ce terme d'amitié, dérivé de *fils* par redoublement hypocoristique et qui se dit à des enfants ou à des animaux (notamment oiseaux en cage), est attesté avant 1897 (E. Sue, *Mystères de Paris*, 1842-43).

figne [*n. m.*]
anus [Ev44, P1v175 (« feuille de figne », par association contrastive avec la pudique « feuille de vigne »)]
Remarque(s) : ce mot expressif par grossièreté, sans doute dérivé de formes comme *fignon* ou *fignard* (eux-mêmes associés à *troufignon* et *troufignard*), est recensé dans des dict. d'argot (Richepin, Delesalle) avant 1897, puis dans Bruant, qui cite le premier passage des *Soliloques*.

filer I. [*v.*]
s'enfuir [IPv33], courir [P1v179]
Remarque(s) : acceptions anciennes (style poissard en 1754) mal recensées dans des dict. d'argot (*filer raide* "marcher très vite" dans Rigaud, *filer comme un dard* "fuir" dans la partie français-argot du Delesalle) avant 1897 ; Bruant donnera *filer comme un dard*, *un pet*, *un zèbre* "fuir".

filer II. [*v.*]
se filer (*vers*)
se glisser (vers) [MNv35]
Remarque(s) : emploi se rattachant au verbe *filer* "introduire" et à la tournure *se filer* "s'introduire subrepticement" (recensée dans Delesalle et dans Bruant avant 1903), même si l'on peut la rapprocher aussi des acceptions données dans l'article précédent (**filer I.**).

fini, n, i [*adj.*]
complètement fini [R2v137 (« n, i, c'est ben fini »)]
Remarque(s) : Jehan Rictus renforce, en la disloquant, cette formule de renforcement alphabétique final de l'adj., bien attestée à cette époque mais rarement recensée dans les dict. jusqu'à nos jours.

fiole [*n. f.*]
1° tête (figure) [IPv15, CCv110]
Remarque(s) : acception métaphorique pop. recensée dans des dict. d'argot (Larchey, Rigaud, Richepin, *Supplément* de Larchey, Delesalle) avant 1897, puis dans Bruant.

2° *se foutre de la fiole de qqn*
se moquer de qqn [Epv109]
Remarque(s) : cette expression pop. courante, variante de *se fiche*(*r*) *de la fiole de qqn* (voir *s.v.* **fiole** dans *Supplément* de Larchey), est moins bien recensée dans des dict. d'argot que *se payer la fiole de qqn*.

fion [*n. m.*]
coup de fion
dernier soin pour (re)donner de l'allure (à un ouvrage) [P2v20]
Remarque(s) : cette expression, déjà ancienne dans le voc. de l'art et de l'artisanat et se prêtant comme dans ce passage à des élargissements à d'autres domaines, est recensée dans des dict. d'argot (Larchey, Rigaud, Delesalle) avant 1897, puis dans Bruant.

Flamboyant [*participe-adj. employé comme n. m.*]
soleil rougeoyant [P2v57]
Remarque(s) : nom qualifiant forgé par l'auteur comme substitut de *soleil couchant*.

flan [*n. m. employé dans tournure au fém.*]
à la flan
sans façon [P2v56]
Remarque(s) : cette acception, pas toujours distinguée de l'acception "sans préméditation, au hasard", est recensée dans des dict. d'argot (Larchey, Delesalle) avant 1897, puis dans Bruant.

flancher [*v.*]
faiblir, vaciller [Ev48, Dv136, P2v57]
Remarque(s) : cette acception de ce verbe au champ sémantique large est recensée parmi d'autres dans des dict. d'argot (Rigaud, Larchey, Delesalle) avant 1897, puis dans Bruant.

flanquer [*v.*]
flanquer sur
frapper [Fv3 (« sur le tu-tu » ; voir ce mot)]
Remarque(s) : substitut pop. ou fam. ancien de *mettre* (donné dans Le Roux 1718 et repris dans Delesalle) ; si le Bruant recense cette acception, il ne signale pas cette construction.

flanquet [*n. m.*]
pan de chemise [R3v91]
Remarque(s) : ici employé métaphoriquement, ce mot régional du Nord-Ouest (« Supplément » du *Glossaire du patois normand* de Du Bois/Travers 1856), qui s'explique par le fait que le pan de chemise tombe sur les flancs, est rarement recensé dans les dict. généraux et d'argot.

flaquant [*participe-adj. employé comme n. m.*]
soulier [SMv93]
Remarque(s) : « leurs souliers trempés bâillaient en flaquant à tous leurs pas » (Flaubert, *Champs et grèves*, 1848, cit. dans le *Trésor de la langue française*) ; voilà qui permet de comprendre comment Jehan Rictus a formé ce nom qualifiant à partir du verbe *flaquer* "clapoter", tout en jouant sans doute aussi sur la paronymie avec *flacon* "botte, soulier" (recensé dans Delvau, Rigaud, *Supplément* de Larchey et Delesalle, puis dans Bruant).

flaupé [*participe-adj. employé comme n.*]
les p'tits flaupés
les enfants battus [Fv2, Fv83]
Remarque(s) : dans les expressions nominales de la « Farandole » qui commencent par « les p'tits », « p'tits » est épithète des noms qui suivent (« Fan-fans », « bibis », « bonshommes », etc.) ; quand ce sont des adj. (« fourbus ») qui suivent ou des participes adj. (« foutus »), il vaut donc mieux les considérer comme des noms, même si Jehan Rictus a pu jouer sur l'équivoque de la construction (« les p'tits flaupés » : article + adj. épithète + N *vs* article + N + adj. épithète). Pour *flauper*, voir ce verbe à l'article suivant.

flauper [*v.*]
battre [variante b de Hv18 (voir p. 170), P3v178]

Remarque(s) : ce verbe pop., qui a pour variantes *flauber* (Le Roux 1718), *floper* ou *flopper*, est recensé sous une forme ou sous une autre dans des dict. d'argot (*floppée* "volée de coups" dans Larchey, *flopée* "grêle de coups" dans Rigaud, *flauper* et *flopper* dans Delesalle) avant 1897, puis dans Bruant qui cite le premier passage (des *Soliloques* de 1897).

flemmard [*adj. employé comme n.*]
[individu] sans énergie (d'où "paresseux") [Ev127]
Remarque(s) : mot expressif dérivé de *flemme* (voir article suivant) et recensé dans des dict. d'argot (*flémard* dans Rigaud, *Supplément* de Larchey et Delesalle) avant 1897, puis dans Bruant.

flemme [*n. f.*]
1° manque d'énergie (d'où "paresse") [Ev127, Ev215]
Remarque(s) : nom attesté et recensé au début du XIXe avec cette acception pop. dérivée du vocabulaire médical (*flemme* "pituite", laquelle laisse sans énergie), reprise ensuite dans des dict. d'argot (Larchey, Rigaud, Delesalle) avant 1897, puis dans Bruant (voir ci-dessous *battre la flemme*).

2° *battre la flemme*
fainéanter [P3v191]
Remarque(s) : expression reposant sans doute au départ sur la simulation de maladie (*battre* "feindre") et recensée dans des dict. d'argot (Larchey, Delesalle) avant 1897, puis dans Bruant, qui cite ce passage des *Soliloques*.

3° *tirer sa flemme*
fainéanter [Epv162]
Remarque(s) : expression parallèle à la précédente et donnée dans Delesalle (avec citation d'un texte de Bruant), puis dans Bruant.

4° *foutre la flemme*
laisser sans ressort [P1v78]
Remarque(s) : dans cette expression, *flemme* évoque plus le découragement que la paresse.

fleur d'orange [*n. f.*]
perdre sa fleur d'orange [P3v134]
perdre sa virginité
Remarque(s) : Jehan Rictus modifie ici l'expression *fleur d'oranger*, reposant sur ce symbole de virginité et recensée avec cette acception dans la partie français-argot du Delesalle.

flic [*n. m.*] [variante *flick* dans éd. de 1897]
agent de police (sergent de ville) [Ev188, P1v43, MNv73]
Remarque(s) : mot recensé sous différentes variantes (*fligue à dard*, *flique à dard*, *flique*) dans des dict. d'argot (*Voleurs* de Vidocq 1836-37 qui donne *fligue à dard*, Larchey, Rigaud, Delesalle) avant 1897, puis dans Bruant.

flingot [*n. m.*]
1° fusil (arme) [Ev98]
Remarque(s) : dans ce passage, Jehan Rictus complète par « à persécussions » (voir ce mot) ce nom recensé, avec cette acception dérivée de *flingot* "fusil de boucher", dans des dict. d'argot (Larchey, Rigaud, Delesalle) avant 1897, puis dans Bruant.

2° *repousser du flingot*
avoir mauvaise haleine [Ev178]
Remarque(s) : Delesalle, repris par Bruant, donnait l'expression *repousser du fusil* "avoir mauvaise haleine" qui, tout en jouant sur les doubles sens, emploie le verbe avec un sens métonymique ("puer" ; voir **repousser**) et le nom *fusil* avec le sens métaphorique "gosier, bouche (d'où "ventre")" (voir **fusil**) ; le remplacement de *fusil* par *flingot* dans cette expression, non relevé dans les dict., est attesté ici pour la première fois.

flotte I. [*n. f.*]
eau [MNv38]
Remarque(s) : mot fin-de-siècle recensé dans des dict. d'argot (Delesalle avec le sens "bain", *Dictionnaire français-argot* de Lermina & Lévêque, *Dictionnaire d'argot* de Léon Rossignol en 1901, Bruant) avant 1903.

flotte II. [*n. f.*]
des flottes
des foules [Epv135, MMv21]
Remarque(s) : le sens "bande, société nombreuse" est recensé dans des dict. d'argot (Larchey, Rigaud, Delesalle) avant 1897, puis dans Bruant ; Delesalle, après Littré, le fait remonter au vieux français (*flote* "troupe, multitude" est bien attesté en ancien français) et c'est ce sens ancien, conservé dans l'usage populaire, qui apparaît ici dans les *Soliloques*.

foid [*n. m.*] : déformation phonétique pop. et enfantine de *froid* [R2v216, MPv66].

fois [*n. f.*]
des fois
1° parfois [IPv15 ; R1v1, P1v200, MNv45 et v53, MNv76 (« des fois que » = "parfois quand"), MMv119]
Remarque(s) : loc. adv. pop.

2° *des fois !*
par hasard ! [Dv37, Epv2 (« non mais, des fois ! »)]
Remarque(s) : loc. interjective pop.

3° *des fois que*
au cas où [R3v142]
Remarque(s) : loc. conj. pop.

4° *si des fois*
au cas où [R1v91]
Remarque(s) : loc. conj. pop.

fond de cale (**à**) [loc.]
être à fond de cale
être malheureux (avec nuances de ruine et/ou de désespoir) [Dv28]
Remarque(s) : cette expression métaphorique familière empruntée au voc. maritime est recensée dans des dictionnaires d'argot avant 1897, récemment dans Rigaud (« ne plus avoir le sou ») et dans Delesalle (même sens), ensuite dans Lermina & Lévêque (« abattu ») et dans Bruant (**malheureux** et **ruiné**).

fortifs [*n. f. pl.*]
fortifications (de Paris) [CCv12]
Remarque(s) : dérivé par apocope et sélection de finale expressive *–if*, ce mot est recensé, souvent avec majuscule initiale, dans des dict. d'argot avant 1900 (récemment dans Richepin et Delesalle), puis dans Bruant.

fouatter [*v.*] : prononciation populaire de *fouetter* (voir article suivant).

fouetter [*v.*] [sous la forme *fouatter* dans les *Soliloques*]
puer [MMv91]
Remarque(s) : sens figuré recensé dans des dict. d'argot (Rigaud qui donne *fouatter*, Delesalle, Bruant) avant 1903.

fou-fou [*adj. employé comme n.*]
tout fou [Fv84]
Remarque(s) : attestation littéraire ignorée des dict. pour ce mot dérivé de *fou* par redoublement hypocoristique (à valeur affective) et disparu, avec la « Farandole », des éditions des *Soliloques* à partir de 1903.

fout', **foute** [variantes de l'infinitif **foutre** (voir ce mot)]

fout-la-faim [*nom composé*]
misérable [Ev2, R2v259]
Remarque(s) : création expressive qui, comme *fout-la-dèche*, sera recensée dans Bruant.

foutre ou **foutr'** ou **foute** ou **fout'** [*v.*]
I. 1° faire [R2v201 (« quoi qu' tu vas foutre ? »)]
Remarque(s) : cette acception de *foutre*, sans doute ancienne mais mal décrite dans les dict., est recensée dans Rigaud à propos de l'expression *n'en pas foutre un coup*, puis dans la partie français-argot du Delesalle comme correspondant argotique de *faire*, ce que reprendra le Bruant.

2° *ne pas en foutre une datte*
ne rien faire [SMv6]
Remarque(s) : pour *foutre*, voir en I. 1° ; pour *datte*, voir ce mot.

II. 1° a) *foutre qqn ou qqch* + nom renvoyant à un lieu
mettre [R2v102 (« dans le même pagnier »)], jeter [Epv141 (« sur le crottoir »)]
Remarque(s) : les emplois de *foutre* comme substitut de *mettre* sont attestés à partir de la fin du XVIIIe siècle, mais sont souvent mal décrits dans les dict. ; beaucoup sont cependant repérables dans Delesalle et dans Bruant.

b) *se foutre* + nom renvoyant à un lieu
se jeter [SMv137 (« à la Seine »)]
Remarque(s) : voir II. 1°.

2° *foutre* + nom renvoyant aux prisons
mettre en prison, emprisonner [IPv36 (« au clou » ; voir **clou**), MPv98 (« foute en prison »)]
Remarque(s) : voir II. 1°.

3° *foutre* + nom renvoyant à un objet vestimentaire
mettre tel ou tel objet vestimentaire (à quelqu'un) [P1v69]
Remarque(s) : voir II. 1°.

4° *se foutre* + expression évoquant le fait de se nourrir (ou de jeûner)
avaler [R2v125 (« dans le clapet »), P3v20 (« à m' fout' dessous » = sous la dent), Epv63 (« des bitures », voir ce mot)]
Remarque(s) : voir II. 1°.

5° a) *foutre* + nom renvoyant à des coups
infliger [R1v81 (« d' nous fout' des coups »)]
Remarque(s) : voir II. 1°.

b) *se foutre* + nom renvoyant à des coups
échanger des coups [P3v110 (« des torgnioles »)]
Remarque(s) : voir II. 1°.

c) *foutre qqch sur la gueule à qqn ou à qqch*
frapper avec qqch sur qqn ou qqch [R3v73]
Remarque(s) : voir II. 1°.

6° a) *j' vas vous en foutre, de* (groupe du nom)
(formule exclamative antiphrastique d'opposition à qqn) [P2v45 (« des romances »)]
Remarque(s) : attestation littéraire qui précède celles fournies dans le *Trésor de la langue française* pour cet emploi souvent mal décrit dans les dict., voire oublié.

b) *j' t'en fous*
(formule exclamative de satiété) [P1v204 (avec jeu sur la connotation sexuelle du verbe *foutre*)] (ou formule antiphrastique de déconvenue) [SMv90, Ev102]
Remarque(s) : attestation littéraire intéressante pour cette tournure bien traduite dans le *Trésor de la langue française* (« penses-tu »), mais assez mal

décrite : elle ne se limite pas à être une réponse à des questions rhétoriques pour détromper le destinataire ; le *Vocabulaire de la langue verte* d'Hector France la relève avec citation de vers de Bruant à l'article **fiche** (*va te faire*).

7° *foutre* + nom renvoyant à un sentiment
communiquer + sentiment [P1v78 (*foutre la flemme* "laisser sans ressort" ; voir aussi **flemme**), MNv59 (« trouille »)]
Remarque(s) : cet emploi courant de *foutre* comme substitut expressif de *donner* est mal décrit dans les dict.

8° *foutre la paix* [voir **paix**]

9° *foutre le camp* [voir **camp**]

III. *se foutre à*
se mettre à, commencer à [Hv134 (« j' m'en vas m' foute à »), CCv106]
Remarque(s) : cet emploi courant de *se foutre à* comme substitut de *se mettre à* est sans doute assez ancien (le *Trésor de la langue française* donne une citation de 1883), mais mal décrit dans les dict.

IV. 1° *se foutre de*
se moquer de [Hv76]
Remarque(s) : construction et acception anciennes (attestées au XVIIe siècle) encore recensées dans des dict. d'argot (*Dictionnaire de la langue verte* de Delvau en 1866, Rigaud qui donne *se foutre du peuple*, Delesalle qui donne *se foutre du monde*) avant 1897, puis dans Bruant.

2° a) *se foutre de*
n'avoir rien à faire de [Ev73, Dv12, R1v76, P1v223, Epv109, Fv77-79]
Remarque(s) : construction et acception anciennes (attestées au XVIIe siècle) ne se distinguant pas toujours nettement de celles de l'article précédent, mais, comme elles, encore recensées dans Bruant.

b) *s'en foutre* (*de*) [y compris *je m'en fous*]
n'en avoir rien à faire (de) [Hv150 (« j' m'en fous »), Ev89, R2v211 (« j' m'en fous »), R3v95, P1v121 (« j' m'en fous »), SCAv47 (« fous-t'en »), Epv147, Fv66 (« on s'en j' m'en fous » »)]
Remarque(s) : cet emploi, qui se distingue plus fortement du précédent quand le pronom *en* n'a pas d'antécédent évident et qui semble moins ancien (attesté au XVIIIe siècle), n'est pas relevé à part des précédents dans les dict. d'argot avant 1897, mais le Bruant donnera *je m'en fous* comme correspondant argotique de *ça m'est égal* (*s. v.* **égal**).

c) *à la j' m'en fous*
n'importe comment [Ev32]
Remarque(s) : attestation littéraire intéressante pour une tournure généralement absente des dict. ; le Bruant recensera *à la va te faire foutre*.

foutu [*participe employé comme adj.*]
I. 1° *mal foutu*
mal fait [P2v22]
Remarque(s) : attestation littéraire intéressante pour cette application à des véhicules de la locution verbale *mal foutu* “mauvais”, recensée dans des dict. d’argot (Delvau 1866, Rigaud, Delesalle) avant 1897, puis dans Bruant, mais pas dans un contexte semblable à celui de ce passage des *Soliloques*.

2° *employé comme n.* : moribond [Fv2]
Remarque(s) : Jehan Rictus transforme en nom (voir **flaupé** pour les emplois nominaux de ce type dans la « Farandole ») cet adj. attesté depuis longtemps dans cette acception (que prend également *fichu*) et parfois recensé dans des dict. d’argot (partie français-argot du Delesalle pour **moribond**, *Vocabulaire de la langue verte* d’Hector France, puis Bruant).

II. épithète devant nom : *foutu* + N
(formule exclamative se rapprochant des jurons avec *foutre !*) [Dv24]
Remarque(s) : tournure déjà ancienne (attestation de 1789 dans le *Trésor de la langue française*), souvent absente des dict., mais recensée dans Delvau 1866 (*foutue besogne* « triste besogne » et *foutue canaille* « canaille parfaite »).

frais [*adj.*]
être frais
être mal en point [P1v89]
Remarque(s) : Jehan Rictus revigore cet emploi par antiphrase, recensé dans des dict. d’argot (Rigaud, *Supplément* de Larchey, Delesalle) avant 1897, en jouant aussi sur plusieurs sens de l’adj. (nouveauté du printemps, mais saison encore froide).

frangin [*n. m.*] [le fém. *frangine* n’est pas employé dans les *Soliloques*]
frère [dans le recueil, toujours au sens large : Ev72, SMv60, P3v155, R1v24, R2v116, R3v104, MPv120]
Remarque(s) : Jehan Rictus emploie toujours au sens large de fraternité chrétienne ou républicaine, la plupart du temps pour dénoncer l’absence de cette dernière, ce substitut de *frère* recensé dans des dict. d’argot (*Voleurs* de Vidocq 1836-37, Larchey, Rigaud, Richepin, Delesalle) avant 1897, puis dans Bruant.

frich’ti [*n. m.*]
ragoût [MPv48]
Remarque(s) : mot expressif recensé dans des dict. d’argot avec des acceptions variables : “régal” dans Larchey, “repas de famille” et “ragoût de ménage” dans Rigaud (qui conteste le sens “grand dîner”), “régal” et “fricot” dans Delesalle, “fricot” dans Bruant.

frime [*n. f.*]
faire la frime de
faire mine de [MPv11]

Remarque(s) : ce nom pop. d'ancien français (*frume* "semblant") recensé sous la forme *frime* dans Le Roux 1718 (avec citation de Molière) est recensé dans des dict. d'argot avec son acception dérivée ("visage") mais aussi, notamment dans l'expression *pour la frime* "en apparence", avec son sens premier ("simulation", donné dans Delesalle, puis dans Bruant), qui peut s'affaiblir, comme c'est le cas ici, dans l'expression *faire la frime de* "vouloir (ou commencer) à se comporter (se montrer) de telle ou telle manière".

frimer [*v.*]
1° *frimer le* (ou *la*) + N (associé à une manière d'être)
simuler, jouer au (ou à la) [SMv98 (« le marlou » ; voir aussi ce mot)]
Remarque(s) : verbe recensé dans des dict. d'argot (Larchey, Rigaud, Delesalle) avant 1897, puis dans Bruant, qui cite ce passage des *Soliloques* ; à la suite de quoi, Esnault 1965 relève « *frimer le marlou*, ne jouir qu'un jour des avantages d'un amant de cœur (pop., 1896) » avec date correspondant à celle que ce lexicographe a retenue pour les *Soliloques* (non reprise dans le *Trésor de la langue française* qui cite Esnault, mais pas Jehan Rictus).

2° *la frimer à* (ou *au*) + N (associé à une manière d'être)
simuler, jouer au (ou à la) [MMv42 (« au vieux château »)]
Remarque(s) : la construction indirecte avec nom, généralement ignorée des dict., est ici renforcée par le pronom *la* sans antécédent, tel qu'on le trouve aussi dans l'expression populaire *la jouer à* "jouer la comédie de" ; généralement absente aussi des dict., la construction renforcée vise ici, à travers leurs maisons, le comportement des riches, souvent parvenus.

fringué [*participe employé comme adj.*]
habillé, vêtu [SMv73 (« mal fringué »), P1v100 (« mal fringué »), CCv37 (« fringué à neuf »)]
Remarque(s) : le verbe et l'adjectif sont recensés dans des dict. d'argot (Rigaud, *Supplément* de Larchey, Delesalle) avant 1897 ; le Bruant ne recensera que le verbe, mais l'adjectif y apparaît ailleurs dans des exemples ou des citations, notamment pour *trèfle* et *turquois* avec citations extraites des *Soliloques* (premier et deuxième passages).

frio [*n. m.*]
froid [R3v2 (remplace *frisquet* à partir de l'éd. de 1903), variante f de CCv39-42 en 1900 (voir p. 185)]
Remarque(s) : mot fin-de-siècle populaire de provenance sans doute régionale, mal compris par Delesalle qui donne *friod* et en fait un anagramme de *froid*, mais dûment recensé dans Bruant (avec citation de l'une de ses œuvres, « V'là le frio », parue dans la *Lanterne de Bruant* début 1899).

frisquet [*adj. employé comme n. m.*]
petit froid vif et piquant [variante a de R3v2 en 1897 (voir p. 180)]
Remarque(s) : à partir de cet adj. bien attesté dans l'usage populaire au XIXe siècle, on a pu former ce nom, parfois recensé dans des dict. d'argot de cette époque (Delesalle, *Vocabulaire de la langue verte* d'Hector France, puis Bruant, qui cite ce passage des éd. de 1897 des *Soliloques* avant que Jehan

Rictus ne supprime cette occurrence en modifiant le vers à partir de l'éd. de 1903).

frusqué [*participe employé comme adj.*]
mal frusqué
mal habillé [P3v99]
Remarque(s) : le verbe *frusquer* est recensé dans des dict. d'argot (*Supplément* de Larchey, Delesalle) peu avant 1897, puis dans Bruant ; quant à l'emploi du participe comme adjectif, il est donné à cette époque dans le *Vocabulaire de la langue verte* d'Hector France avec citation de vers de Bruant, puis repris dans le dict. de ce dernier avec une autre citation de Séverine.

f'sant [voir **faisant**] ; **f's** + terminaison verbale [voir **faire**]

fuit-de-partout [*n. composé*]
[individu] incontinent [Fv14]
Remarque(s) : l'association avec *pisse-au-pieu* (voir ce mot) de ce nom composé forgé par l'auteur oriente vers l'interprétation retenue ci-dessus.

fumelle [*n. f.*]
femelle [P1v205]
Remarque(s) : mot ancien (Marot, 1530) conservé dans des usages régionaux ; il est recensé dans des dict. d'argot (*Vocabulaire de la langue verte* d'Hector France) quand il est appliqué à des femmes, ce qui n'est pas le cas ici.

Furtif [*adj. employé comme n. propre m.*]
Crépuscule (du soir) [P2v1]
Remarque(s) : interprétation donnée dans le quatrain pour cet adjectif substantivé en nom propre qualifiant par Jehan Rictus.

fusil [*n. m.*]
1° *se mettre qqch dans le fusil*
manger [Ev55]
Remarque(s) : voir 2°.

2° *ne rien avoir dans le fusil*
n'avoir rien mangé [P1v18]
Remarque(s) : l'acception métaphorique "gosier" de *fusil* (« les fusils se chargeaient par la gueule », *in Trésor de la langue française*) est recensée dans des dict. d'argot (Larchey, Rigaud, Delesalle) avant 1897, puis dans Bruant, qui cite ce passage des *Soliloques*.

— G —

gaffer [*v.*]
surveiller [Epv22]
Remarque(s) : verbe dérivé de *gaffe* "guet" et recensé sous différentes variantes (on trouve aussi *gafer*, *gâfer*, *gâffer*, *gaffrer*) dans des dict. d'argot

(*Voleurs* de Vidocq 1836-37, Larchey, Rigaud, Delesalle) avant 1897, puis dans Bruant.

galette [*n. f.*]
argent [Ev27, P1v121, Epv13]
Remarque(s) : substitut expressif recensé dans des dict. d'argot (Larchey, Rigaud, Richepin, *Supplément* de Larchey, Delesalle) avant 1897, puis dans Bruant.

galipette [*n. f.*]
faire des galipettes
se livrer à des ébats amoureux [MMv70]
Remarque(s) : le sens "cabriole" de ce mot sans doute régional est recensé dans Delesalle, puis dans Bruant avant 1903, mais sans allusion à l'application aux ébats amoureux, notée *fam.* dans le *Trésor de la langue française*, qui ne fournit pour elle ni citation ni datation.

gambiller [*v.*]
danser [Hv32]
Remarque(s) : verbe ancien dans cette acception (1623 selon Esnault 1965 ; Le Roux 1718), recensé dans des dict. d'argot (*Voleurs* de Vidocq 1836-37, Larchey, Rigaud, Delesalle) avant 1897, puis dans Bruant, qui cite ce passage des *Soliloques*.

garce de... [*n. f. employé en construction dite « qualitative »*]
salope, putain [P3v13 (« garce de République »)]
Remarque(s) : ce nom ancien, ayant pris depuis longtemps une valeur péjorative (Oudin 1640, Le Roux 1718) et encore recensé pour cette raison dans des dict. d'argot (partie français-argot du Delesalle, puis Bruant), est ici employé comme terme servant à qualifier défavorablement son complément ; ce type d'emploi est relevé, après Littré 1865, dans le *Trésor de la langue française* qui donne une citation de Courteline (1888 : « garce de pluie »), mais, dans ce passage des *Soliloques*, *garce* joue en outre un rôle de personnification injurieuse de la République.

gas [*n. m.*]
1° homme [Hv112, SMv2 et v5, SMv45, Ev2, Ev121, Dv150, etc.]
Remarque(s) : variante graphique de *gars* pris dans une acception large d'individu masculin (sans valeur négative ni positive intrinsèque), ce mot ancien souvent employé dans les *Soliloques* (une vingtaine de fois) est recensé dans Delesalle, puis dans Bruant, qui cite le sixième passage du recueil.

2° *gas de la haute* [voir **haute (la)**]

gavé [*participe-adj. employé comme n.*]
individu des classes aisées (repu) [MMv52]
Remarque(s) : cet emploi nominal s'inscrivant dans le vocabulaire politique progressiste est recensé dans le *Vocabulaire de la langue verte* d'Hector France et dans Bruant avant 1903.

gaver [*v.*]
nourrir à satiété [R1v72]
Remarque(s) : cet élargissement par analogie (ici aux « ouailles » du Christ !), bien attesté au XIXe siècle, sera recensé dans Bruant avec citation de ce passage des *Soliloques*.

gaviot [*n. m.*]
gosier [P3v66]
Remarque(s) : mot ancien pop. conservé dans certaines régions et recensé dans des dict. d'argot (Delvau 1866, Rigaud, Richepin, *Supplément* de Larchey, Delesalle) avant 1897, puis dans Bruant.

genss' [*n. m. pl.*] : transcription graphique de la prononciation pop. de *gens* [SMv30, R2v221, P1v42, P1v161] (Jehan Rictus emploie aussi « gens »).

gerce [*n. f.*]
femme [Ev173]
Remarque(s) : mot régional [Esnault 1965 : « brebis qui n'a pas encore porté (Bayeux, Granville, Laval)] dont l'acception dérivée est recensée dans des dict. d'argot (*gerse* "maîtresse" dans Delvau 1866, *gerce* "maîtresse" dans Rigaud, "fille" dans *Supplément* de Larchey, "garce" et "maîtresse" dans Delesalle) avant 1897, puis dans Bruant, qui cite ce passage pour illustrer l'emploi du mot *carme*.

gésier [*n. m.*]
estomac d'une personne [Epv97]
Remarque(s) : acception dérivée pop. ou fam., maintes fois attestée au XIXe siècle et parfois recensée dans des dict. d'argot (Lermina & Lévêque, puis Bruant).

gibier [*n. m.*]
1° *gibier de joie*
femme que l'on cherche à conquérir [P1v150]
Remarque(s) : avec cette expression, Jehan Rictus revigore par des allusions sous-jacentes à *gibier de choix* et à *fille de joie* l'acception "proie sexuelle", attestée antérieurement avec valeur péjorative pour le nom ("putain" dans Oudin 1640 et Le Roux 1718).

2° *gibier de Poissy*
individu destiné à la prison de Poissy [Ev207 (voir note 3 p. 60)]
Remarque(s) : outre *gibier de potence* attesté depuis longtemps (1668 dans *L'Avare* de Molière), Delesalle recense *gibier de Cayenne*.

gicler [*v.*]
jaillir en éclaboussant [Fv72]
Remarque(s) : verbe expressif ancien conservé dans certaines régions et considéré comme pop. au XIXe siècle ; pour cette raison, ce sens, appliqué ici

aux enfants maltraités, est recensé dans des dict. d'argot (Rigaud, *Supplément* de Larchey, Delesalle) avant 1897, puis dans Bruant.

giffe [*n. f.*] : corruption populaire de *gifle* [R2v260, Fv64], recensée dans Delesalle avant 1897, puis dans Bruant.

gigolette [*n. f.*]
grisette (souvent avec idée de fille facile) [P3v96]
Remarque(s) : mot recensé dans des dict. d'argot (Larchey, Rigaud, Delesalle) avant 1897, puis dans Bruant.

girie [*n. f.*]
jérémiade [Dv5]
Remarque(s) : Jehan Rictus ne semble pas retenir ici la composante d'hypocrisie liée à cette acception attestée depuis longtemps dans l'usage populaire (d'Hautel 1807) pour ce mot parfois recensé dans des dict. d'argot, mais toujours au pluriel : Rigaud donne *giries* "manières", à quoi Delesalle ajoute "jérémiades, doléances hypocrites".

girond, gironde [*adj.*]
joli, jolie [Dv145, variante c de CCv90 éd. de 1900 (voir p. 186), MPv75]
Remarque(s) : adjectif attesté surtout au fém. et souvent recensé dans des dict. d'argot (Larchey, Rigaud, Delesalle) avant 1897, puis dans Bruant.

Glorieux [*adj. employé comme n. m.*]
Soleil [P1v85]
Remarque(s) : nom qualifiant forgé par Jehan Rictus.

gn'a [*présentatif* (avec diverses formes conjuguées de l'élément verbal *avoir*)]
[voir aussi **gn'en a**, **gn'y a**, **y a** et **y gn'a**]
1° a) *gn'a*
(il) y a [Hv41 (« gn'a du bon »), Hv81 (« gn'a z'un troupeau »), Hv116 (« gn'a des moyens »), Hv117 (« gn'a trop longtemps que »), etc.]
Remarque(s) : Jehan Rictus transcrit souvent ainsi, pour le présentatif *il y a*, la prononciation populaire qui résulte soit d'une déformation phonétique antérieure à la suppression de l'élément pronominal *il* (« quoi qu'i' n'y a » est une forme connue) soit d'une adjonction postérieure à la suppression de l'élément pronominal (voir « avec » > « n'avec » à l'article **n'**), sans négliger l'influence possible du premier élément de la négation *n'* (voir 1° b).

b) *gn'a pas* (ou autre élément inclus dans la négation)
(il n')y a pas (ou autre élément) [IPv60 (« Gn'a rien à fair', gn'a qu'à pleurer »), Ev213 (« si gn'a pas moyen »), Dv158 (« Gn'aura qu'Ell' »), etc.]
Remarque(s) : voir 1° a), mais en notant que, cette fois, le premier élément *n'* de la négation suffit à expliquer la présence du trait de nasalité dans la transcription par *gn* (avec palatalisation).

2° *gn'a de quoi* (*gn'a pas de quoi*) + infinitif
il y a des raisons (il n'y a pas de raisons) pour + infinitif [Hv108 (« gn'a pas d' quoi faire la dans' du ventre »), Hv123 (« gn'a d' quoi claquer »), IPv1 (« gn'a d' quoi rire »), etc.]
Remarque(s) : voir *y a de quoi* à **y a**.

3° *gn'a pas* [*formule en prop. indépendante*] [voir aussi *y a pas* à **y a**]
il n'y a rien (d'autre) à faire (ou à dire) [IPv13, Ev65]
Remarque(s) : à partir de tournures comme (*il n'*)*y a pas à* + infinitif (*dire*, *s'y méprendre*, *tortiller*, etc.) ou (*il n'*)*y a pas de* + nom (*doute*, *échappatoire*, *erreur*, etc.) ou (*il n'*)*y a pas* + N ou GN (*le choix*, *moyen*, etc.), s'est développée dans les usages pop. et fam. cette formule réduite qui exprime l'absence d'issue ou de solution alternative et qui est rarement décrite dans les dictionnaires.

gn'en a [*présentatif* (avec formes conjuguées de l'élément verbal *avoir*)]
1° a) *gn' en a*
(il) y en a [SMv22 (« Gn'en a déjà qu' ont leur muffée »), Ev4 (« Gn'en a pus d'un » ; comprendre « plus d'un »), Ev42 (« Gn'en a qu'espèr'nt »), etc.]
Remarque(s) : pour *gn'*, voir **gn'a**, 1° a) ; quant au pronom *en*, dans tous les passages des *Soliloques* où il se greffe au présentatif (une douzaine), il sert à découper une partie d'un ensemble ou d'un tout assez bien délimité par le contexte.

b) *gn'en a pas* (ou autre particule incluse dans la négation)
(il) n'y en a pas (ou autre particule) [Hv99 (« gn'en aurait pus »), R2v146 (« Gn'en a pas d' pareil »)]
Remarque(s) : pour *gn'*, voir **gn'a**, 1° b) ; pour *en* (trois occurrences en tournure négative, dont celle dans l'expression suivante), voir 1° a) ci-dessus.

2° *quand gn'en a pus, gn'en a encore*
quand il n'y en a plus, il y en a encore [SMv53 (« Quand gn'en a pus... gn'en a encore »)]
Remarque(s) : formule fam. courante, mal recensée dans les dict. et dont ce passage des *Soliloques* fournit une attestation littéraire intéressante.

gniasse (mon, ton, son) [*loc. n.* (substitut de pronoms personnels)]
son gniasse
il, lui [Ev36]
Remarque(s) : composé d'un adjectif possessif et d'un nom comme d'autres substituts de même type (*mon gnère*, *mon orgue*, etc.), ce substitut est recensé dans des dict. d'argot (Rigaud qui donne *nias*, Richepin, *Supplément* de Larchey qui donne *niasse*, Delesalle) avant 1897, puis dans Bruant, qui cite ce passage des *Soliloques*.

gnognotte [*n. f.*]
(c')est de la gnognotte
c'est de peu d'intérêt [Dv68]

Remarque(s) : ce nom à morphologie expressive, bien attesté au XIXe siècle et la plupart du temps dans cette tournure, est recensé dans des dict. d'argot (Larchey, Rigaud, Delesalle) avant 1897, puis dans Bruant, qui cite ce passage des *Soliloques*.

gnon [*n. m.*]
coup, meurtrissure [P1v163]
Remarque(s) : mot déjà ancien (XVIIe siècle), recensé dans des dict. d'argot (Delvau 1866, Rigaud, *Supplément* de Larchey, Delesalle) avant 1897, puis dans Bruant.

gn'y a [*présentatif* (avec formes conjuguées de l'élément verbal *avoir*)] [voir aussi **gn'a**, **y a** et **y gn'a**]
a) *gn'y a*
(il) y a [CCv15 (« Gn'y avait eun' tablée »), MMv53 (« Doit gn'y avoir »)]
Remarque(s) : voir **gn'a**, 1° a) ; la conservation orthographique de l'élément adverbial *y* ne répond pas à un besoin métrique, mais renforce la prononciation populaire dite « mouillée ».

b) *gn'y a pas*
(il n')y a pas [Hv77 (« gn'y a pas qu' lui »), CCv109 (« Gn'y a pas d' pet qu'y vienn'nt »)]
Remarque(s) : voir **gn'a**, 1° b).

gober [*v.*]
1° aimer [Dv89 (« on n' te gob' »), R1v60 (« qu'était gobé par les femmes »)]
Remarque(s) : sens métaphorique recensé dans des dict. d'argot (Larchey, Rigaud, Richepin, Delesalle) avant 1897, puis dans Bruant.

2° *se gober dans*
se plaire dans [P1v210]
Remarque(s) : tournure un peu artificielle qui mêle *gober* "aimer" et *se gober* "se montrer satisfait, se trouver bien".

godillot [*n. m.*]
soulier en mauvais état [P1v32]
Remarque(s) : antonomase faite à partir du nom propre d'un fabricant de brodequins militaires entre 1816 et 1893 (selon Esnault) et recensée dans des dict. d'argot (Larchey, Rigaud, Delesalle) avant 1897, puis dans Bruant.

goguette [*n. f.*]
être en goguette
être en joie, en quête de plaisir
Remarque(s) : expression ancienne appliquée ici, par métonymie, aux « sorlots » du Pauvre, émoustillé par le printemps.

goigt [*n. m.*] : prononciation pop. palatalisée de *doigt* [Epv36].

goncier [*n. m.*]
individu (mâle) [Dv149, variante a de P3v120 (voir p. 184)]
Remarque(s) : ce dérivé de *gonce* (ou *gonze*) “homme” est recensé dans des dict. d’argot (Richepin, *Supplément* de Larchey qui donne *gonzier*, Delesalle) avant 1897, puis dans Bruant.

gondoler (**se**) [*v.*]
se tordre [R2v272]
Remarque(s) : on peut penser que, dans ce passage des *Soliloques*, le Pauvre se moque du Revenant en ricanant, ce qui le fait se tordre et se dandiner ; le sens métonymique “se tordre de rire” est recensé dans des dict. d’argot (Delesalle après Fustier 1889 dans *Supplément* au *Dictionnaire de la langue verte* de Delvau) avant 1897, puis dans Bruant.

gonzesse [*n. f.*]
femme [SMv82, Dv93, P1v149]
Remarque(s) : ce dérivé féminin de *gonze* (ou *gonce*) “individu” est recensé dans des dict. d’argot (*Voleurs* de Vidocq 1836-37, Larchey, Rigaud, Richepin, Delesalle) avant 1897, puis dans Bruant.

gosse [*n.*]
enfant [Dv109, Fv75]
Remarque(s) : mot pop. attesté depuis fin XVIIIe – déb. XIXe siècles (notamment dans d’Hautel 1807-1808) et recensé dans des dict. d’argot (Larchey, Rigaud, Richepin, Delesalle) avant 1897, puis dans Bruant, qui cite le premier passage des *Soliloques*.

gothon [*n. f.*]
fille des rues (prostituée) [SMv38]
Remarque(s) : ce dérivé de *margoton* (diminutif de *Margot*, lui-même diminutif de *Marguerite*) par aphérèse, qui est attesté depuis longtemps sous la forme *goton* (Richelet, 1680) et qui a pris, comme *Margot*, le sens de “fille de ferme” et de “fille facile”, est recensé avec cette acception dans des dict. d’argot (Larchey, Rigaud dans l’article **goteur**, Delesalle, puis Bruant).

goualant [*participe-adj. pris comme n. m.*]
chanteur [Dv131]
Remarque(s) : à partir du verbe *goualer* “chanter”, recensé dans des dict. d’argot (*Voleurs* de Vidocq 1836-37, Larchey, Rigaud, Delesalle) avant 1897, Jehan Rictus forge un dérivé plus expressif que *goualeur* / *goualeuse*, ce dernier se trouvant souvent lui-même dans les dict. d’argot.

gouapeur [*n.*]
vaurien (souvent avec idées de vagabondage, de débauche et/ou de fainéantise) [R2v22]
Remarque(s) : ce dérivé de *goiper* (ou *gouaper*) “être sans gîte” est recensé dans des dict. d’argot (*Voleurs* de Vidocq 1836-37 qui donne *gouêpeur* “vagabond, vaurien”, Larchey, Rigaud, Richepin, Delesalle) avant 1897, puis dans Bruant.

goujat [*n. m.*]
individu grossier [Dv107, CCv89]
Remarque(s) : à partir du sens de départ ("valet d'armée"), s'est développée cette acception péjorative attestée au XVIIIe siècle (Le Roux 1718) et encore recensée dans des dict. d'argot de l'époque des *Soliloques* (Delesalle, *Vocabulaire de la langue verte* d'Hector France, puis Bruant).

gourer (se) [*v.*]
se garer de, se protéger de [CCv5]
Remarque(s) : à partir du sens "tromper" de ce verbe bien attesté depuis le moyen français se serait développé d'abord un sens dérivé "se méfier" (recensé dans Bruant en 1901), qui aurait lui-même donné naissance à deux autres acceptions, l'une "se carrer, se redresser" recensée dans Richepin (1881) et Delesalle (1896), l'autre "se garer de", décrite dans Bruant qui cite ce passage des *Doléances* de 1900, repris dans l'éd. de 1903 des *Soliloques*.

graine [*n. f.*]
graine de + groupe du nom renvoyant à ce à quoi qqn est destiné [MMv114 (« graine de faits divers »)]
(formule péjorative ayant une valeur plus évolutive que *espèce de*)
Remarque(s) : expression forgée par l'auteur à partir d'autres expressions figurées, les unes anciennes comme *mauvaise graine* (Furetière 1690), les autres plus récentes comme *graine de potence* (donnée dans le *Vocabulaire de la langue verte* d'Hector France).

Grandmachin [*n. pr. m.*]
(probable surnom générique péjoratif de tout dignitaire) [R1v27]
Remarque(s) : l'emploi du nom *machin*, précédé d'une majuscule, pour désigner un individu sans donner son nom est bien attesté au XIXe siècle et recensé dans des dict. d'argot (Larchey, Delesalle) ; à partir de là, on a pu former, pour désigner tout dignitaire sans le nommer, le composé *Grandmachin*, absent des dict. et dont ce passage des *Soliloques* fournit une attestation littéraire intéressante.

grapeau [*n. m.*] : prononciation populaire et enfantine palatalisée de *drapeau* [Epv9, Epv148, Fv24].

gratin [*n. m.*]
vieux gratin
vieil individu décrépit (vieille croûte) ? [Dv153]
Remarque(s) : plutôt que le sens fig. à la mode à cette époque ("élite de la société"), recensé dans des dict. d'argot (Delesalle, puis Bruant), mais ne s'appliquant pas à tel ou tel individu et s'employant rarement au pluriel, il faudrait voir ici, même si l'auteur joue peut-être sur l'équivoque avec le sens précédent, une association entre *croûte* et *gratin*, tous deux pris dans un sens figuré s'appliquant à des personnes masquant mal leur décrépitude, mais sans négliger leur nuance picturale commune (*croûte* et *gratin* des... vieux

tableaux !) amenée par le nom *chiqué* “faux-semblant” et sa base *chic* “habileté manuelle en dessin”.

gratter
se gratter les flancs
ne rien avoir [Epv65]
Remarque(s) : Jehan Rictus renouvelle, en l’amplifiant, l’expression pop. *se gratter* (synonyme de *se fouiller* ou de *se brosser*), elle-même non recensée dans les dict. d’argot avant 1897, mais qui le sera dans Bruant.

grelotteux [*n.*]
individu qui grelotte de froid [Dv42]
Remarque(s) : en employant ce dérivé que l’on trouve à la même époque dans le *Vocabulaire de la langue verte* d’Hector France avec le sens “misérable”, Jehan Rictus joue peut-être ici, par contraste, avec *grelotteux* “jeune élégant ridicule”, recensé dans plusieurs dict. d’argot.

grimpant [*participe-adj. employé comme n. m.*]
pantalon [Dv33]
Remarque(s) : nom qualifiant recensé dans des dict. d’argot (Larchey, Rigaud, Richepin, Delesalle) avant 1897, puis dans Bruant.

grippe [*n. f.*]
prendre en grippe qqn
éprouver de l’aversion pour qqn [IPv12]
Remarque(s) : expression familière ancienne (XVIIIe siècle).

groïn [voir **grouin**]

grouin [*n. m.*][variante graphique de *groin*]
1° visage (dans sa partie inférieure expressive) [CCv20]
Remarque(s) : cet emploi figuré ancien, souvent péjoratif (Oudin 1640) en raison de son transfert des suidés (porcs,...) et autres animaux aux êtres humains, est recensé dans des dict. d’argot (Larchey, Delesalle) avant 1897, puis dans Bruant.

2° *ne savoir où donner du groïn*
ne pas savoir où chercher [Dv80]
Remarque(s) : ce passage des *Soliloques* fournit une attestation littéraire intéressante pour cet emploi figuré qui joue sur l’image des porcs fouissant avec leur museau et qui revigore l’expression *ne savoir où donner de la tête.*

grue [*n. f.*]
1° prostituée [R2v30]
Remarque(s) : plutôt que des sens plus larges comme “femme aux mœurs légères” et même “femme (avec valeur péjorative)”, le contexte du pavé incite à voir ici l’acception plus restreinte retenue dans des dict. d’argot de l’époque (Delesalle, *Vocabulaire de la langue verte* d’Hector France, puis Bruant).

2° *faire le pied de grue* [voir **pied**]

gueltre [*n. f.*]
bénéfice (remise, prime) sur vente d'articles [SMv49]
Remarque(s) : formé par emprunt à l'allemand *Geld* "argent", le mot *guelte* parfois *gueltre*) est recensé dans des dict. d'argot (Larchey, Rigaud, Delesalle) avant 1897, puis dans Bruant.

guerlotter [*v.*] : prononciation pop. de *grelotter* avec métathèse [R2v50].

gueulard [*adj.*]
braillard (qui parle haut et fort, qui crie) [Ev92]
Remarque(s) : acception déjà ancienne dans l'usage pop. (XVIIe siècle), rarement recensée dans les dict. d'argot (Larchey).

gueule [*n. f.*]
I. 1° a) bouche [SMv91, MPv117, Epv116]
Remarque(s) : le sens associé aux animaux (MMv44 parle de « gargouill's à gueul's de chien ») a depuis très longtemps été appliqué à des êtres humains, ce qui est encore recensé dans des dict. d'argot (Rigaud, *Supplément* de Larchey, Delesalle) avant 1897, puis dans Bruant.

b) *gueule en tirelire* [voir **tirelire**]

2° *gueule d'alligator*
ouverture béante [P1v74]
Remarque(s) : métaphore très précise (les dents de l'animal figurant les restes des liens de couture des souliers), qui n'a pas à être lexicographiée.

3° *gueule de l'enfer* [MMv95]
ouverture (bouche) de l'enfer
Remarque(s) : cette application très ancienne du mot à des représentations allégoriques est trop banale pour être relevée dans les dict. d'argot.

II. 1° figure, visage [R1v95 (« de Désolé »), R2v278 (« si retournée »), P3v33 (« flétrie »), MNv83 (« pâle »)]
Remarque(s) : cet élargissement ancien (attesté au XVIIe siècle, par exemple dans *gueule enfarinée*) de la bouche au visage et aux expressions qu'il prend est recensé dans des dict. d'argot (Rigaud, Delesalle) avant 1897, puis dans Bruant.

2° *petite gueule*
visage mignon [CCv32]
Remarque(s) : emploi hypocoristique ancien de l'adj. *petit*, fréquent avec ce nom.

3° expressions diverses du visage :
a) *gueule de cochon*
visage mauvais [CCv100 (« de cochon malhonnête »)]

Remarque(s) : Jehan Rictus part de l'expression ancienne *tête de cochon* "mauvais caractère", mais la revigore en substituant *gueule* à *tête*, ce qui était peut-être déjà dans l'usage, mais surtout en ajoutant l'épithète « malhonnête » à *cochon*.

b) *faire sa gueule*
faire la moue [Dv86]
Remarque(s) : expression pop. recensée dans des dict. d'argot (Larchey, Rigaud, Delesalle) avant 1897, puis dans Bruant.

c) *se faire une gueule*
se regarder les uns les autres en manifestant son ressentiment [Epv98]
Remarque(s) : variante de *faire sa gueule* avec article indéfini à valeur intensive et construction pronominale amenée par la situation, mais jouant peut-être aussi par antiphrase sur la valeur de composition du visage (maquillage, masque aux sens propre et figuré) de l'expression *se faire une gueule*.

d) *gueule tirée*
tête fatiguée [MNv24]
Remarque(s) : on pense aux traits tirés du visage, mais aussi aux expressions comme *tirer une gueule* "avoir une tête déconfite", du reste absentes de la plupart des dict.

4° a) tête [SMv15 (« penchée »), P1v127 (« su' la gueule »)]
Remarque(s) : l'élargissement du visage à tout le devant de la tête ou à la tête, notamment vue de face, est courant.

b) *foutre qqch sur la gueule à qqn* [voir **foutre**, II. 5° c)]

gueuler [*v.*]
brailler, crier [SMv21, P1v52 (association avec *putois*), P1v187 (il s'agit de chiens), CCv58 (c'est-à-dire ici « chanter à tue-tête »), CCv106, Epv89 (« en chœur »), Epv146]
Remarque(s) : verbe expressif ancien, appliqué depuis longtemps aux vociférations des humains dans les usages pop. et fam., parfois recensé dans des dict. d'argot (*Vocabulaire de la langue verte* d'Hector France, *Dictionnaire thématique* de Lermina & Lévêque).

gueuleton [*n. m.*]
festin [CCv18, SCAv10, Epv12, Epv130]
Remarque(s) : mot expressif fam. attesté au XVIIIe siècle et recensé dans des dict. d'argot (Larchey, Rigaud, Delesalle) avant 1897, puis dans Bruant.

gueulette [*n. f.*]
petite gueule mignonne [SMv106]
Remarque(s) : attestation littéraire intéressante pour le sens hypocoristique (chargé d'affectivité) de ce dérivé, en outre appliqué ici à des seins que Jehan Rictus imagine avenants.

guieu ou **Guieu** [*n. m.*]
I. 1° dieu ou Dieu [R2v5 (« un Dieu »), R2v260 (« un Dieu »), P3v1, v69, v105, v145, v161, v205 (« mon Dieu », en prière)]
Remarque(s) : palatalisation de *Dieu* en *Guieu* attestée depuis longtemps dans l'usage pop. de la région parisienne et autour.

2° (*le, un*) *Bon Guieu*
(le, un) Bon Dieu [P1v35, P2v96, P3v180 (« mon Bon Guieu »)]
Remarque(s) : voir 1°.

3° *demi-Guieu*
demi-Dieu [Epv160 (à propos du tsar)]
Remarque(s) : voir 1°, mais attestation intéressante pour cette variante de *demi-dieu.*

II. Exclamations et jurons renforçant l'expression de l'affectivité : *mon Guieu !* [Dv21, Dv168, P1v215] et *bon guieu de bois !* [Epv68]
Remarque(s) : jurons traditionnels avec palatalisation ancienne de *Dieu* en région parisienne, ce qui rend intéressante cette attestation littéraire du second.

guigne [*n. f.*]
1° malchance [Hv13 (*avoir de la guigne*), R2v111 (*avoir la guigne*)]
Remarque(s) : ce mot, variante du nom masc. plus ancien *guignon* (même sens) bien attestée au XIXe siècle, est recensé dans des dict. d'argot (Rigaud, Delesalle) avant 1897, puis dans Bruant.

2° *bouffe-la-guigne* [R2v149] [voir **bouffe-la-guigne**]

guigner [*v.*]
1° regarder du coin de l'œil [R2v47 (« gign'nt de travers »)]
Remarque(s) : verbe expressif ancien dans cette acception (XVIe siècle).

2° *se guigner*
se regarder avec convoitise [CCv70]
Remarque(s) : verbe expressif ancien dans cette acception (XVIIe siècle).

Guignol [*n. pr. m.*]
objet de Guignol
sujet comique, voire prêtant à rire (*objet de risée*), de pièces de théâtre de marionnettes [R2v110]
Remarque(s) : ce genre, dont le nom vient de celui du personnage principal (Lyon), était très populaire à la fin du XIXe siècle et considéré comme manquant de sérieux.

guimauve [*n. f.*]
à la guimauve
à l'eau de rose, douceâtre [R3v64]

Remarque(s) : dérivée du nom renvoyant à cette pâtisserie douceâtre [Ev61], l'expression figurée permet de prendre du recul par rapport à la mollesse sucrée des « bons sentiments ».

guincher [*v.*]
danser (avec idée de faire la fête) [SMv100 (sujet : « poux »), P1v14 (sujet : « palpitants »), P1v109]
Remarque(s) : verbe pop. recensé dans des dict. d'argot (Rigaud, Richepin, *Supplément* de Larchey, Delesalle), puis dans Bruant, qui cite le deuxième passage des *Soliloques*.

— H I J K —

Haute (la) [*adj. employé comme n. pr. fém.*]
gas de la Haute
gens de la haute société, du « grand monde » [P1v101]
Remarque(s) : cette acception du nom fém. dans l'usage pop. est recensée dans des dict. d'argot (Larchey, Rigaud, Delesalle) avant 1897, puis dans Bruant.

hure [*n. f.*]
tête [P1v46]
Remarque(s) : substitut pop. au milieu du XIXe siècle, tirant son expressivité de son transfert ancien (ancien français et Oudin 1640) des animaux (sanglier, porc et autres animaux sauvages) aux humains et recensé dans des dict. d'argot (Delesalle, *Vocabulaire de la langue verte* d'Hector France, puis Bruant).

idéalisse [*adj. employé comme n.*] : corruption populaire du suff. savant *–iste* d'*idéaliste* (au sens large) [Ev89, R2v266].

itou [*adv.*]
aussi [P2v87]
Remarque(s) : adverbe ancien conservé dans des chansons et tournures populaires et parfois recensé dans des dict. d'argot (Delesalle, *Vocabulaire de la langue verte* d'Hector France avec citation de Richepin, repris dans Bruant).

jacque [*n. m.*]
faire le jacque
faire l'imbécile ou faire qqch d'humiliant, de pénible [SMv69, MMv79]
Remarque(s) : expression populaire (plus souvent avec *jacques*) parfois recensée dans des dict. d'argot (Rigaud, Delesalle) avant 1897, puis dans Bruant.

jacqueter I. [*v.*]
parler [Ev180 (« en parigot »)]

Remarque(s) : variante de *jacter*, verbe expressif (métaphore de cris d'oiseaux) recensé dans des dict. d'argot (Larchey, Rigaud, Delesalle) avant 1897, puis dans Bruant.

jacqueter II. [*n. m.*]
discours [R1v28, P3v67]
Remarque(s) : attestation littéraire intéressante pour cet infinitif substantivé (voir **jacqueter I.**) qui sert d'alternative à des noms déverbaux comme *jactage* ou *jactance* et qui n'est recensé dans aucun dictionnaire.

jambon [*n. m.*]
guitare [SCAv12 (éclairé par v46)]
Remarque(s) : substitut expressif (métaphore de forme) recensé dans des dict. d'argot (Larchey et Rigaud donnent "violon", Delesalle "guitare") avant 1897, puis dans Bruant.

jambonner [*v.*]
meurtrir [Fv11]
Remarque(s) : verbe expressif mal recensé dans les dict., mais qui se trouve dans Delesalle (« battre à coups de pied », mais la précision fait sans doute erreur sur l'explication de la métaphore : il s'agit plutôt de couleur violacée que de jeu de jambes) avant 1897, puis dans Bruant.

jarnacquer [*v.*]
porter un coup imprévu [Dv188]
Remarque(s) : ce verbe dérivé par l'auteur de l'expression *coup de Jarnac* "coup imprévu" n'est pas recensé dans les dict.

jaser [*v.*]
babiller [P1v54, CCv75]
Remarque(s) : verbe expressif dont l'acception pertinente dans ces passages est plus courante que celles recensées dans des dict. d'argot comme "prier" ou "faire des révélations".

jaspin [*n. m.*]
bavardage [Ev194]
Remarque(s) : ce dérivé déverbal de *jaspiner* "caqueter" est recensé dans des dict. d'argot (Richepin, Delesalle) avant 1897, puis dans Bruant.

jean-jean [*adj.* et *n.*]
naïf, bête [R2v117]
Remarque(s) : mot expressif pop. recensé dans des dict. d'argot (Larchey, Rigaud, Delesalle) avant 1897, puis dans Bruant, qui cite ce passage des *Soliloques*.

jeter [*v.*]
s'en jeter
s'empiffrer [P2v37]

Remarque(s) : construction mal recensée dans les dict. qui retiennent plus souvent *s'en jeter un* "boire un verre" ; Rigaud, mal repris par Delesalle, donnait *s'en être jeté* "être soûl".

jeunesse [*n. f.*]
jeune fille [CCv9]
Remarque(s) : à côté des différentes acceptions courantes du mot, Jehan Rictus utilise cet emploi ancien pop. recensé dans des dict. d'argot (Larchey, Rigaud, Delesalle) avant 1900.

ji [*interjection*]
oui [R1v70]
Remarque(s) : variante graphique du vieux mot d'argot *gis* ou *gy* (fin XVIe-déb. XVIIe siècles), recensé dans des dict. d'argot (*Voleurs* de Vidocq 1836-37, Larchey, Rigaud, Delesalle) avant 1897, puis dans Bruant.

joint [*n. m.*]
trouver des joints
trouver moyen de résoudre des difficultés (ici de joindre les deux bouts) [MNv43]
Remarque(s) : expression métaphorique courante.

joli [*adj. employé comme n. m.*]
en faire du joli
commettre des actes provoquant du scandale [R1v46]
Remarque(s) : attestation littéraire intéressante pour cette antiphrase courante.

jonquille [*n. f. employé comme adj.*]
jaune clair [Dv102]
Remarque(s) : le jaune, symbole de déshonneur, est la couleur des cocus.

jornal [*n. m.*] : prononciation pop. de *journal* (*jornaux* dans les trois passages) [Hv13, R2v19, R2v165].

jornée [*n. f.*] : prononciation pop. de *journée* [SCAv7].

jour [*n. m.*]
à jour
au grand jour [Dv31, R2v61]
Remarque(s) : locution courante rendue expressive par son application à des os que la maigreur rend visibles (Dv31) et à des pieds de va-nu-pied (R2v61).

Juge [*n. m.*]
tête [Dv79]
Remarque(s) : métaphore faiblarde remplacée par le mot d'argot *sorbonne* à partir de l'éd. de 1921.

Julliet [*n. m.*] : prononciation pop. de *juillet* [P1v57].

jus [*n. m.*]
jus de trique
sang coulant sous les coups de trique [Fv7]
Remarque(s) : Jehan Rictus part d'expressions attestées plus anciennement comme *jus de cotret* (1718 selon Esnault) ou *jus de bâton* (1813 selon Esnault) et recensées dans des dict. d'argot (*jus de bâton* dans Larchey, Rigaud et Delesalle) avant 1897.

juter [*v.*]
rendre du jus [Fv72]
Remarque(s) : Jehan Rictus applique métaphoriquement ce verbe, de même que le verbe *gicler*, aux enfants maltraités.

kilog [*n. m.*]
kilog de fer
kilo(gramme) de fer [IPv48]
Remarque(s) : métaphore exprimant la dureté du cœur, avec orthographe de l'abréviation graphique appliquée à la réduction orale par apocope qui est attestée dès la première moitié du XIXe siècle.

kilomète [*n. m.*] : déformation phonétique pop. de *kilomètre* [MNv44].

— L —

l' [*pron. pers. ou impers. sujet troisième pers. sg.*]
1° il [Hv89 (« L'en faut »), Ev45 (« l'est comm' mézigue »), Ev76 (« L'aurait pu faire »), Ev120 (« L'est cor pus carn' »), R1v81 (« L'aurait envie »), R3v76 (« l'a passé d' l'eau »), P1v21 (« L'est fini l' temps »), P3v26 (« L'est donc venu l' tour »)]
Remarque(s) : forme réduite pop. du pronom *il*, courante devant voyelle dans les textes populaires.

2° *l'* entre *il* ou *y* et verbe conjugué [SMv8 (« s'il l'tait »), variante e (p. 182) de P1v89 en 1897 (« y l'est bath », corrigé ensuite en « il est frais »), CCv3-4 (« Il l'tait Menuit » ; voir **'tait**), Epv5 (« y l' en f'rait »)
Remarque(s) : curieusement, Jehan Rictus fait de la forme réduite du pronom *il* une consonne d'appui entre ce pronom et ce qui suit.

là n' dans [*loc. adv.*] : déformation phonétique pop. de *là-dedans* [MMv108].

lance [*n. f.*]
pluie [SMv89, CCv5, variante f de CCv39-42 en 1897 (voir p. 185)]
Remarque(s) : mot d'argot ancien (fin XVIe-déb. XVIIe siècles : "eau") dont l'acception "pluie" n'est formulée que peu avant 1897 (Delesalle), puis dans Bruant.

langue [*n. f.*]
se passer des langues
s'embrasser sur la bouche en introduisant la langue [SMv61]

Remarque(s) : Jehan Rictus semble employer ici une variante d'expressions comme *(se) faire des langues* ou *(se) faire langue fourrée*, recensées dans le *Dictionnaire érotique moderne* de Delvau (1864) et reprises dans des dict. d'argot (Rigaud, Delesalle) avant 1897, puis dans Bruant qui recensera aussi *se filer des langues* et *se passer des langues* avec le même sens.

lansquiner [*v.*]
pleuvoir [Dv167, MNv30]
Remarque(s) : substitut expressif recensé dans des dict. d'argot (*Voleurs* de Vidocq 1836-37, Larchey, Rigaud, Delesalle) avant 1897, puis dans Bruant, qui cite le premier passage des *Soliloques*.

lapin [*n. m.*]
poser un lapin
ne pas rétribuer les faveurs d'une fille [SMv76]
Remarque(s) : expression recensée avec cette acception dans des dict. d'argot (Rigaud, *Supplément* de Larchey, Delesalle) avant 1897 et que Jehan Rictus disloque (« quant au lapin... c'est tout posé ») tout en l'employant par dérision à l'égard du Pauvre qui ne jouira même pas de telles faveurs.

lappe-la-boue [*n. comp. m.*]
soulier percé [Dv34]
Remarque(s) : Jehan Rictus est sans doute l'auteur de ce nom composé expressif qui n'est recensé dans aucun dictionnaire, même si le Bruant le donnera dans une citation de ce passage utilisée pour illustrer *requimpette*.

larbin [*n. m.*]
valet, domestique [Ev119]
Remarque(s) : mot recensé dans des dict. d'argot (*Voleurs* de Vidocq 1836-37, Larchey, Rigaud, Delesalle), puis dans Bruant.

lardon [*n. m.*]
bambin, enfant [R1v11]
Remarque(s) : substitut expressif succédant à des expressions comme *morceau de salé* (Larchey, Rigaud) et recensé dans Delesalle avant 1897, puis dans Bruant.

lieur
au lieur de
au lieu de [R3v64, CCv97, MMv121]
Remarque(s) : déformation très fréquente à l'époque dans l'usage pop. en région parisienne et autour (on la trouve une demi-douzaine de fois dans des citations ou exemples du Bruant), mais rarement relevée dans les dict.

limace [*n. f.*]
chemise [R3v23]
Remarque(s) : mot d'argot ancien (*Vice puni ou Cartouche* en 1725), toujours recensé dans des dict. d'argot (*Voleurs* de Vidocq 1836-37, Larchey, Rigaud, Richepin, Delesalle) avant 1897, puis dans Bruant.

limandin [*n. m.*]
petite limande [SMv92 (« Mes limandins vont aboyer »)]
Remarque(s) : peut-être Jehan Rictus est-il parti de l'idée de maigreur exprimée dans l'expression *plat(e) comme une limande* (*limande* “femme maigre” est recensé dans des dict. d'argot) et l'a-t-il encore accentuée avec le diminutif masculin *limandin* qu'il a employé métaphoriquement en le substituant à « mamelles » (du Pauvre) de l'édition de 1897a dans celle de 1897b ? en tout cas, je n'ai trouvé *limandin*, même comme diminutif bien attesté de *limande*, dans aucun des dictionnaires consultés.

lingue [*n. m.*]
couteau [R2v56]
Remarque(s) : mot d'argot ancien (*lingre(s)* dans *Vie genereuse* 1603 qui rectifie *ingres* de 1596, puis dans le *Jargon ou Langage de l'Argot reformé* 1629-1630 et dans *Voleurs* de Vidocq 1836-37), recensé sous la forme *lingue* dans des dict. d'argot (Rigaud, *Supplément* de Larchey, Delesalle) avant 1897, puis dans Bruant.

liquette [*n. f.*]
chemise [Dv33, P1v70, P2v93, MPv40]
Remarque(s) : mot fin-de-siècle recensé dans des dict. d'argot (Rigaud, *Supplément* de Larchey, Delesalle) avant 1897, puis dans Bruant, qui le cite dans le premier passage à propos du mot *requimpette*.

lolotte [voir **charlotte**]

longe-ruisseaux [*n.*]
vagabond [MNv23]
Remarque(s) : mot composé formé par l'auteur avec le mot *ruisseau* évoquant la misère des vagabonds marchant au bord des eaux sales des rues.

lopette [*n. f.*]
pédéraste [P2v43]
Remarque(s) : en 1901, Bruant donnera *lope* comme dérivé par largonji de *copaille* “pédéraste”, citant à propos de ce dernier mot Jean Lorrain qui avait qualifié ainsi les cyclistes en raison de leurs maillots de soie ; mot fin-de-siècle comme *lope*, le diminutif *lopette*, lui, ne sera recensé dans le Bruant qu'en 1905 ; en voici donc une attestation littéraire intéressante.

loquetaillon [*adj. et n.*]
loqueteux [Ev153]
Remarque(s) : dérivé expressif de *loqueteux* (voir ce mot) formé avec deux suffixes sur le modèle de *écrivaillon*, *noblaillon*, *fumaillon*, etc., mais en jouant ici sur le rapprochement avec *haillon* ; il s'agit probablement d'une création d'auteur.

loqueteux [*adj.*]
vêtu de loques, miséreux [Dv44]

Remarque(s) : mot ancien fréquent dans la littérature sur les miséreux au XIXe siècle (Richepin par exemple) ; Jehan Rictus l'applique ici au cœur du Pauvre.

lorss [*adv.*] : prononciation pop. de *lors* dans *dès lors* [Dv171], comme dans *alorss* pour *alors*.

loufoque [*adj.*]
fou [SMv57, CCv85, MPv23]
Remarque(s) : dérivé par largonji de *fou*, le mot est recensé dans des dict. d'argot (Larchey, Rigaud, Richepin, Delesalle) avant 1897, puis dans Bruant.

loufoquerie [*n. f.*]
folie [Ev78]
Remarque(s) : mot fin-de-siècle déjà attesté en 1878-1879 dans *La petite Lune* et qui sera recensé dans le *Vocabulaire de la langue verte* d'Hector France, puis dans Bruant.

loupiot [*n.*]
enfant [P3v6]
Remarque(s) : mot pop. recensé dans des dict. d'argot (Rigaud, *Supplément* de Larchey, Delesalle) avant 1897, puis dans Bruant.

luisants [*participe-adj. employé comme n. m. pl.*]
gens du monde ? [R2v190]
Remarque(s) : l'argot connaît différentes acceptions anciennes pour *luisant* ("jour", "soleil", "œil"), mais Jehan Rictus, qui remplace ici, dans l'éd. de 1903, « les Brillants » des éd. de 1897 par « les luisants », associés aux Rois dans les deux cas, pourrait bien avoir en tête une acception recensée plus récemment, celle qui renvoie aux gens du monde (Delesalle, France dans le *Vocabulaire de la langue verte* et Bruant donnent "élégant" avant 1903) et qui dérive par métonymie de l'acception "souliers vernis" (Rigaud, Delesalle).

— M —

M'sieu [voir ordre alphabétique sans prise en compte de l'apostrophe]

maam' ou **ma'am'** [*n. f.*] : réduction pop. courante de *madame* [Hv19, Fv21] ; voir aussi **mam'**.

mac [*n. m.*]
maquereau (souteneur) [P3v107, MNv73]
Remarque(s) : ce dérivé par apocope du vieux mot *maquereau* est recensé dans des dict. d'argot (*Voleurs* de Vidocq 1836-37, Larchey, Rigaud, Delesalle) avant 1897, puis dans Bruant.

mâche-angoisse [*n.*]
désespéré ruminant son malheur [Ev205, MNv25]
Remarque(s) : nom composé forgé par l'auteur avec le verbe *mâcher* souvent employé dans ce sens figuré s'appliquant à des pensers négatifs.

magasin [*n. m.*]
magasin de giffes
réceptacle à gifles [R2v260]
Remarque(s) : métaphore d'auteur jouant sur l'idée d'emmagasiner, c'est-à-dire de recevoir.

magnère [*n. f.*] : prononciation pop. palatalisée de *manière* [Hv46, P2v35, CCv29].

magnes [*n. f. pl.*]
faire des magnes
faire des manières (ou des manies), c'est-à-dire se donner un air important ou distingué [Ev189, Dv92, CCv14]
Remarque(s) : expression recensée dans des dict. d'argot (Rigaud, *Supplément* de Larchey, Delesalle) avant 1897, puis dans Bruant.

mam' [*n. f.*] : réduction phonétique pop. courante de *madame* [Dv155 (« Mam' Poignet »), P1v224 (« M'am' Pudeur »), Fv68] ; voir aussi **maam'**.

mamourer [*v.*]
faire des mamours, caresser [SMv103]
Remarque(s) : ce verbe expressif, dérivé du nom expressif pop. et fam. *mamours* et attesté à la fin du XIXe siècle (voir *Trésor de la langue française* : intransitif dans Huysmans 1879, transitif dans citation des *Soliloques* 1897), sera recensé immédiatement dans Bruant, qui cite ce passage.

mandale [*n. f.*]
claque, gifle [SMv126]
Remarque(s) : variante du nom *mandole* (même sens), lequel est recensé dans des dict. d'argot (Delvau, Rigaud, *Supplément* de Larchey, Delesalle) avant 1897, puis dans Bruant, qui sera l'un des tout premiers à donner *mandale* (avec citations de vers de Bruant et de Paillette) ; malgré sa vitalité constante depuis la seconde moitié du XIXe siècle, le mot est absent du *Trésor de la langue française*.

manège [*n. m.*]
manière d'agir adroite [MNv29]
Remarque(s) : sens figuré bien attesté dans l'usage courant au XIXe siècle.

manque [*n. f. dans loc. adj.*]
à la manque
qui ne vaut rien [MPv12, Epv93]
Remarque(s) : expression recensée dans des dict. d'argot (Larchey, Rigaud, Richepin, Delesalle) avant 1897, puis dans Bruant.

maquereau [*n. m.*]
proxénète, souteneur [SMv25, R2v160 (appliqué aux Catholiques vis-à-vis de leur Dieu), P1v184]

Remarque(s) : ce mot pop. d'ancien français, qui n'est plus recensé dans de nombreux dict. d'argot au XIXe siècle, y sera réintégré au XXe.

marcher [*v.*]
ne pas (ne plus) marcher
ne pas (ne plus) être d'accord [Ev93]
Remarque(s) : emploi de l'usage fam., que ce soit en tournure affirmative ou négative, parfois recensé dans des dict. d'argot (Rigaud, Delesalle) avant 1897, puis dans Bruant.

mariner [*v.*]
rester plongé (dans une mauvaise situation) [Ev35]
Remarque(s) : ce sens figuré expressif (péjoratif), parfois recensé dans des dict. d'argot (Delesalle avant 1897, puis Bruant), ne semble pas avoir été repéré avant la fin du XIXe siècle (absent de Littré) ; en voici donc une attestation littéraire intéressante.

mariolle [*adj. et n.*]
[individu] malin [Dv115, R1v84, CCv61, MNv74]
Remarque(s) : mot expressif attesté en moyen français et toujours recensé dans des dict. d'argot (Larchey, Rigaud, Richepin, Delesalle) avant 1897, puis dans Bruant.

marle [*n. m.*]
proxénète, souteneur [Dv23]
Remarque(s) : cette variante fin-de-siècle de *marlou*(*x*), sans doute dérivée de ce dernier par apocope et qui en a les mêmes acceptions (voir **marlou**), sera recensée après 1897 dans Bruant.

marlou [*n. m.*]
proxénète, souteneur [SMv98 (« frimer le marlou »), P1v144 (« de la République »)]
Remarque(s) : alors que l'acception "souteneur" dérivée du sens premier "[individu] malin" est bien recensée dans des dict. d'argot (Larchey, Rigaud, Delesalle avant 1897, puis Bruant), son emploi métaphorique dans le second passage constitue une attestation littéraire intéressante ; pour le premier, voir **frimer** : l'idée semble être que le marlou, lui, n'a pas besoin de payer.

marloupin [*n. m.*]
proxénète, souteneur [Ev196]
Remarque(s) : ce dérivé de *marlou* est recensé dans des dict. d'argot (Richepin, *Supplément* de Larchey, Delesalle) avant 1897, puis dans Bruant, mais oublié dans le *Trésor de la langue française* avant d'être cité à l'article **youpin**.

marmelade [*n. f.*]
misère [Hv119, SCAv4]
Remarque(s) : ce substitut de *misère*, qui, comme d'autres, repose sur le sens figuré d'un mot comportant l'idée de bouillie, sera recensé avec cette

acception dans le *Vocabulaire de la langue verte* d'Hector France, puis dans le Bruant.

marmot [*n. m.*]
enfant [SMv106]
Remarque(s) : ce mot expressif, attesté au XVIIe siècle avec cette acception dérivée, est ici employé dans une métaphore à propos de seins pour se blottir.

marner [*v.*]
s'échiner, travailler dur [SMv95, P3v171, MMv34]
Remarque(s) : ce verbe expressif pop. est recensé dans des dict. d'argot (Larchey, Rigaud, Delesalle) avant 1897, puis dans Bruant qui cite le second passage des *Soliloques*.

marque-mal [*n. comp.*]
[individu] suspect d'allure [MNv24]
Remarque(s) : nom composé formé sur l'expression *marquer mal* "avoir mauvaise allure" (Larchey, Delesalle) et recensé dans des dict. d'argot (Delesalle, *Vocabulaire de la langue verte* d'Hector France, Bruant) avant 1903.

marrognier [*n. m.*] : prononciation pop. palatalisée de *marronnier* [P1v49].

marron [*adj. invar. attribut*]
être fait marron
être pris en flagrant délit [MNv63]
Remarque(s) : expression recensée dans des dict. d'argot (*Voleurs* de Vidocq 1836-37, Larchey, Rigaud, Delesalle, puis Bruant) avant 1903.

marteau [*n. m. employé comme adj. attribut invar.*]
être marteau
avoir l'esprit dérangé [R2v73]
Remarque(s) : ce mot fin-de-siècle, dérivé d'expressions métaphoriques anciennes comme *avoir* (*reçu*) *un coup de marteau* (Larchey), sera recensé dans Bruant avec citation de ce passage des *Soliloques*.

mason [*n. f.*] : prononciation pop. en région parisienne et autour (è ouvert > a comme dans *elle* > *a*) de *maison* [Dv2, Dv162, R2v217, R3v68 et tout le poème « Les Masons »].

masque [*n. m.*]
visage aux traits marqués [MPv42]
Remarque(s) : sens figuré bien attesté au XIXe siècle (notamment dans l'usage médical à propos de la grossesse) et qui n'est pas argotique.

masser [*v.*]
travailler [P3v16]

Remarque(s) : verbe expressif employé par Richepin dans la *Chanson des Gueux* en 1876 et recensé dans des dict. d'argot (Larchey, Rigaud, Richepin, Delesalle) avant 1897, puis dans Bruant.

mastar [*adj.*]
lourd [Dv20]
Remarque(s) : comme pour *massif* dans le même vers, Jehan Rictus retient dans ce dérivé parallèle à *mastoc* l'idée de lourdeur de la peine dans laquelle le Pauvre se traîne ; Esnault 1965 vise sans doute ce passage des *Soliloques* quand il date de 1896 et marque « pop. » ce terme ignoré des dict. d'argot du XIXe et du début du XXe siècles.

maternelle [*adj. employé comme n. f.*]
mère [Fv35]
Remarque(s) : ce substitut expressif pop. et fam., formé comme *paternel*, est recensé dans des dict. d'argot (*Supplément* de Larchey avec mention « argot des écoles », Delesalle) avant 1897, puis dans Bruant.

mec [*n. m.*]
gars [SMv34, R1v60, Epv96]
Remarque(s) : Jehan Rictus emploie comme synonyme de *gars* ce mot recensé avec des acceptions variées dans des dict. d'argot avant 1897 : "chef" (*Voleurs* de Vidocq 1836-37, Larchey, Delesalle, puis Bruant), "souteneur" (Richepin, Delesalle, puis Bruant), "individu" (Delesalle, puis Bruant).

mecton [*n. m.*]
1° gars [MMv72]
Remarque(s) : diminutif expressif de *mec* sans valeur péjorative, recensé dans Bruant avec une acception spécialisée "maquereau jeune", mais les *Soliloques* offrent avec ce passage une attestation littéraire intéressante de 1903.

2° *mecton de la rousse*
policier [P3v120]
Remarque(s) : si *mec de la rousse* désignait le préfet de police dans les *Voleurs* de Vidocq 1836-37, on comprend pourquoi Jehan Rictus emploie le diminutif pour désigner ses subordonnés ; attestation non mentionnée par Esnault 1965 qui donne pourtant *mecton de la rousse* quand il date *mecton* de 1896 et l'affecte à l'argot des voyous.

mégot [*n. m.*]
reste non fumé d'un cigare ou d'une cigarette [SCAv25]
Remarque(s) : mot employé par Richepin dans la *Chanson des Gueux* en 1876 et recensé dans des dict. d'argot (Larchey, Rigaud, Richepin, Delesalle) avant 1897, puis dans Bruant.

meillon [*n. m.*] : déformation de *million* dans la prononciation pop. [Hv70, P3v152, Epv35, Epv118].

mendigot [*n.*]
mendiant [Hv67, SCAv28]
Remarque(s) : ce mot, créé par déformation comme *Parigot*, est attesté dans des dict. d'argot (Larchey, Rigaud, Richepin, Delesalle) avant 1897, puis dans Bruant.

ménifique [*adj.*] : déform. de *magnifique* dans la prononciation pop.[P3v116].

ménisse [*n. f.*]
femme [R1v71]
Remarque(s) : variante rare du nom *ménesse* (même sens), seul recensé dans des dict. d'argot (Larchey, Rigaud, *Supplément* de Larchey, Delesalle) avant 1897, puis dans Bruant.

menterie [*n. f.*]
mensonge [Dv105]
Remarque(s) : Jehan Rictus emploie comme substitut de *mensonge* ce dérivé attesté en ancien français et conservé dans le parler pop. de plusieurs régions.

menuit [*n. m.* (autrefois *f.*)] : déformation de *minuit* dans la prononciation pop. [R2v2, CCv3-4].

méquier [*n. m.*] : prononciation pop. et enfantine (palatalisation) de *métier* [Hv24, Dv24, P3v29, Fv85]

merde ! [interjection]
(juron servant à exprimer l'intensité d'un (res)sentiment) [Hv1, Hv17-19]
Remarque(s) : l'un des jurons les plus fréquents dans l'usage pop., parfois recensé dans des dict. d'argot (Rigaud, Delesalle).

merle ! [*interjection*]
(juron servant à exprimer l'intensité d'un sentiment) [P1v1 (à partir de l'éd. de 1921, en remplacement de « Bon ! »)]
Remarque(s) : à-peu-près humoristique dans lequel Jehan Rictus joue à remplacer *merde !* du début de « L'Hiver » par un mot plus en rapport avec le début du « Printemps ».

mettons... [voir **mettre**]

mettre [*v.*]
I. *mettons...*
supposons [MNv30]
Remarque(s) : tournure familière bien attestée au XIXe siècle dans les usages pop. et fam.

II. 1° *le mettre* (*à qqn*)
tromper qqn, en faire accroire à qqn [MNv42]

Remarque(s) : ce sens figuré pop., dérivé du sens obscène ("foutre"), est recensé dans des dict. d'argot (Larchey, Rigaud, Delesalle) avant 1897, puis dans Bruant (1901), où il figure dans plusieurs exemples et citations.

2° *se le laisser mettre*
se laisser avoir (tromper) [Ev117]
Remarque(s) : cette inversion passive de la tournure précédente est recensée dans le *Trésor de la langue française*, avec citation fort infidèle de ce passage des *Soliloques* (« On n' donn' pus dans la Politique, Nous on veut pus se l' laisser mettre » !), et dans le *Dictionnaire du français non conventionnel* de Cellard & Rey (éd. revue et augmentée de 1991) avec citation plus fidèle (malgré « pas » au lieu de « pus »).

III. *mis* [voir **mis**]

IV. Pour diverses tournures avec le verbe *mettre*, voir le mot principal contenu dans le complément, par exemple **battant** pour *se mettre dans le battant*, **fusil** pour *se mettre dans le fusil*, **vert** pour *se mettre au vert*, etc.

meule [*adj.*]
démuni d'argent [Dv88, P1v126]
Remarque(s) : cet adj., que l'on peut rapprocher de *meulard* "rien" et de *meulé* "usé à la meule", est recensé dans des dict. d'argot (*Supplément* de Larchey, Delesalle) avant 1897, puis dans Bruant qui l'utilise plusieurs fois dans ses vers ; bien que souvent attesté, il est ignoré du *Trésor de la langue française*.

mézig ou **mézigue** [*pron. pers.*]
moi [Ev45, P2v50, MNv2]
Remarque(s) : ce substitut pop. du pron. pers. de première pers. du sg, attesté dès le début du XIXe siècle, est recensé dans des dict. d'argot (*Voleurs* de Vidocq 1836-37, Larchey, Rigaud, Richepin, Delesalle) avant 1897, puis dans Bruant ; il appartient à une série (*tézigue*, *sézigue*, *nouzigue*, *vouzigue* et leurs variantes) dont des formes ressemblantes (*mezingand*, *sezingand*, *tezingand*) sont attestées au début du XVIIe siècle (*Jargon ou Langage de l'Argot reformé* 1629-1630).

miauler [*v.*]
1° chanter (des complaintes) [SCAv35-36]
Remarque(s) : acception figurée (métaphore) péjorative, bien attestée au XIXe siècle.

2° se plaindre [R2v122]
Remarque(s) : acception figurée (métaphore) courante au XIXe siècle.

michet [*n. m.*]
client de prostituée [SMv25, Ev23, R1v59]
Remarque(s) : cette variante de *miché* (d'abord "dupe", puis "client de fille" dès le XVIIIe siècle) est recensée dans des dict. d'argot (Larchey, Rigaud, Richepin, Delesalle) avant 1897, puis dans Bruant.

mignonne [*n. f.*]
homosexuel masculin [P3v107]
Remarque(s) : c'est plutôt le nom masculin qui sert à désigner, depuis le moyen français, de jeunes hommes efféminés ; Bruant recensera cet emploi féminin en l'illustrant par ce passage des *Soliloques*.

Milord [*n. m.*]
homme riche [Ev70]
Remarque(s) : ce mot, emprunté depuis longtemps (fin XVe siècle) à l'anglais pour désigner des hommes riches (et bien vêtus), est toujours recensé dans des dict. d'argot (Larchey, Rigaud, Delesalle) avant 1897, puis dans Bruant.

mimi [*n. m.*]
enfant [Fv52]
Remarque(s) : cette transposition métaphorique à des enfants du terme hypocoristique utilisé d'abord pour des chatons et chats (*minou*, *minette*), avec influence possible de *mimi*, substitut de *mignon* formé par redoublement (repéré dans Courteline, 1890, par le *Trésor de la langue française*), est sans doute antérieure aux *Soliloques*, mais ce passage offre une attestation littéraire intéressante.

mince de... ! [*tournure exclamative*]
quel, quelle... [Dv5, P1v176, variante b de P2v28 (voir p. 183)]
Remarque(s) : cette tournure exclamative, reposant sur une antiphrase dans laquelle *mince* signifie "beaucoup" (de même, *rien* signifie "fort, très" dans une tournure comme « F'ra rien chaud » ; voir **rien**), ne marque pas d'ironie amère dans ces trois passages, contrairement à ce qui se produit dans d'autres cas (« mince d'horizon ! » rimant avec « prison » dans une cit. de Ponchon donnée par le Bruant) ; elle est recensée dans des dict. d'argot (Rigaud, Richepin, *Supplément* de Larchey, Delesalle) avant 1897, puis dans Bruant.

mine [*n. f.*]
filon [Hv58 (« mine à boulots »), Ev206 (« mine à croquis »)]
Remarque(s) : cette acception figurée (métaphore à partir des mines d'où l'on extrait des matières utiles, voire précieuses), courante au XIXe siècle, s'applique parfois à des situations (l'hiver dans le premier passage) et même à des personnes (*mine à croquis*, avec triple jeu sur *mine* "apparence" et *mine* "matière servant à dessiner, d'où dessin fait à la mine").

Minoche [*n. m.* (autrefois *f.*)]
minuit [MNv15]
Remarque(s) : Jehan Rictus, en apocopant *minuit* pour adjoindre le suffixe pop. et argotique *–oche*, joue aussi sur l'association avec l'héritage du latin dans les langues romanes (voir en français *médianoche*) ; cette création d'auteur semble toutefois être restée un hapax.

mioche [*n.*]
enfant [SCAv41]

Remarque(s) : ce substitut expressif, attesté au XVIIIe siècle (“jeune garçon” dans comédie de Legrand 1721, d’après Sainéan 1912) et au début du XIXe (d’Hautel 1807-1808), est recensé dans des dict. d’argot (Larchey, Rigaud, Delesalle) avant 1897, puis dans Bruant.

mirette(s) [*n. f.* (*souvent pl.*)]
œil (yeux) [R2v279, CCv30]
Remarque(s) : substitut expressif de forme diminutive recensé dans des dict. d’argot (*Voleurs* de Vidocq 1836-37, Larchey, Rigaud, Delesalle) avant 1897, puis dans Bruant.

miroitant [*participe-adj employé comme n. m.*]
1° vitrine [R2v284]
Remarque(s) : Jehan Rictus semble avoir créé (à partir de *miroiter*) ce substitut de *miroir*, qui sera recensé dans Bruant avec citation de ce passage des *Soliloques*, mais ne se répandra pas dans l’usage.

2° *au pl.* : yeux [Dv96]
Remarque(s) : Jehan Rictus semble avoir créé ce substitut de *mirettes* qui ne se répandra pas dans l’usage et ne figure dans aucun dictionnaire ; il se pourrait qu’à partir de cette création le Bruant ait recensé à tort *miroiter* “regarder” (sans autre indication).

mis [*participe-adj.* (avec complément de manière et/ou de comparaison)]
vêtu [P1v72]
Remarque(s) : emploi particulier bien attesté dans l’usage déjà au XVIIe siècle pour le participe du verbe *mettre*, sans que cette synonymie avec *vêtu* soit porteuse d’une expressivité discernable.

mistoufe ou **mistoufle** [*n. f.*]
misère [Hv115 (« mistoufle »), SMv95 (« mistoufe »)]
Remarque(s) : ce substitut expressif, dont *mistoufe* est une variante dans la prononc. pop., est recensé dans des dict. d’argot (Larchey, Rigaud, Delesalle) avant 1897, puis dans Bruant, qui cite le second passage des *Soliloques*.

mochard [*adj. et n.*]
[individu] laid [P1v100]
Remarque(s) : ce dérivé suffixé de *moche* reçoit ici une première attestation littéraire (1897), relevée dans le *Trésor de la langue française* (mais dans l’éd. de 1919, sans que l’on sache pourquoi) ; daté de 1898 dans Esnault 1965, il sera recensé dans le Bruant.

moche [*adj.*]
laid [Dv27, P3v143]
Remarque(s) : ce substitut expressif qui a succédé à *mouche* (même sens ; lui-même dérivé de *mouchique*, même sens), est recensé dans des dict. d’argot (article **mouche** dans Rigaud, repris dans *Supplément* de Larchey et dans Delesalle) avant 1897, puis dans Bruant ; le *Trésor de la langue française* fait venir le mot du verbe *amocher*, mais Esnault 1965 n’avait pas retenu cette

hypothèse contraire à la morphologie et contredite par les datations (*amocher* “meurtrir à coups de taloches” est recensé dans Delvau en 1867).

moelle [*n. m.*]
1° énergie, vigueur physique [P3v162 (« donnez-nous la moelle de... »)]
Remarque(s) : sens figuré bien attesté au XIXe siècle et recensé dans des dict. d’argot (Larchey, Delesalle) avant 1897, puis dans Bruant.

2° *ne plus rien avoir dans les moelles*
manquer d’énergie au plus profond de soi [R3v111]
Remarque(s) : cette expression formée sur l’acception figurée courante de *moelles* n’est pas recensée dans les dict.

moignieau [*n. m.*] : déformation hypocoristique de *moineau* dans la prononciation pop. [Dv144].

moisir [*v.*]
1° rester (souvent avec idée de dégradation en phrase affirmative) [CCv50 (« dans la purée »)]
Remarque(s) : sens figuré courant parfois recensé, surtout avec négation (*ne pas moisir*), dans des dict. d’argot (Rigaud, *Supplément* de Larchey, Delesalle) avant 1897, puis dans Bruant.

2° *ne pas avoir le temps de moisir*
rester peu de temps [P2v86 (« [mes désirs] n’ont pas eu le temps de moisir »)]
Remarque(s) : cette variante non lexicographiée de l’expression *ne pas moisir* (voir 1°) reçoit dans ce passage une attestation littéraire intéressante.

Moman [*n. f.*]
maman [Dv130, CCv77, MMv127-128, MPv77]
Remarque(s) : prononciation hypocoristique dans les usages fam. et pop., qui sera signalée dans Bruant avec citation de vers de cet auteur.

môme [*n.*]
1° *masc.* : enfant (en général ou par rapport aux parents ou jeune garçon) [Dv116, P2v55, P3v5, Fv50, Fv85]
Remarque(s) : mot pop. attesté au début du XIXe siècle et recensé dans des dict. d’argot (*Voleurs* de Vidocq 1836-37 qui donne « adolescent », Larchey, Rigaud, Richepin, Delesalle) avant 1897, puis dans Bruant.

2° *fém.* : fille jeune [SMv39, P1v214]
Remarque(s) : les emplois féminins sont attestés au milieu du XIXe siècle et recensés dans des dict. d’argot (Delvau, Rigaud, *Supplément* de Larchey, Delesalle) avant 1897, puis dans Bruant.

Montmertre [*n. pr. m.*] : prononciation pop. parisienne de *Montmartre* [P1v15], qui sera signalée dans Bruant.

Montreuil [*n. f.*]
pêche (de Montreuil) [CCv28]
Remarque(s) : cette antonomase métonymique (procédé fréquent pour les produits de terroirs), qui n'est pas en soi expressive (même si elle est relevée dans Delesalle), le devient un peu dans ce passage en raison de son insertion dans une comparaison.

morue [*n. f.*]
prostituée, femme débauchée [SMv114, R2v22]
Remarque(s) : terme plutôt injurieux recensé dans des dict. d'argot (Larchey, Rigaud, Delesalle) avant 1897, puis dans Bruant, qui cite le premier passage des *Soliloques* où Jehan Rictus semble employer le mot avec un sens plus large que celui de départ.

mossieu [*n. m.*]
monsieur [Dv39-40, Dv133, P2v2]
Remarque(s) : prononciation ironique dans les usages pop. et fam., souvent utilisée dans des citations et exemples du Bruant sans y être recensée.

mouïse [*n. f.*]
misère [P3v43]
Remarque(s) : l'acception figurée de ce mot généralement écrit sans tréma (*mouise* "soupe") n'est pas, contrairement à son sens de départ, recensée dans des dict. d'argot avant 1897, mais elle le sera dans le *Vocabulaire de la langue verte* d'Hector France, puis dans Bruant.

mouquette [*n. f.*]
derrière [Fv46, association avec le verbe *barytonner* (voir ce mot)]
Remarque(s) : acception relevée d'abord dans le *Dictionnaire français-argot* de Lermina & Lévêque et reprise dans le Bruant, qui l'illustre par ce passage des *Soliloques* ; ce sens dériverait-il du nom propre du personnage féminin (*Mouquette*) montrant son derrière dans *Germinal* de Zola ?

moutard [*n. m.*]
enfant [Dv130]
Remarque(s) : substitut pop. attesté au début du XIXe siècle et devenu si commun (il figure dans le Littré) qu'il est rarement recensé dans les dict. d'argot (*Études de philologie comparée sur l'argot* de Michel 1856, puis Delesalle).

moyen [*n. m.*]
tâcher moyen de + inf.
essayer de + inf. [MPv91]
Remarque(s) :
1) tournure recensée comme pop. dans le *Trésor de la langue française* (articles **moyen** et **tâcher**, ce dernier avec une citation de Léon Bloy, *Femme pauvre*, 1897) ; celle des *Soliloques*, à l'impératif, est également intéressante ;
2) on trouve dans le recueil plusieurs autres tournures contenant le nom *moyen*, les unes impersonnelles, affirmatives (*y a des moyens de* + inf. "il

existe des possibilités de + inf." [Hv116]) ou négatives (*y a pus moyen de* + inf. "il n'y a plus de possibilité de + inf " [SCAv5] ; *y a pas moyen* "il n'y a pas de solution" [Ev213, sans complément]), les autres avec sujet (*ne pas avoir le moyen de* + inf. "ne pas avoir la possibilité de" [R2v150 avec complément « d'avoir d' moyens » !] ; *ne pas avoir d'autre moyen que de* + inf. "ne pas avoir d'autre possibilité que de" [R3v47]) ; elles sont toutes si courantes (et à peine expressives) qu'elles n'ont pas à être relevées dans les dict. d'argot.

M'sieu [*n. m.*] : réduction phonétique courante de *monsieur* dans la prononciation pop. et fam., surtout en apostrophe [P1v226, Fv2].

muff [*n. m.*]
individu sans délicatesse, con [Hv25, IPv43, SMv131, Dv90, R1v47, R2v30, P3v10, CCv20]
Remarque(s) : ce mot de prédilection de Jehan Rictus (voir note 3 p. 26), qui est employé par Jean Richepin dans l'éd. de 1881 de la *Chanson des Gueux*, est recensé, sous la forme *mufle* ou sous sa forme pop. *muffe*, dans des dict. d'argot (Larchey, Rigaud, Delesalle) avant 1897, puis dans Bruant.

muffeton [*n. m.*]
individu sans délicatesse, con [SCAv21]
Remarque(s) : ce dérivé du précédent, dans lequel la valeur diminutive s'efface souvent au profit de la péjoration, est recensé dans des dict. d'argot (Larchey, Delesalle) avant 1897, puis dans Bruant.

muffée [*n. f.*]
ivresse [SMv22]
Remarque(s) : cette variante pop. de *muflée* est recensée dans des dict. d'argot (*Supplément* de 1883 par Fustier au *Dictionnaire de la langue verte* de Delvau, Delesalle) avant 1897, puis dans Bruant.

mufle [voir **muff**]

muflerie [*n. f.*]
manque de délicatesse [Hv142]
Remarque(s) : ce dérivé fin-de-siècle de *mufle* (voir **muffe**) est recensé dans Delesalle, puis dans Bruant.

museau [*n. m.*]
figure [MPv125]
Remarque(s) : avec cette acception figurée attestée anciennement dans les usages pop. et fam. mais absente des dict. d'argot, le mot figure dans plusieurs citations ou exemples du Bruant, mais n'y est pas recensé.

Mystérieux [*adj. employé comme n. m.*]
soir [titre de P2 et P2v54]
Remarque(s) : nom qualifiant (métonymique) forgé par l'auteur.

— N —

n, i, ni [voir dans l'ordre alphabétique sans prise en compte de la virgule]

n' I. [reste de l'altération du pron. pers. *il* (sujet troisième pers. du sg) en *l'* devant voyelle]
il [SMv36 (« n'a fallu s' cotiser »), P1v125 (« n'en rest' des rigoleurs »), P3v130 (« N'y vient des voix d' musiciennes »)]
Remarque(s) : prononciation pop. postériorisée : on pourrait rattacher ces cas à **n' II.**

n' II. [consonne d'appui ou de liaison devant voyelle en contexte non négatif]
1° devant *avec* [R1v73, CCv9, MPv50, Fv30]
Remarque(s) : cette consonne de prosthèse s'observe dans la prononciation pop., notamment dans *n'en v'là* (voir 2°).

2° devant *en v'là* [IPv11 (« n'en v'là un »), R2v9 (« n'en v'là d'eun' chance »), R2v16 (« n'en v'là d'eun' tuile »), R2v84 (« n'en v'là des temps »)]
Remarque(s) : voir 1°.

3° liaison devant *en* [SCAv7 (« y n'en f'saient des jornées »)]
Remarque(s) : cette consonne de liaison s'observe dans la prononciation pop., mais rarement dans cette configuration au pluriel en raison de la liaison obligatoire par [z].

4° appui ou liaison devant *avoir* [Dv45 (« t'as dû n'avoir l'âme azurée »), R2v132 (« a n'avait un pépin »), P1v54 (« les pus vioqu's n'ont quét' chose »), CCv52 (« Doiv'nt comm' ça n'avoir des rêv'ries »)]
Remarque(s) : voir 1° et 3° ; on peut aussi penser à une postériorisation de *l* dans R2v132 : *elle avait* > *a n'avait*.

5° autres cas : P1v219 (« qui n'amerait ben d'en faire autant »), MMv61 (« ça doit n'en cacher »)]
Remarque(s) : voir 1°.

nasse [*n. f.*]
dans la nasse
piégé dans une mauvaise situation [Ev148]
Remarque(s) : sens figuré bien attesté au XIXe siècle, recensé dans Delesalle avec définition « dans la misère ».

natté [*participe-adj.*]
c'est natté
c'est bloqué [Dv58]
Remarque(s) : expression non lexicographiée, mais *avoir les pieds nattés* "être forcé à l'immobilité" est recensé dans Delesalle avant 1897, puis dans le *Vocabulaire de la langue verte* d'Hector France et dans Bruant (« Supplément » de l'éd. de 1905).

nèfe [*n. f.*]
c'est comme des nèfes
c'est vain [SMv75]
Remarque(s) : l'expression *des nèfles* (*nèfes* dans la prononciation pop.) pour exprimer des idées de vide et d'inutilité, déjà relevée dans Oudin 1640, est recensée dans des dict. d'argot (Larchey, Delesalle) avant 1897, puis dans Bruant qui donnera *comme des nèfles*.

Négresse [*n. f.*]
nuit [P2v65]
Remarque(s) : ce nom qualifiant n'est pas attesté avec cette acception en argot, mais on trouve *nègre* "minuit" dans la partie français-argot du Delesalle et le Bruant recensera *il fait nègre* "il fait noir, il fait nuit".

n'empêche [*loc. adv. et interjective*]
1° *n'empêche que*
et pourtant [SMv77 et 81]
Remarque(s) : tournure courante sous cette forme réduite (forme pleine : *cela n'empêche pas que*) dans les usages pop. et fam.

2° *n'empêche !*
et pourtant ! [P1v93, MPv1]
Remarque(s) : formule interjective courante dans les usages pop. et fam., mal recensée dans les dict.

néné(s) [*n. m. souvent pl.*]
sein(s) [R2v121, P3v140]
Remarque(s) : ce substitut expressif (hypocoristique) pop. et fam. est recensé sous diverses variantes dans des dict. d'argot (*nénais* ou *nénet* dans Larchey, Rigaud, Delesalle) avant 1897, puis dans Bruant.

neuf [*adj. employé comme n. m.*]
il fait neuf
c'est le renouveau [P1v10]
Remarque(s) : cette tournure impersonnelle calquée sur les tournures météorologiques et temporelles (*il fait beau*, *il fait nuit*, etc.) a sans doute été créée par Jehan Rictus, car je ne l'ai pas encore trouvée ailleurs que dans les *Soliloques*.

nez [*n. m.*]
avoir dans le nez
détester [P3v9]
Remarque(s) : expression pop. et fam. bien attestée au XIXe siècle et recensée dans des dict. d'argot (*Voleurs* de Vidocq 1836-37, Larchey, Rigaud, Delesalle) avant 1897.

nib !
non ! [Dv106]

Remarque(s) : cet emploi en formule interjective de la négation *nib*, forme apocopée du mot *nibergue* "rien, non" (relevé dans *Voleurs* de Vidocq 1836-37), est recensé (mais souvent avec le sens "silence !") dans des dict. d'argot (Larchey, Rigaud, Delesalle), puis dans Bruant.

nichon(s) [*n. m. souvent pl.*]
sein(s) [variante o de Hv80 (voir p. 170 : nichons de Zola !), Dv6, CCv33]
Remarque(s) : substitut expressif pop. recensé dans des dict. d'argot (Larchey, Rigaud, Delesalle) avant 1897, puis dans Bruant.

nihilisse [*n.*]
nihiliste [Epv29]
Remarque(s) : sous une variante de prononciation pop., Jehan Rictus fait du terme, dans la pensée du préfet de police interprétée par le Pauvre, un synonyme d'*anarchiste terroriste*, ce qui est conforme aux représentations de cette époque fertile en attentats.

n, i, ni [voir **fini**]

nippe(s) [*n. f. souvent pl.*]
vêtement(s) en mauvais état [P1v87]
Remarque(s) : mot ancien de sens plus large au départ ("tout objet de toilette ou de parure"), mais attesté au XVIIe siècle dans cette acception pop. courante relevée dans Littré (« Nippes se dit populairement, au pluriel, pour des vêtements en mauvais état, du vieux linge usé »).

noce [*n. f.*]
partie de plaisir [SMv32]
Remarque(s) : cette acception figurée (métaphore) fam. et pop. du mot au singulier est attestée anciennement et recensée dans les dict. généraux au XIXe siècle.

nom de... [*début de jurons*]
1° *nom de Dieu* [R2v271, P1v65, CCv41, MNv52]
Remarque(s) : dans le contexte du premier passage (« Le Revenant »), on attendait l'humour de ce juron courant, plus sacrilège que les suivants.

2° *nom de d'là !* [Ev123, Dv157, variante de R2v143 (voir p. 178), P1v129]
Remarque(s) : juron euphémique courant dans la seconde moitié du XIXe siècle.

3° *nom d'un nom* [R1v86]
Remarque(s) : cette variante autrefois courante du juron euphémique *nom de nom* est considérée comme vieillie par P. Enckell (*Dictionnaire des jurons*, 2004).

nombril [*n. m.*]
s'user le nombril
ramper, être ventre à terre en se prosternant [Epv53]

Remarque(s) : avec cette trouvaille, Jehan Rictus marque l'absence d'*ego* républicain de tous ceux qui rendent hommage au tsar.

non mais des fois [voir *des fois !* à l'article **fois**]

nouné [*n. m.*]
enfant [variante a en 1897 (*chouné* à partir de 1903) de Dv110 (voir p. 176)]
Remarque(s) : Jehan Rictus a d'abord utilisé cette forme hypocoristique, qui sera recensée dans Bruant avec citation de ce passage, puis il l'a remplacée par *chouné* à partir de l'éd. de 1903, la rendant caduque.

nounou [*n. f.*]
nourrice [MPv105 et v116]
Remarque(s) : substitut expressif (redoublement hypocoristique) bien attesté au XIXe siècle et recensé dans des dict. d'argot (Larchey, Delesalle) avant 1897, puis dans Bruant.

— O —

œil [*n. m.*]
1° *faire de l'œil*
adresser des regards amoureux [CCv29]
Remarque(s) : expression fam. bien attestée au XIXe siècle dans cette acception et recensée dans des dict. d'argot (Larchey, Rigaud, Delesalle) avant 1900, puis dans Bruant.

2° *tourner de l'œil*
mourir [MPv110]
Remarque(s) : expression fam. bien attestée au XIXe siècle dans cette acception et recensée dans des dict. d'argot (Larchey, Delesalle, Lermina & Lévêque, France, Bruant) avant 1903.

ognon [*n. m.*]
c'est mes ognons
c'est mes affaires, ça ne regarde que moi [Dv67]
Remarque(s) : ce passage des *Soliloques* offre une attestation littéraire intéressante pour cette expression *c'est* (*pas*) *mon* (ou *ton*, etc.) *oignon* ou *c'est* (*pas*) *mes* (ou *tes*, etc.) *oignons* (ou *ognons*) qui, curieusement, ne semble pas avoir été lexicographiée avant Bruant.

oignon [voir **ognon**]

oneiller [*n. m.*]
oreiller [SMv102, MPv69]
Remarque(s) : Jehan Rictus emploie par deux fois cette déformation pop. et enfantine qui n'est signalée dans aucun dict., même si le premier passage est cité dans Bruant pour illustrer *mamourer*.

opoponasque [*n. m*] : déformation phonétique (métathèse) pop. et enfantine d'*opoponax* (gomme-résine pour parfum, tirée de l'arbre du même nom) [MPv43].

ormoire [*n. f.*]
armoire [MMv125]
Remarque(s) : prononciation régionale et populaire, déjà repérée dans le « petit peuple de Paris » par Richelet (1680), qui la condamne.

ousque [*adv. interrogatif ou pron. relatif renforcé*] [voir aussi **yousque**]
1° où est-ce-que ? [Ev210 (« Ousqu'alle est ta Blanch', ta Radieuse »), R2v112 (« Ousqu'il est ton ami Lazare ? »), R2v119 (« Et Mad'leine... ousqu'alle est passée ? »), P1v136 (« Ousqu'alle est la Justice ? »), etc.]
Remarque(s) : là où l'on trouve aussi les graphies *où c' que* et *oùs' que* (cette dernière recensée dans Delesalle) pour ces réductions phonétiques pop., Jehan Rictus a choisi *ousque* comme dans de nombreux textes de son époque (forme employée dans Bruant, notamment pour *jeanjean* avec citation des *Soliloques*, mais qui n'y est pas recensée).

2° où [Hv5 et v9 (après « temps »), SMv100 (après « guipure »), Ev49 (après « endroit »), Ev200 (après « tombe »), CCv53 (après « rêv'ries »), etc.]
Remarque(s) : dans l'usage pop., la forme phonétiquement réduite de renforcement de l'interrogatif est étendue au relatif qui se trouve ainsi renforcé et dédoublé dans son rôle de subordonnant.

ovréier [*n.*] : variante d'*ouvrier* dans la prononciation pop. [MMv141] (Bruant avait recensé *ouverrier*, *ouverrerier* et *overrier*).

ozeaux
oiseaux [P1v58]
Remarque(s) : précédée de *z'*, cette variante d'*oiseaux* dans la prononciation pop. (où l'on ajoute parfois [j] comme dans *zoziaux*) forme un redoublement hypocoristique ironique.

— P —

p'têt' [voir dans l'ordre alphabétique (sans prise en compte de l'apostrophe)]

p'tiot [voir **petiot**], **p'tit** [voir **petit**]

pagnier [*n. m.*]
1° *mettre dans le même pagnier*
traiter de la même manière [R2v102 (*foutre dans le même pagnier*)]
Remarque(s) : employée avec la variante palatalisée de la prononciation pop. parisienne qui apparaît également dans Bruant, l'expression figurée *mettre* (*différentes personnes* ou *tout le monde*) *dans le même panier* est bien attestée au XIXe siècle ; Jehan Rictus joue sans doute aussi en même temps sur *panier* (*à salade*) "voiture servant à transporter les prisonniers" et sur *mettre au panier* "se débarrasser de".

II. *être au pagnier*
être couché [P2v66 (à propos des oiseaux)]
Remarque(s) : cette expression figurée fam. formée sur *panier* “endroit où se couchent des animaux domestiques” est recensée dans des dict. d’argot (Rigaud, *Supplément* de Larchey, Delesalle) avant 1897, puis dans Bruant.

paille [*n. f.*]
être sur la paille
être dans un dénuement extrême [P1v107]
Remarque(s) : expression figurée bien attestée depuis l’ancien français.

pain [*n. m.*]
I. a) nourriture matérielle [P3v167] ou spirituelle [IPv42 (*pain de l’esprit*)]
Remarque(s) : extension de sens symbolique ancienne et commune à partir du nom de cet aliment de base, mais le Pauvre prend aussi le mot au pied de la lettre.

b) moyen de subsistance, gain résultant d’une activité [Hv97, SMv12]
Remarque(s) : extension de sens symbolique ancienne et commune (métonymique) à partir du nom de ce aliment de base, mais le Pauvre prend aussi le mot au pied de la lettre (P3v8 : « Pour eune apparenc’ de bout d’ pain »).

II. expressions :
1° *bouffer du pain de qqn, bouffer le pain de qqn*
être invité à la table de quelqu’un (avec valeur possible de parasitisme) [Hv79, R2v114]
Remarque(s) : expression courante avec *manger*, plus mordante avec *bouffer*.

2° *retirer le pain de la bouche* [SCAv33]
Remarque(s) : avec cette expression bien attestée, Jehan Rictus exprime non seulement la perte d’emploi (Rigaud et Delesalle recensent *ôter à qqn le pain de la bouche* “faire perdre son emploi à qqn”) du chanteur ambulant à cause de la concurrence déloyale qui le condamne au silence (le sens figuré de *retirer le pain de la bouche* “dire qqch avant qqn” est mal décrit dans les dict.), mais aussi et en même temps la famine à laquelle il est réduit.

paix [*n. f.*]
foutre la paix
laisser tranquille [Epv126]
Remarque(s) : expression pop. et fam. parfois recensée, plus souvent sous sa variante un peu moins brutale *fiche(r) la paix*, dans des dict. d’argot (Larchey, partie français-argot du Delesalle) avant 1897.

Paladis [*n. m.*] : prononciation déformée de *paradis* [Fv49].

palpitant [*participe-adj. employé comme n. m.*]
cœur [Dv100, P1v14]

Remarque(s) : substitut expressif ancien recensé dans des dict. d'argot (*Vice puni ou Cartouche* de Grandval 1725, *Voleurs* de Vidocq 1836-37, Larchey, Rigaud, Richepin, Delesalle) avant 1897, puis dans Bruant.

panier [voir **pagnier**]

panné [*participe-adj. employé aussi comme n.*]
misérable [R3v62]
Remarque(s) : ce mot attesté au début du XIXe siècle est recensé, parfois aussi sous la forme *pané*, dans des dict. d'argot (Larchey, Rigaud, Delesalle) avant 1897, puis dans Bruant.

panse [*n. f.*]
ventre [P1v68]
Remarque(s) : quand il s'applique à des êtres humains, ce mot d'ancien français est considéré comme expressif et marqué comme fam., mais il n'est pas recensé dans les dict. d'argot (le Bruant, par exemple, le cite dans ce passage pour illustrer *sorlot*).

pantin I. [*n. m.*]
1° [individu] changeant d'opinion en fonction des circonstances [Ev67]
Remarque(s) : emploi figuré bien attesté depuis la Révolution de 1789.

2° *en pantin*
inconstant [P1v14]
Remarque(s) : comparaison courante (passage cité dans Bruant pour *guincher*).

Pantin II. [*n. pr. m.*]
Paris [P1v16]
Remarque(s) : ce surnom attesté au début du XIXe siècle est recensé dans des dict. d'argot (*Voleurs* de Vidocq 1836-37, Larchey avec citation de Gérard de Nerval, Rigaud, Richepin, Delesalle) avant 1897, puis dans Bruant.

pantoufe [*n. f.*] : prononciation pop. relâchée de *pantoufle* [SMv94].

pantoufle [*n. employé comme adj.*]
sot (avec valeur de manque d'énergie) [Hv114]
Remarque(s) : emploi figuré ancien qui n'est pas recensé dans les dict. d'argot.

Pantruche [*n. pr. m.*]
Paris [MNv49]
Remarque(s) : ce surnom, attesté au début du XIXe siècle (Raspail, 1835), est recensé dans des dict. d'argot (Larchey avec citation de Gérard de Nerval, Rigaud, Delesalle, *Vocabulaire de la langue verte* d'Hector France, Bruant) avant 1903.

Parigot [*n. pr.*] et **parigot** [*n. m.*]
1° *n. pr.* : Parisien [P1v19]
Remarque(s) : ce dérivé fin-de-siècle formé par substitution de finale est recensé dans des dict. d'argot (*Supplément* de 1889 par Fustier au *Dictionnaire de la langue verte* de Delvau, Delesalle) avant 1897, puis dans Bruant.

2° *n. commun m.* : parler des Parigots [Ev180 (*jacter en parigot*)]
Remarque(s) : emploi rarement recensé dans les dict., mais Esnault le repère comme pop. en 1896 (ce qui correspond à la date qu'il a retenue pour les *Soliloques*).

pass' que [*conj. de sub.*] : prononciation relâchée courante de *parce que* [Ev180, Dv18, R2v96, P1v20, P1v35, CCv102, Epv95, Epv160].

passe [*n. f.*]
étreinte sexuelle rapide (avec valeur fréquente de prostitution) [P1v221]
Remarque(s) : acception bien attestée au début du XIXe siècle et recensée dans des dict. d'argot (Larchey, Rigaud, Delesalle) avant 1897, puis dans Bruant, qui cite ce passage des *Soliloques*.

passer [*v.*]
1° *se passer des langues* [voir **langue**]

2° *passer à tabac* [voir **tabac**]

patafioler [*v.*]
que Satan me patafiole si...
que le diable m'emporte si... [Epv106]
Remarque(s) : variation sur des expressions anciennes (*que Dieu me* (*te, le,...*) *patafiole* apparaît dans d'Hautel 1808), qui marquent généralement une idée propitiatoire de châtiment promis ou accepté, notamment si la condition exprimée ensuite se réalise ; l'expression *que le diable vous patafiole* est recensée dans des dict. d'argot (Larchey qui donne *patafioler* "écraser" comme mot provençal, Rigaud, Delesalle qui donne *patafioler* "confondre, mettre dedans, enfoncer") avant 1897, puis dans le *Vocabulaire de la langue verte* d'Hector France, qui évoque *patafioler* "ennuyer" en Bourgogne, et dans Bruant, qui cite ce passage des *Soliloques*.

patalons [*n. m. pl.*] : déformation de la prononciation de *pantalons* [R2v212 (l'emploi au pluriel étant fréquent dans l'usage pop.)].

patelin [*n. m.*]
pays [Dv102 (« pat'lin jonquille ») ; R3v16 (« pat'lin bleu » ; comprendre « paradis »), R3v59 (même sens), Fv55 (même sens)]
Remarque(s) : mot de l'argot ancien (*pasquelin* dans *Jargon ou Langage de l'Argot reformé* 1629-1630), recensé sous la forme *patelin* dans des dict. d'argot (*Supplément* de Larchey, Delesalle) avant 1897, puis dans Bruant.

patte [*n. f.*]
jambe [SMv8, R3v106]
Remarque(s) : cette application pop. et fam. ancienne du mot aux êtres humains dans cette acception ou dans celle de « pied » est recensée dans des dict. d'argot (Larchey, Rigaud, Delesalle) avant 1897, puis dans Bruant.

paturon(s) [*n. m. souvent pl.*]
pied(s) [P2v62, MNv62 (voir **tricoter**)]
Remarque(s) : mot déjà recensé dans le *Jargon ou Langage de l'Argot reformé* 1629-30 et dans des dict. d'argot (*Voleurs* de Vidocq 1836-37, Larchey, Delesalle) avant 1897, puis dans Bruant, qui cite le premier passage des *Soliloques*.

pavé [*n. m.*]
sur le pavé
sans domicile (dans la misère) [Ev4 (« su' l' pavé d' bois »), R2v29]
Remarque(s) : à partir de l'expression *sur le pavé* attestée anciennement et encore recensée dans Delesalle (« être misérable »), Jehan Rictus fait de son Pauvre sans domicile « l'Empereur du pavé » [MNv17].

payer [*v.*]
I. *payer la casse*
donner de soi en réparation [Ev83]
Remarque(s) : expression figurée fam. courante dont ce passage des *Soliloques* offre une attestation littéraire intéressante.

II. *payer de sa peau* [voir **peau**]

III. 1° a) *se payer qqch*
s'offrir (même si le complément ne s'achète pas), se passer la fantaisie de [R2v5 (« eun' fugue »)]
Remarque(s) : expression figurée pop. et fam. recensée dans des dict. d'argot (Larchey, Rigaud, Delesalle) avant 1897, puis dans Bruant.

b) *s'en payer une tranche*
s'offrir une partie de plaisir [P1v177]
Remarque(s) : expression pop. et fam. recensée dans des dict. d'argot de l'époque (*Dictionnaire thématique* de Lermina & Lévêque, *Vocabulaire de la langue verte* d'Hector France), puis dans Bruant ; ce passage des *Soliloques* en donne une attestation littéraire intéressante non relevée dans le *Trésor de la langue française*.

IV. *se payer la tête de qqn*
se moquer de [R2v107]
Remarque(s) : expression fam. recensée dans la partie français-argot du Delesalle avant 1897, puis dans Bruant, qui cite ce passage des *Soliloques*.

peau [*n. f.*]
I. 1° *ma peau, ta peau,...* ou *la peau de qqn*
moi, toi, lui ou ma, ta, sa personne ou ma, ta, sa vie [Ev150 (« j' donn'rais pas deux ronds d' ma peau »), R2v263 (« gare à ta peau ! »)]
Remarque(s) : Jehan Rictus joue aussi sur le sens propre du mot *peau* quand il recourt à cet emploi métonymique fam. très ancien de *peau* pour renvoyer à l'individu entier et notamment à sa vie.

2° *vivre de la peau de qqn*
parasiter qqn [Hv84 (au sens propre pour les poux de cette comparaison)]
Remarque(s) : Jehan Rictus joue aussi sur l'expression figurée *vivre* (ou autre verbe) *sur la peau de qqn* où *peau* renvoie par métonymie à l'individu entier (dépouillé).

3° *payer de sa peau*
se dévouer en donnant beaucoup de sa personne [Hv128, R2v173]
Remarque(s) : là encore, dans cette expression figurée rarement décrite dans les dict., *peau* renvoie par métonymie à l'individu entier, mais Jehan Rictus joue en même temps sur le fait que le Pauvre n'a plus que sa peau.

4° a) *se faire crever la peau*
se faire tuer [Ev131]
Remarque(s) : forme passive de l'expression métonymique *crever la peau* "tuer" (voir aussi **crever**), bien attestée au XIXe siècle et recensée dans Delesalle avant 1897, puis dans Bruant.

b) *truffer la peau*
bourrer de coups [Fv22]
Remarque(s) : Jehan Rictus offre une attestation littéraire intéressante pour cette acception figurée particulière du verbe *truffer*, bien attestée ensuite.

II. *la peau !*
rien [Ev24]
Remarque(s) : avec cette expression recensée dans des dict. d'argot (*Supplément* de Larchey, Delesalle) avant 1897, puis dans Bruant, Jehan Rictus joue en même temps sur le sens propre du mot (caresses sur la peau).

pègre [*n. m.*]
voleur [Hv17, SMv86, Dv23]
Remarque(s) : mot recensé dans des dict. d'argot (*Voleurs* de Vidocq 1836-37, Larchey, Rigaud, Richepin, Delesalle) avant 1897, puis dans Bruant.

peine [*loc. adv.*] : réduction syntaxique pop. de la loc. adv. *à peine* [MPv39].

peloter [*v.*]
caresser (souvent avec valeur érotique) [P1v191]
Remarque(s) : mot expressif fam. recensé dans des dict. d'argot (Larchey, Rigaud, Delesalle) avant 1897, puis dans Bruant.

pelure (p'lur') [*n. f.*]
manteau, redingote (vêtement de dessus) [Dv42, P1v22, P1v69]
Remarque(s) : mot recensé dans des dict. d'argot (*Voleurs* de Vidocq 1836-37, Larchey, Rigaud, Delesalle), puis dans Bruant.

pénars [*adj. et n.*]
en pénars
tranquillement [R1v84]
Remarque(s) : *pénard* (ou *peinard* ; *pénars* est très inhabituel) est recensé avec l'acception "tranquille" dans des dict. d'argot (Rigaud, Delesalle) avant 1897, puis dans Bruant, qui donnera aussi *en pénard* ou *en peinard* "clandestinement, discrètement, prudemment" et "doucement".

pense-à-rien [*n. comp.*]
[individu] insouciant [P2v5]
Remarque(s) : mot composé sans doute forgé par Jehan Rictus.

pépin [*n. m.*]
1° passion (au sens large) [MNv9]
Remarque(s) : cette acception élargie par rapport à la valeur amoureuse est recensée en même temps que la seconde dans *Supplément* de Larchey, puis, moins distinctement, dans Delesalle et dans Bruant.

2° *avoir un pépin*
être amoureux (ou amoureuse) [Dv113, R2v132]
Remarque(s) : expression fam. recensée dans des dict. d'argot (*Supplément* de Larchey, Delesalle) peu avant 1897, puis dans Bruant.

périr (se) [*v. pron.*]
se suicider [SMv116]
Remarque(s) : construction pronominale pop. et déjà plutôt vieillie (ou du moins régionale) à la fin du XIXe siècle.

perlo [*n. m.*]
tabac [Dv152, P2v13]
Remarque(s) : substitut pop. recensé dans des dict. d'argot (Rigaud, *Supplément* de Larchey, Delesalle) avant 1897, puis dans Bruant, qui cite le premier passage des *Soliloques*.

perrugue [*n. f.*] : prononciation pop. relâchée de *perruque* [R2v4].

persécussion [*n. f.*]
percussion/persécution [Ev98]
Remarque(s) : cet à-peu-près d'humour noir formant mot-valise est peut-être une trouvaille de Jehan Rictus, bien dans la veine de l'époque.

pet [*n. m.*]
1° *gn'a pas de pet, y a pas de pet*
il n'y a pas de danger (que) ("cela ne se produira pas") [CCv109, Epv124]

Remarque(s) : l'expression pop. (*il*) *y a du pet* est recensée comme substitut de l'expression *il y a du danger* au sens propre dans des dict. d'argot (Larchey, Rigaud, Delesalle) avant 1897, puis dans Bruant ; la tournure négative apparaît dans Delesalle et dans un exemple du Bruant sans qu'y soit précisé l'élargissement de sens constatable dans les *Soliloques*.

2° *pet !*
attention ! [R2v34]
Remarque(s) : la tournure interjective, évoquée peu clairement comme substitut de *vesse !* par Larchey dans le langage écolier, apparaîtra dans les dictionnaires d'argot de la fin du siècle (*Dictionnaire thématique* de Lermina & Lévêque, *Vocabulaire de la langue verte* d'Hector France, puis Bruant).

pétant [*participe employé comme adj.*]
pétant (*de* + nom)
éclatant (de + nom) [CCv37 (« d' jeunesse »)]
Remarque(s) : emploi figuré pop. et fam. bien attesté au XIXe siècle et dont ce passage offre une attestation littéraire intéressante.

pétarader [*v.*]
émettre une série de pets [Epv19]
Remarque(s) : Jehan Rictus applique au cavalier ce qui est l'apanage de l'animal.

pétard [*n. m.*]
1° bruit, tapage [MNv47]
Remarque(s) : substitut expressif recensé dans des dict. d'argot (Rigaud, Richepin, Delesalle, Bruant) avant 1903.

2° *faire du pétard*
faire un éclat [Epv112]
Remarque(s) : cette expression recensée dans des dict. d'argot (Larchey, Rigaud, Delesalle) avant 1897 sera reprise dans le Bruant, qui illustre l'acception "bruit" avec cet extrait politique des *Soliloques* où Jaurès est mis en scène.

pétardier [*adj.*]
bruyant, tapageur [MNv14]
Remarque(s) : mot recensé dans des dict. d'argot (*Supplément* de Larchey, Delesalle, Bruant) avant 1903.

péter [*v.*]
1° éclater [R3v3]
Remarque(s) : acception attestée anciennement (XVIe siècle), jugée plus ou moins fam. selon ses emplois.

2° *s'en faire péter*
manger jusqu'à risquer de se faire éclater le ventre [MPv51]

Remarque(s) : l'expression figurée (hyperbole et métonymie) est recensée sous des formes plus complètes avec divers compléments (*cylindre*, *sous-ventrière*, *ventre*) dans des dict. d'argot (*Dictionnaire de la langue verte* de Delvau 1866, *Vocabulaire thématique* de Lermina & Lévêque, *Vocabulaire de la langue verte* d'Hector France, Bruant) avant 1903.

petiot (p'tiot) [*adj. et n.*]
petit [MMv90 (« p'tiot's » à propos de maisons), MPv72 (« s' fair' petiots »), SCAv42 (« mes p'tiots »)]
Remarque(s) : dérivé diminutif ancien avec forte valeur hypocoristique.

petit (p'tit) [*adj. et n.*] : Jehan Rictus, qui donne souvent le mot dans sa graphie *p'tit* représentant sa prononciation courante (mais voir aussi **'tit**), utilise celui-ci dans ses emplois courants, y compris avec ses valeurs modalisatrices affectives, par exemple dans « Mon p'tit "*Mané, Thécel, Pharès* " » (Hv148) ou dans « mon p'tit Pèr' (ça c'est très russe) » à propos du tsar (Epv163).

petsouille [*n.*]
imbécile, badaud [Epv35]
Remarque(s) : plutôt que dans l'acception "paysan, campagnard" relevée dans Larchey et Rigaud, puis dans Bruant, Jehan Rictus emploie cette variante de *pedzouille* dans le sens péjoratif élargi "badaud (imbécile)" recensé dans Delesalle (signalé dans *Dictionnaire d'argot fin-de-siècle* 1894 de Virmaître).

peupe [*n. m.*] : prononciation pop. de *peuple* [Epv5].

pèze [*n. m.*]
argent [R2v95, P3v100, Epv94]
Remarque(s) : substitut expressif recensé dans des dict. d'argot (*Voleurs* de Vidocq 1836-37, Larchey, Rigaud, Delesalle) avant 1897, puis dans Bruant.

phalzar [*n. m.*]
pantalon [P1v76]
Remarque(s) : variante graphique de *falzar*, substitut expressif recensé dans des dict. d'argot (Rigaud, *Supplément* de Larchey, Delesalle) avant 1897, puis dans Bruant, qui cite ce passage des *Soliloques*.

phizolof [*n.*] : déformation (métathèse) de *philosophe* (pris au sens large "individu qui ne s'en fait pas") [P1v208], prêtée par l'auteur au langage pop.

phizolofie [*n. f.*] : déformation (métathèse) de *philosophie* [E86, Epv157], prêtée par l'auteur au langage populaire.

piailler [*v.*]
criailler [SMv54, IPv31]
Remarque(s) : application courante du verbe à des êtres humains et comparaison explicite avec des porcs dans le premier passage.

piaule [*n. f.*]
chambre [R2v220]
Remarque(s) : mot expressif attesté depuis le XVIIe siècle (*piolle* dans *Jargon ou Langage de l'Argot reformé* de 1629-1630) avec le sens "cabaret" et recensé aussi avec l'acception "chambre" dans des dict. d'argot (*Voleurs* de Vidocq 1836-37, Larchey, Rigaud, Delesalle) avant 1897, puis dans Bruant, qui cite ce passage des *Soliloques*.

pied [*n. m.*]
I. 1° *avoir les pieds en dentelles*
ne pas s'engager [R2v179]
Remarque(s) : l'expression figurée, qui repose sur le sens métaphorique "délicat" de la locution *en dentelles*, sera recensée dans le Bruant, avec citation de ce passage des *Soliloques*.

2° *avoir les pieds nickelés*
ne pas s'engager [R2v178]
Remarque(s) : l'expression figurée (où *nickelé* serait, selon Esnault, une réinterprétation erronée de *niclé* "noué") sera recensée dans le *Dictionnaire thématique* de Lermina & Lévêque (1897), puis dans Bruant avec citation de ce passage des *Soliloques*.

II. *faire le pied de grue*
attendre [MMv79]
Remarque(s) : expression métaphorique attestée anciennement (déb. XVIIe) et devenue courante.

pied de grue [voir *faire le pied de grue* à **pied**]

Pierrot [*n. m.*]
moineau [Fv12]
Remarque(s) : peut-être faut-il percevoir aussi, par métaphore, le sens "bleu (petit soldat débutant)" derrière l'acception courante ancienne renvoyant à ces petits oiseaux fragilisés par le froid, auxquels Richepin avait déjà comparé les enfants de miséreux dans sa « Ballade pour les pauvres petits Pierrots ».

pieu [*n. m.*]
lit [R2v28, R2v220, MPv68]
Remarque(s) : cette forme moderne pop. de *piau* "lit" (*Jargon ou Langage de l'Argot reformé* 1629-1630) est recensée dans des dict. d'argot (*Voleurs* de Vidocq 1836-37, Larchey, Rigaud, Richepin, Delesalle) avant 1897, puis dans Bruant ; Jehan Rictus forge aussi, avec ce mot, la périphrase *marquis Dolent de Cherche-Pieu* [MNv19].

pige [*n. f.*]
faire la pige à
se montrer supérieur à [P1v197]
Remarque(s) : expression pop. et fam. recensée dans Delesalle avant 1897, puis dans Bruant (Supplément de 1905).

piler [*v.*]
écraser [MMv110 (« pilés »), Epv36 (« piler les goigts d' pieds »)]
Remarque(s) : dans le premier passage, l'élargissement de sens est associé à une comparaison explicite et marque l'exploitation des ouvriers ; dans le second, bien que la tournure soit plus courante, l'élargissement est toutefois senti comme figuré à tel point que l'acception sera recensée dans le *Dictionnaire thématique* de Lermina & Lévêque (1897), puis dans Bruant, qui l'illustrera en citant ces vers des éditions de 1897 des *Soliloques*.

pilonner [*v.*]
piétiner, fouler [Ev175 (« la boue »)]
Remarque(s) : Jehan Rictus associe cet emploi transitif figuré à l'acception, figurée elle aussi, du verbe intransitif ("mendier, vagabonder"), recensée dans Delesalle avant 1897, puis dans Bruant.

pioncer [*v.*]
dormir [Ev133, R3v109, CCv4, MMv67, Fv29]
Remarque(s) : peut-être variante nasalisée (sous l'influence de *ronfler*) du verbe plus ancien *piausser* (*Jargon ou Langage de l'Argot reformé* 1629-1630), ce substitut expressif pop. est bien attesté au XIXe siècle et recensé dans des dict. d'argot (*Voleurs* de Vidocq 1836-37, Larchey, Rigaud, Richepin, Delesalle) avant 1897, puis dans Bruant.

pipelet [*n. m.*]
concierge [MNv67, MPv22, SCAv13]
Remarque(s) : ce substitut pop. dérivé par antonomase du nom d'un concierge dans les *Mystères de Paris* d'Eugène Sue est recensé dans des dict. d'argot (Larchey, Rigaud, Delesalle) avant 1897, puis dans Bruant, qui cite le troisième passage, seul présent dans les éditions de 1897 des *Soliloques*.

piper [*v.*]
parler, dire qqch [R2v242]
Remarque(s) : cette acception ancienne prise par le verbe *piper* "pousser de petits cris" (notamment dans des expressions comme *sans piper mot*) est encore recensée dans Delesalle avant 1897 (« *Il n'a pas pipé*, il n'a pas soufflé mot, il n'a pas bronché ») et dans Bruant.

pipi [*n. m.*]
1° *faire pipi*
uriner [Fv18]
Remarque(s) : mot familier enfantin ancien et courant.

2° a) *faire pipi sur*
marquer son mépris ou son dédain en urinant (par la parole) sur [Dv99, Fv45]
Remarque(s) : Jehan Rictus transpose ici dans le vocabulaire enfantin le même emploi, trivial et grossier, du verbe *pisser*.

pis [*adv.*] : prononciation pop. et fam. de *puis* [Hv53 (« Et pis »), IPv59, SMv73, SMv133, etc.], qui sera recensée dans le Bruant (à ne pas confondre avec *pis* "pire" [Hv129]).

pisque, **pisqu'** [*conj. de sub.*] : prononciation pop. et fam. de *puisque* [Dv63, R3v66, Fv67].

pisse-au-pieu [*n. comp.*]
enfant qui pisse au lit [Fv14]
Remarque(s) : mot composé expressif forgé par Jehan Rictus selon les règles et modèles de la composition populaire.

plan [*n. m.*]
laisser en plan
abandonner [Epv62]
Remarque(s) : en lui donnant comme sujet des « semelles » qui « se trott[e]nt », Jehan Rictus revigore cette expression pop. et fam. bien attestée au XIXe siècle et recensée dans des dict. d'argot (Larchey, Rigaud, Delesalle) avant 1897, puis dans Bruant.

planque [*n. f.*]
abri, logement (souvent avec valeur d'asile, de lieu protecteur) [MPv10, Epv94]
Remarque(s) : cette acception du mot *planque*, qui est lui-même relevé dans les *Voleurs* de Vidocq 1836-37 avec le sens "cachette", est peu à peu identifiée dans des dict. d'argot (Rigaud, *Supplément* de Larchey, Delesalle) avant 1897, puis dans Bruant.

planquer [*v.*]
1° mettre [R3v6]
Remarque(s) : ce substitut expressif résultant probablement d'une fusion de *plaquer* et *planter* est recensé dans des dict. d'argot (*Voleurs* de Vidocq 1836-37, Larchey, Rigaud, Delesalle) avant 1897, puis dans le Bruant, la plupart du temps en lui associant systématiquement la valeur de cachette, Delesalle étant le seul à identifier séparément le sens élargi.

2° *se planquer*
se placer [P2v67 (« sur le bitume »)]
Remarque(s) : ce second passage prouve que Jehan Rictus n'associe pas nécessairement au verbe l'idée de cachette, comme le font la plupart des dict. d'argot avant 1897, mais en fait comme une variante de (*se*) *planter*.

3° *être planqué à la dure*
se trouver dans une situation misérable [SMv97]
Remarque(s) : là encore, Jehan Rictus privilégie la valeur de fixation sur celle de cachette.

planter [*v.*]
arrive qui plante
advienne que pourra [MNv9]
Remarque(s) : expression ancienne recensée dans Oudin 1640, Le Roux 1718 et reprise dans Littré, qui l'associe à l'idée de planter des choux.

plaquer [*v.*]
abandonner (laisser sur place) [Hv121]
Remarque(s) : outre l'emploi du verbe avec son sens courant ("appliquer" IPv15), on le trouve dans les *Soliloques* avec l'acception expressive "abandonner" recensée dans des dict. d'argot (Larchey, Rigaud, Delesalle) avant 1897, puis dans Bruant, mais que le *Trésor de la langue française* repère dès 1544 dans Calvin.

plat [*n. m.*]
(*se*) *faire du plat*
(se) courtiser [P1v187]
Remarque(s) : peut-être dérivée de tournures anciennes comme *donner du plat de la langue* "cajoler, flatter" (d'Hautel 1808), l'expression est recensée dans des dict. d'argot (*Supplément* de Larchey, Delesalle) avant 1897, puis dans Bruant, qui cite ce passage des *Soliloques*.

plâtre [*n. m.*]
faire son plâtre
gagner de l'argent [MNv70]
Remarque(s) : peut-être dérivé du sens "argent (métal)" mais attesté avant ce dernier, le sens "argent (monnaie)" est recensé dans des dict. d'argot (*Voleurs* de Vidocq 1836-37, Larchey, Rigaud, Delesalle, Bruant) avant 1903.

plein [*adj.* et *adv.* (*avec valeur de prép.*)]
I. 1° *en plein* + N
au cœur de, au beau milieu de + GN [Ev38 (« en plein jour »), Dv6 (« en pleins nichons »), R1v22 (« en pleine jeunesse »)]
Remarque(s) : tournure expressive ancienne courante.

2° *à plein* + N
avec tout + GN [R3v65 (« à plein gosier »)]
Remarque(s) : tournure expressive ancienne courante.

II. *plein* + GN avec déterminant
en plein dans/sur (avec valeur d'abondance) [Dv124 (« plein mes yeux »), P3v91 (« plein les gencives »)]
Remarque(s) : tournure expressive fam. bien attestée au XIXe siècle.

ployant(s) [*participe-adj. employé comme n. m.*]
genou(x) [Dv26]
Remarque(s) : nom qualifiant forgé par l'auteur comme substitut expressif (inconnu des dict. d'argot avant et après 1897).

plumard [*n. m.*]
lit [Dv122, CCv65, MMv53, MPv73, MPv112]
Remarque(s) : substitut expressif pop. recensé dans des dict. d'argot (Rigaud, Delesalle) avant 1897, puis dans Bruant.

plumer (se) [*v.*]
se mettre au lit [Dv164, P2v57, MMv36]
Remarque(s) : substitut expressif pop. recensé dans Delesalle avant 1897, puis dans Bruant.

pognon [*n. m.*]
1° argent (monnaie) [R1v56, P1v123]
Remarque(s) : substitut pop. recensé dans des dict. d'argot (Larchey, Rigaud, Richepin, qui donne *poignon*, et Delesalle) avant 1897, puis dans Bruant.

2° *sans-pognon* [voir **sans-pognon**]

poignet [*n. m. converti en faux nom propre*]
Mame (= *Madame*) *Poignet*
main (quand elle sert à la masturbation) [Dv155]
Remarque(s) : périphrase plaisante antonomastique recensée dans des dict. d'argot (Larchey qui donne *Mme veuve Poignet*, Rigaud, Delesalle qui donne *épouser la veuve Poignet*) avant 1897, puis dans Bruant (*veuve Poignet*).

poil [*n. m.*]
I. *à poils*
1° nu [R2v188, variante c de CCv90 (voir p. 186)]
Remarque(s) : expression pop. recensée dans des dict. d'argot (Larchey, Rigaud, Delesalle) avant 1897, puis dans Bruant (voir 2°).

2° *se mettre à poils*
se déshabiller [Hv2]
Remarque(s) : expression pop. recensée dans des dict. d'argot (Rigaud, Delesalle) avant 1897, puis dans Bruant, qui cite ce passage des *Soliloques*.

II. *le* (ou *du*) *poil* (*de*)
le (ou du) courage (pour) [Ev5, R3v140]
Remarque(s) : tournure pop. recensée dans des dict. d'argot (Larchey, Rigaud, Delesalle) avant 1897, puis dans Bruant.

poilu [*adj. employé comme n.*]
[individu] courageux [R1v56]
Remarque(s) : à côté du sens propre [Ev92], on trouve dans les *Soliloques* ce sens figuré (métonymie du poil comme marque de courage viril), bien attesté au XIXe siècle (le *Trésor de la langue française* cite Balzac 1835 pour l'adj. et ce passage de Jehan Rictus pour le nom) et qui sera recensé dans Bruant.

poire [*n. f.*]
I. 1° tête, figure [Epv58] (voir aussi *se téter la poire* à **téter**)
Remarque(s) : acception figurée (!) bien attestée au XIXe siècle (caricature de Louis-Philippe) et recensée dans des dict. d'argot (Rigaud, *Supplément* de Larchey, Delesalle) avant 1897, puis dans Bruant.

2° *faire sa poire*
se donner de grands airs [Dv92, P1v7, Epv159]
Remarque(s) : expression recensée dans des dict. d'argot (Larchey, Rigaud, Delesalle) avant 1897, puis dans Bruant, qui cite le troisième passage (éd. de 1897) des *Soliloques* (article **bégueule**).

II. imbécile [IPv55, Ev113]
Remarque(s) : acception figurée attestée à la fin du XIXe siècle (notamment dans l'expression *bonne poire*) et recensée dans Delesalle avant 1897, puis dans Bruant.

poireau [*n. m.*]
I. 1° *faire le poireau*
(rester planté à) attendre [SMv70]
Remarque(s) : en ajoutant le complément « d'amour » et en jouant sans doute en même temps sur l'acception *poireau* "membre viril" (également soupçonnable dans P1v55-56 où les becs de gaz, au printemps, « ont envie d' finir poireaux »), Jehan Rictus revigore cette expression recensée dans des dict. d'argot (Rigaud, *Supplément* de Larchey, Delesalle) avant 1897, puis dans Bruant.

2° individu naïf (qui attend qqch) [R2v45, CCv70]
Remarque(s) : dans le premier passage où l'on relève cette acception figurée sans doute dérivée de l'expression précédente et qui sera recensée dans Bruant, Jehan Rictus joue sur l'association équivoque (les vers du poireau / les vers du poète).

poireauter [*v.*]
(rester planté à) attendre [R2v157, MNv67, MMv39]
Remarque(s) : dérivé pop. recensé, parfois sous les variantes *poiroter* et *poirotter*, dans des dict. d'argot (*Supplément* de Larchey, Delesalle) avant 1897, puis dans Bruant.

poisser [*v.*]
arrêter [Ev207]
Remarque(s) : acception recensée dans des dict. d'argot (Larchey, Rigaud, Richepin, Delesalle) avant 1897, puis dans Bruant, qui cite ce passage des *Soliloques* rendu plus expressif par l'association avec *Poissy* (nom de prison).

poivrot [*n.*]
ivrogne [SMv28, CCv95, MNv73]

Remarque(s) : mot pop. recensé, après *poivrier* (même sens) donné par *Les Voleurs* de Vidocq 1836-37, dans des dict. d'argot (Larchey, Rigaud, Richepin, Delesalle) avant 1897, puis dans Bruant.

Polichinelle (**Porichinelle** dans le texte, par déformation pop.) [*n. m.*]
avoir un Polichinelle dans le tiroir
être enceinte [Fv36]
Remarque(s) : dans ce passage, Jehan Rictus revigore avec un humour noir morbide l'expression figurée *avoir un Polichinelle dans le tiroir* (voir aussi **tiroir**), recensée dans des dict. d'argot (Larchey, Rigaud, Delesalle) avant 1897, puis dans Bruant.

Polonais [*n.*]
être Polonais pour la cuite
se soûler comme un Polonais [Epv24]
Remarque(s) : la réputation des Polonais en matière d'excès de boisson est une représentation bien attestée au XIXe siècle et qui a donné lieu à diverses expressions telles que *plein comme un Polonais*, recensée dans la partie français-argot du Delesalle avant 1897, puis dans Bruant.

pomme [*n. f.*]
des pommes !
rien ! [R2v175]
Remarque(s) : l'expression *c'est comme des pommes* est donnée comme synonyme de *Il n'y a rien de fait* dans Delesalle avant d'être reprise dans Bruant.

pompon [*n. m.*]
à lui le pompon !
à lui l'honneur (le premier rang) [Hv69]
Remarque(s) : expression recensée dans des dict. d'argot (*Voleurs* de Vidocq 1836-37, Larchey, Rigaud, Delesalle) avant 1897, puis dans Bruant.

pondre [*v.*]
mettre au monde [R1v15]
Remarque(s) : substitut expressif pop. lié à *pondeuse* "femme qui a souvent des enfants" (Larchey, Rigaud, Delesalle, Bruant) et recensé dans Delesalle avant 1897, puis dans Bruant.

poperiétaire [*n.*] : déformation amusée de *propriétaire* [variante b de 1897 pour P1v203 (voir p. 183) ; voir autre variante dans l'article suivant].

popiétaire [*n.*] : déformation amusée de *propriétaire* [P1v203].

populo [*n. m.*]
peuple [P2v11-16, MMv102, Epv110]
Remarque(s) : ce substitut expressif pop., formé sur *populaire* (*n. m.*, même sens) avec apocope et resuffixation, est recensé dans des dict. d'argot

(*Dictionnaire de la langue verte* de Delvau 1866, Delesalle) avant 1897, puis dans Bruant.

Porichinelle [voir **Polichinelle**]

porquoi [*adv. interrogatif* et *n.*] : prononciation pop. de *pourquoi* (souvent renforcé par *que*) [Ev83, Ev97, P3v103, P3v126-127, P3v150].

poser un lapin [voir **lapin**]

poteau [*n. m.*]
camarade [P3v41]
Remarque(s) : cette métaphore, déjà attestée en ancien français, a repris vigueur à la fin du XIXe siècle, où elle est recensée dans des dict. d'argot (Larchey, Rigaud, Delesalle) avant 1897, puis dans Bruant qui l'utilise en outre souvent dans ses exemples et citations.

poubelle [*n. f.*]
boîte à ordures [P1v116]
Remarque(s) : ce néologisme, formé par antonomase à partir du nom du préfet qui a imposé l'utilisation de cet ustensile (1883), a vite perdu toute valeur expressive, mais est recensé dans des dict. d'argot (*Supplément* de Larchey, Delesalle) avant 1897, puis dans Bruant, qui cite ce passage des *Soliloques*.

pouce [*n. m.*]
se tourner les pouces en rond
ne rien faire [Ev118]
Remarque(s) : expression figurée bien attestée et répandue dans l'usage courant au XIXe siècle.

pouf ! [*interjection*]
(exprimant la soudaineté de l'action) [P1v200]
Remarque(s) : onomatopée ancienne relevée dans le *Dictionnaire des onomatopées* de Enckell et Rézeau (2003), qui illustre cet emploi par ce passage des *Soliloques*.

pouffiasse [*n. f.*]
femme de mauvaise vie [Ev195]
Remarque(s) : mot expressif pop. bien attesté au XIXe siècle et recensé dans des dict. d'argot (Larchey, Rigaud, Richepin, Delesalle) avant 1897, puis dans Bruant.

Poyésie [*n. f.*] : déformation ironique de la prononciation de *poésie* [Epv49].

pratique [*n. f.*]
agissement douteux [Ev68]
Remarque(s) : le contexte laisse à penser qu'il s'agit de cet emploi péjoratif courant au XIXe siècle plutôt que de *pratique* "vaurien" recensé dans des dict. d'argot (Larchey, Rigaud, Delesalle, Bruant).

prendre [*v.*]
I. être frappé, recevoir des coups (même au sens figuré) [Dv81]
Remarque(s) : emploi fam. courant.

II. *si je n'ai pas le droit, je le prends* [voir **droit**]

preumier [*adj. et n.*] : transcription de la prononciation pop. allongée de *premier* [SMv123, Ev84, P1v158, P2v58, MMv22].

probloque [*n.*]
propriétaire [CCv95, Epv136]
Remarque(s) : ce substitut expressif fin-de-siècle, dérivé par déformation avec apocope et adjonction d'un appendice expressif, est recensé dans des dict. d'argot (*Dictionnaire d'argot fin-de-siècle* 1894 de Virmaître, Delesalle) avant 1897, puis dans Bruant.

proprio [*n.*]
propriétaire [MMv116, MPv22]
Remarque(s) : ce substitut expressif, dérivé par déformation avec apocope et suffixation en *–o*, est recensé dans des dict. d'argot (Rigaud, *Supplément* de Larchey, Delesalle) avant 1897, puis dans Bruant.

p'têt' [*adv.*] : déformation pop. et fam. de *peut-être* [Hv61, SMv1, v7, v13 (« p'têt' ben »), Ev32 (« à la p'têt'-bien » ; voir **à**), Ev169, etc.].

p'tiot [voir **petiot**], **p'tit** [voir **petit**]

puer [*v.*]
puer bon
sentir bon [P1v145]
Remarque(s) : expressif en soi, le verbe *puer* "sentir mauvais" [MMv86] est parfois employé avec l'adverbe *bon* par oxymore (emploi signalé dans Larchey et Delesalle avant 1897).

puïe [*n. f.*] : prononciation pop. relâchée de *pluie* [SMv77, P1v30].

punaise [*n. f.*]
femme mal considérée (avec valeur possible de prostitution) [SMv50]
Remarque(s) : acception figurée recensée dans des dict. d'argot (*Voleurs* de Vidocq 1836-37, Larchey, Rigaud, Delesalle) avant 1897, puis dans Bruant.

pupart (la) [*pron. indéfini*] : sur le modèle de *plus* > *pus* (voir **pus II.**), réduction phonétique de *plupart* en prononciation pop. fort marquée [MNv85].

pure [*n. f.*]
misère [R2v93]

Remarque(s) : dérivé par apocope de *purée* (même sens ; voir ce mot) avec équivoque antiphrastique (*pur* signifiait "élégant" à cette époque), ce mot fin-de-siècle sera recensé dans Bruant.

purée [*n. f.*]
misère [Hv12, Hv100, Dv48, P3v6, CCv50]
Remarque(s) : substitut expressif (métaphore) recensé dans des dict. d'argot (Rigaud, *Supplément* de Larchey, Delesalle) avant 1897, puis dans Bruant.

purin [*n. m.*]
liquide s'écoulant du fumier [Ev133]
Remarque(s) : sens figuré (métaphorique) bien attesté à la fin du XIXe siècle et dont ce passage des *Soliloques* offre une attestation littéraire intéressante.

purotain [*n.*]
miséreux [Hv12, Hv133, Ev34, R1v14, MMv80]
Remarque(s) : ce dérivé de *purot* "fosse à purin" jouant sur l'association avec *purée* "misère" est recensé, également sous la forme *purotin*, dans des dict. d'argot (Rigaud, *Supplément* de Larchey, Delesalle) avant 1897, puis dans Bruant.

pus I. [*adv. dans négation*]
1° a) plus (sans [s] final) dans *ne... plus* avec *ne* exprimé [Hv2 (« n' pus s'mettre »), Hv91 (« y gn'aurait pus d' misère »), etc.]
Remarque(s) : réduction phonétique en prononciation pop.

b) plus (sans [s] final) dans *ne... plus* avec *ne* supprimé [Hv141 (« Je veux pus êt' des Écrasés »), SMv2 (« qui croit pus à grand' chose »), etc.]
Remarque(s) : la suppression de *ne* entraîne rarement une confusion avec **pus II.**

pus II. [*adv. intensif ou quantitatif non négatif*]
plus (avec [s] final non prononcé dans de nombreux contextes) [Hv39 (« le pus pratique »), Hv83 (« pus tocs que nous sommes »), Hv95 (« Ça rapport' pus qu' la Poésie »), Hv104 (« Qu'un jour la Vie a soye pus gaie »), SMv10-12 (« pus...pus » en corrélation), etc.]
Remarque(s) : réduction phonétique en prononciation pop. fort marquée.

putain [*n. f.*]
1° femme de mœurs faciles (et, en particulier, femme se livrant à la prostitution) [Hv10, Dv142]
Remarque(s) : pour ce mot d'ancien français si répandu dans l'usage qu'il est rarement recensé dans les dict. d'argot, il n'est pas toujours facile de distinguer si Jehan Rictus lui donne une valeur plus restreinte de prostitution.

2° *putain de...* (+ nom)
(formule stigmatisant le référent du complément) [SMv83, P1v3]

Remarque(s) : attestations littéraires intéressantes ignorées des dictionnaires pour cette construction dite « qualitative » dont le *Trésor de la langue française* ne relève pas de citations antérieures à 1863.

putôt [*adv.*] : sur le modèle de *plus* > *pus* (voir **pus II.**), réduction phonétique de *plutôt* en prononciation pop. fort marquée [R1v41, R2v192, P3v133].

— Q —

qu' I. : élision régulière devant voyelle et réduction fréquente devant consonne de *que* (voir plus particulièrement **que I.** et **que II.**).

qu' II. [*pron. relat. sujet*] : réduction courante du pronom relatif sujet *qui* devant voyelle dans l'usage oral relâché [Hv13 (« ceuss' qu'a d' la guigne »), Hv103 (« y a quèt' chos' qu'empêche »), IPv11 (« un qu'a pas bouffé »), etc.].

quand [*conj. de sub.*]
1° *quand que* [voir **que I.**]

2° *quand gn'en a pus... gn'en a encore* [voir **gn'en a**]

que I. [*second élément formant loc. conj. de sub.* ou *subordonnant remplaçant le pron. relatif*]
I. 1° *quand que*
quand [MNv74, MNv86, MMv4, MMv130, MPv27, MPv52, MPv99]
Remarque(s) : extension du second élément des loc. conj. de sub. (*avant que*, *après que*, *depuis que*, etc.) derrière *quand* ; Jehan Rictus n'exploite pas ce trait populaire derrière *quand* avant le poème « Les Masons » (éd. de 1903).

2° a) *si que*
si [R1v7, v19-20, v37, v69, v74, v82 (« si qu'y r'viendrait »), R2v52 (« si qu'on s'rait amis »), R3v1 et v6, P1v71 (« Si qu'a fait peau neuv' la Nature »), P1v170, Epv3 et v6, Epv154]
Remarque(s) : extension du second élément des loc. conj. de sub. (*pourvu que*, *à condition que*, etc.) derrière *si*, dont les emplois ne sont pas toujours ceux d'une simple conj. de sub. (à « si qu'y r'viendrait » ne correspond pas toujours de « principale » ; « si qu'on s'rait amis » est une... « proposition » ; etc.).

b) *comme si que*
comme si [Ev188 (« Comm' si qu' j'aye épousé un flic »), P3v122 (« Comm' si qu'y s'rait près d' son trépas »)]
Remarque(s) : voir 2° a).

c) *même si* + *que*
même si [P3v37 (« Mêm' si qu'un jour j' tournais au riche »)]
Remarque(s) : voir 2° a).

II. *moi que je*
moi qui [CCv35 (« moi que j'ai l'air »), CCv111 (« Et moi qu' j'allais p'têt' arr'sauter »)]
Remarque(s) : le dédoublement, après un premier pronom personnel accentué, du pronom relatif en *que* + pronom personnel clitique (ici sujet, mais complément est possible) est une caractéristique courante dans l'usage pop., mais rare dans les *Soliloques*.

que II. [*particule de détachement* (hormis cas (plus) réguliers avec présentatifs dans *c'est...que*, *voilà... que*, etc.)]
I. devant incise (avec suppression de l'inversion du sujet) :
qu'y disent
disent-ils [P1v113]
Remarque(s) : tournure narrative courante dans l'usage oral pop.

II. en interrogative (ou exclamative) derrière pronoms ou adverbes non renforcés par *est-ce-que* : *comment* + *que* [Ev1 (« Comment qu' ça s' fait qu' les taciturnes... »), etc.] ; *où* + *que* [SCAv34 (« Où qu' tu veux que j' pouss' mes faux airs ? »)] ; *porquoi* + *que* [Ev83 (« Porquoi qu'y faut payer la casse »), etc.] ; *quoi* + *que* [IPv47 (« quoi donc qu'y z'ont fait »), R2v201 (« quoi qu' tu vas foutre ? »), etc.], etc.
Remarque(s) : tournure de détachement courante dans l'usage oral pop. ; Jehan Rictus emploie aussi parfois le renforcement avec présentatif *c'est que* (sans l'inversion *est-ce-que*) : *quand c'est que* [Ev96 (« Quand c'est qu'on s'ra vengés ? »), *d'où c'est que* [Dv16 (« D'où c'est qu' tu viens ? »)], *quoi c'est que* [P2v53 (« quoi c'est qu'embaume ? »)], etc. (voir aussi **ousque**).

III. en relative, derrière pronom relatif, *que* jouant alors aussi un rôle de renforcement du subordonnant : *où* + *que* [SMv60-61 (« l'Époque // Où qu' les z'Homm's y s'ront tous frangins, // Où qu' les Nations s' pass'ront des langues »), etc.] ; *à qui* + *que* [MPv7-8 (« Pour les Pâles, les Désolés, // À qui qu'on a toujours menti »), MPv76-77 (« Des rouquin's, des brun's et des blondes // À qui qu'on pourrait dir' — « Moman ! »), Fv2-3 (« Les p'tits flaupés... les p'tits foutus // À qui qu'on flanqu' sur le tu-tu »)].
Remarque(s) : tournure de détachement courante dans l'usage oral pop.

qué [*adj. exclam.*] : réduction phonétique expressive de *quel* / *quelle* devant consonne dans la prononciation pop. [Dv94 (« Qué Sologne »), Dv139 (« qué coup d' traversin »), R1v86 (« Qué coup d' Trafalgar »), R2v17-18 (« Qué chahut » et « qué bouzin »), R2v145 (« qué désastre »), P1v215 (« Qué mœurs étranges »), etc.].

quéqu' I. [*adj. indéfini*] : réduction phonétique courante de *quelque*(*s*) dans l'usage oral pop. [Ev203 (« quéqu' soir »), R1v83 (« quéqu' jour »), R3v2 et v7 (« quéqu' nuit »), P1v33 (« quéqu's z'années »), etc.] (voir aussi **quéqu' chose** et **quéqu' part**).

quéqu' II. [*pron. interrogatif renforcé*] : réduction phonétique courante de *qu'est-ce que* dans l'usage oral pop. [R2v73].

quéqu' chose (ou **quèqu' chose**) [*pron. indéfini*] : réduction phonétique courante de *quelque chose* dans l'usage pop. [Ev55, R3v51, R3v115, P1v154] (voir aussi **quét' chose**).

quéqu' part [*loc. adv.*] : réduction phonétique courante de *quelque part* dans l'usage pop. [Ev46].

quéqu'un, quéqu's-uns [*pron. indéfini*] : réduction phonétique pop. courante de *quelqu'un* [R2v247, Epv30] et de *quelques-uns* [Ev125, P3v42].

quét' chose (ou **quèt' chose**) [*pron. indéfini*] : réduction et déformation phonétiques courantes de *quelque chose* dans l'usage pop. [Hv103, P1v54, MNv89].

queue [*n. f.*]
1° *faire des queues*
faire des infidélités, tromper [Ev184]
Remarque(s) : expression ancienne recensée dans des dict. d'argot (Larchey, Rigaud, Delesalle) avant 1897, puis dans Bruant, qui cite ce passage des *Soliloques*.

2° *tenir la queue de la poêle*
commander, gouverner [Hv3]
Remarque(s) : expression métaphorique familière ancienne, attestée dans Balzac en 1837 (voir *Trésor de la langue française*).

quiens ! [*interjection*] : déformation phonétique pop. (palatalisation) de *tiens !* (marquant diverses réactions de l'énonciateur par rapport à une situation) [Hv41, Dv13, Dv93, R2v254, R3v91].

quient [forme pop. du verbe *tenir*] : extension de la déformation précédente à la forme *tient* de 3e pers. du sg du présent du verbe à l'indicatif [Dv130].

qui-qui [*n. m.*]
gorge, gosier [variante b de P3v66 (voir p. 184)]
Remarque(s) : Jehan Rictus a remplacé par *gaviot* à partir de 1903 ce nom pop. expressif recensé dans des dict. d'argot (*Supplément* de Larchey, Delesalle) avant 1897, puis dans Bruant, qui préfère la forme *kiki* (on trouve aussi *quiqui* sans trait d'union).

— R —

râbe [*n. m.*] : déformation dans la prononciation pop. de *râble* [Ev90 (pour des humains ; voir **râble**), P1v213 (pour des chiens)].

râble [*n. m.*]
dos [Ev90]

Remarque(s) : l'emploi fam. du mot comme substitut expressif de *dos* est attesté anciennement (Le Roux 1718) et relevé dans Delesalle avant 1897, puis dans Bruant (sous les formes *râbe* et *râpe*) ; les *Soliloques* offrent ici, qui plus est, une attestation littéraire intéressante de la substitution de *râble* à *dos* dans l'expression figurée *sur le dos de qqn* "aux dépens de qqn".

raccourci [*participe-adj. employé comme n.*]
guillotiné [R3v24]
Remarque(s) : à partir du verbe *raccourcir* "guillotiner" qui est bien attesté après la Révolution de 1789 et recensé dans des dict. d'argot (Larchey, Rigaud, Delesalle) avant 1897, puis dans Bruant, le nom n'a sans doute pas été créé par Jehan Rictus, mais les *Soliloques* en fournissent une attestation littéraire intéressante.

radiner [*v.*]
arriver, revenir [P1v64]
Remarque(s) : substitut expressif recensé dans des dict. d'argot (Rigaud, Richepin, *Supplément* de Larchey, Delesalle) avant 1897, puis dans Bruant qui cite ce passage des *Soliloques*.

radis [*n. m.*]
sou [SCAv44]
Remarque(s) : substitut expressif pop. bien attesté à partir du milieu du XIXe siècle, notamment dans l'expression (*n'avoir*) *pas* (ou *plus*) *un radis*, et recensé dans des dict. d'argot (Larchey, Rigaud, Delesalle) avant 1897, puis dans Bruant.

raffût [*n. m.*]
tapage [Ev191]
Remarque(s) : mot pop. expressif recensé sans accent circonflexe (*raffut*) dans des dict. d'argot (*Dictionnaire de la langue verte* de Delvau 1866, Delesalle) avant 1897, puis dans Bruant.

râfler [*v.*]
tout emporter (valeur fréquente de vol) [SCAv18]
Remarque(s) : verbe pop. et fam. attesté sans accent circonflexe (*rafler*) depuis 1573 (selon le *Trésor de la langue française*) et recensé dans Le Roux 1718 avant d'être repris dans Delesalle avant 1897, puis dans Bruant.

rampe [*n. f.*]
lâcher la rampe
mourir [P2v82]
Remarque(s) : expression métaphorique recensée, souvent à l'article **lâcher**, dans des dict. d'argot (Larchey, Rigaud, Delesalle) avant 1897, puis dans Bruant.

rapin [*n. m.*]
apprenti peintre ou peintre sans talent [SMv26]

Remarque(s) : ce mot, qui a désigné d'abord les apprentis peintres et a pris ensuite un sens péjoratif plus large, est bien attesté depuis le début du XIXe siècle et parfois recensé dans des dict. d'argot (Larchey, partie français-argot du Delesalle) avant 1897, puis dans Bruant.

rappliquer [*v.*]
arriver, revenir [R2v26 (suivi de *chaud* employé adverbialement), P2v1]
Remarque(s) : substitut expressif recensé dans des dict. d'argot (*Voleurs* de Vidocq 1836-37, Larchey, Rigaud, Richepin, Delesalle), puis dans Bruant, qui cite le premier passage des *Soliloques*.

rapport à [*loc. prép.*]
à cause de [P1v31, P3v120]
Remarque(s) : tournure syntaxique pop. et fam. bien attestée au XIXe siècle, mais qui est passée inaperçue des dict. d'argot, même si le Bruant l'emploie dans une citation et recense *rapport que* dans le Supplément de 1905.

rasta [*n.*]
aventurier douteux qui se donne de grands airs [SMv26, Epv93]
Remarque(s) : ce mot fin-de-siècle (Jehan Rictus le donne entre guillemets, puis en italiques), dérivé par apocope de *rastaquouère* (même sens, voir article suivant), est recensé dans Delesalle avant 1897, puis dans le *Dictionnaire thématique* de Lermina & Lévêque (1897), dans Bruant et dans le *Vocabulaire de la langue verte* d'Hector France.

rastaqoère [*n.*]
aventurier douteux qui se donne de grands airs [Hv35]
Remarque(s) : ce mot, bien attesté à la fin du XIXe siècle sous diverses formes (*rastacouère*, *rastaquère*, *rastaquouère*, etc.), est recensé dans des dict. d'argot (Rigaud, *Supplément* de Larchey, Delesalle) avant 1897, puis dans Bruant.

raté [*participe-adj. et n.*]
1° en échec [P3v14]
Remarque(s) : à partir du verbe *rater* bien attesté au XVIIIe siècle dans l'acception "échouer" (dérivée de l'acception "ne pas partir" à propos d'armes à feu), l'emploi du participe comme adj. est devenu si courant dans l'usage fam. au XIXe siècle qu'il n'est pas recensé dans les dict. d'argot.

2° individu qui a échoué dans l'existence [R2v138]
Remarque(s) : l'emploi de l'adj. comme nom s'appliquant à des personnes est bien attesté au XIXe siècle et recensé dans des dict. d'argot (Larchey, Delesalle) avant 1897, puis dans Bruant.

ratiboiser [*v.*]
dépouiller [CCv108]
Remarque(s) : ce substitut expressif à large spectre sémantique est recensé dans des dict. d'argot (Larchey, Rigaud, Delesalle, puis Bruant) avant 1900.

re- [*préfixe*]
de nouveau
Remarque(s) : dans cette acception courante majoritaire, Jehan Rictus emploie très librement le préfixe, ce qui donne des verbes rarement recensés dans des dict. : *rebouffer* [Epv59], *se recavaller* [P1v201], *rerire* [Epv7], *retricoter des paturons* [MNv62 (voir **tricoter**)], *retéter* [Epv58 (voir **téter**)] etc.

rebiffe [*n. f.*]
la faire à la rebiffe
se révolter [Fv65]
Remarque(s) : ce substitut expressif, qui résulte de la conversion du verbe (*se*) *rebiffer* "se révolter" (voir article suivant) en nom féminin complément du verbe *faire* dans une tournure syntaxique elle-même très marquée (voir **faire** 2°), est recensé dans des dict. d'argot (*rebif* "vengeance" dans *Voleurs* de Vidocq 1836-37 et Larchey, *rebiffe* "révolte" dans Rigaud, *Supplément* de Larchey et Delesalle) avant 1897.

rebiffer (se) [*v.*]
se révolter, regimber [Hv116, P3v84]
Remarque(s) : ce verbe expressif très ancien est recensé avec cette acception dans Le Roux 1718 et ensuite, souvent avec le sens "se redresser", dans des dict. d'argot (Larchey, Rigaud, Delesalle) avant 1897, puis comme argotisme dans Bruant, qui le donne aussi comme mot d'entrée du français !

rebiffer II. [*v.*]
rebiffer au truc
recommencer, récidiver [variante b de P1v4 (voir p. 181)]
Remarque(s) : Jehan Rictus substitue au verbe *se renouveler*, à partir de l'édition de 1921, cette expression argotique recensée bien avant dans des dict. d'argot (Rigaud, *Supplément* de Larchey, Delesalle), mais oubliée dans Bruant.

rebouffer [voir **re-** et **bouffer**]

recavaller (se) [voir **re-** et **cavaler**]

redorer [*v.*]
redorer son blason
relever sa fortune (avec valeur de souci de réputation) [Hv36]
Remarque(s) : expression figurée (métonymie dans métaphore) courante.

refiler [*v.*]
refiler la comète
être sans domicile fixe, vagabonder [SMv17, Dv53]
Remarque(s) : sur l'expression figurée *filer la comète* (où *comète* désignait au départ une sorte de ruban), recensée dans des dict. d'argot (Rigaud, *Supplément* de Larchey, Delesalle) avant 1897, puis dans Bruant, s'est greffé le verbe *refiler* "suivre", également recensé dans des dict. d'argot (Larchey,

Rigaud, Delesalle) ; le Bruant recensera la nouvelle expression, en citant le premier passage des *Soliloques*.

reguingote [*n. f.*]
redingote [P1v75]
Remarque(s) : cette déformation pop. du nom *redingote*, lui-même résultant d'une adaptation avec consonance bien française du mot anglais *riding-coat*, sera recensée dans Bruant (**redingote** [...] *reguingotte*) sans aucune remarque (voir aussi **requimpette** ci-dessous).

réjouissance [*n. f.*] [voir note 1 p. 66 pour cet emploi dans Dv32]

reluquer [*v.*]
regarder (avec valeur ajoutée d'un sentiment) [IPv5, CCv103, Epv99]
Remarque(s) : substitut expressif attesté au XVIIIe siècle et encore recensé dans des dict. d'argot (*Voleurs* de Vidocq 1836-37, Larchey, Rigaud, Richepin, Delesalle) avant 1897, puis dans Bruant.

repasser [*v.*]
repasser aux poings
battre [P3v27]
Remarque(s) : avant 1897, on trouve avec cette acception ce verbe seul (*Supplément* de Larchey) ou dans différentes expressions (*repasser le buffle* dans Le Roux 1718 ; *repasser la chemise de sa femme* dans Rigaud et Delesalle ; *repasser le cuir* dans le *Dictionnaire thématique* de Lermina & Lévêque ; etc.).

repiquer (à) [*v.*]
se remettre (à), recommencer [Epv6]
Remarque(s) : ce verbe expressif ainsi construit ou inclus dans l'expression *repiquer au truc* se trouve recensé avec cette acception dans des dict. d'argot (Larchey, Rigaud, Delesalle) avant 1897, puis dans Bruant.

repousser [*v.*] [voir *repousser du flingot* à **flingot**]

repu [*participe-adj. employé comme n.*]
privilégié [MMv88]
Remarque(s) : ce mot est recensé dans l'argot politique par le Bruant avant 1903.

requinpette [*n. f.*]
redingote [Ev212, Dv35]
Remarque(s) : ce substitut expressif de *redingote*, qui est peut-être d'origine régionale et qui reçoit ici une attestation littéraire intéressante (relevée dans le *Trésor de la langue française*), sera recensé dans Bruant sous la forme *requimpette*, avec citation du second passage des *Soliloques*.

rerire [voir **re-**]

Ressautant [*participe-adj. employé comme n. m.*]
cœur [Dv79]
Remarque(s) : nom qualifiant forgé par Jehan Rictus à partir du verbe *ressauter* ("sursauter" en région lyonnaise) sur le modèle de mots comme *battant*, *palpitant*, etc, recensés dans des dict. d'argot avant 1897.

retapé [*participe-adj.*]
rénové [MMv23]
Remarque(s) : acception fam. du verbe *retaper*, bien attestée au XIXe siècle dans le domaine du bâtiment et parfois recensée dans des dict. d'argot (*retapé* "remis à neuf" dans Delesalle) avant 1903.

retricoter [voir **re-** et **tricoter**]

revoyure [*n. f.*]
à la revoyure
au revoir [R2v177]
Remarque(s) : substitut expressif pop. bien attesté au XIXe siècle et parfois recensé dans des dict. d'argot (Delesalle) avant 1897, puis dans Bruant.

rhumatisse [*n. m.*] : déformation de *rhumatisme* dans la pron. pop. [Ev59].

ribouis [*n. m.*]
soulier, chaussure (avec valeur d'usure suivie de réparation) [variante b de Ev108 en 1897 (voir p. 174), R2v194, MNv18]
Remarque(s) : substitut expressif recensé avec cette acception dans des dict. d'argot (Rigaud, *Supplément* de Larchey, Delesalle) avant 1897, puis dans Bruant.

rien [*pron. indéfini employé comme adv. intensif*]
vraiment (devant adj.) [Hv79 (« rien chaud »)]
Remarque(s) : emploi antiphrastique pop. bien attesté à la fin du XIXe siècle et recensé dans des dict. d'argot (Larchey, Rigaud, Richepin, Delesalle) avant 1897, puis dans Bruant.

rif [*n. m.*]
feu [Dv151, R2v95]
Remarque(s) : substitut attesté en jargon ancien sous les formes *rufe* (*Vie genereuse* 1596) et *rifle* (*Vie genereuse* 1603, *Jargon ou Langage de l'Argot reformé* 1629-163) et recensé sous la forme *rif* dans des dict. d'argot (*Voleurs* de Vidocq 1836-37, Larchey, Rigaud, Delesalle) avant 1897, puis dans Bruant.

rigolade [*n. f.*]
divertissement [P1v176]
Remarque(s) : ce nom dérivé de *rigoler* (voir ce verbe) est bien attesté avec cette acception au milieu du XIXe siècle et recensé dans des dict. d'argot (Larchey, Rigaud, Delesalle) avant 1897, puis dans Bruant.

rigolard [*adj.*]
qui s'amuse [P1v208]
Remarque(s) : ce dérivé expressif de *rigoler* (voir ce verbe) est recensé dans des dict. d'argot (*Supplément* de Larchey, Delesalle) avant 1897, puis dans Bruant, mais avec le sens "qui prête à rire, qui déclenche le rire" (synonyme de *rigolo*) plutôt que le sens "qui s'amuse" (synonyme de *rigoleur*), dont cette occurrence dans les *Soliloques* offre une attestation littéraire intéressante.

rigoler [*v.*]
s'amuser [Hv34, Ev69 (*rigoler de*)]
Remarque(s) : ce verbe pop. et fam. attesté en ancien français est recensé dans Le Roux 1718, puis dans des dict. d'argot (*Voleurs* de Vidocq 1836-37, Larchey, Delesalle) avant 1897, puis dans Bruant.

rigoleur [*adj. employé comme n.*]
fêtard [P1v125]
Remarque(s) : cet emploi du dérivé comme substantif avec cette acception est bien attesté au XIXe siècle et recensé dans des dict. d'argot (Larchey, Rigaud, Delesalle) avant 1897 (non repris dans Bruant).

rigolo [*adj. employé comme n.*]
[individu] qui s'amuse, boute-en-train [Hv86, SMv20, SMv115]
Remarque(s) : il ne semble pas que Jehan Rictus ajoute, dans aucun passage, la nuance dépréciative forte de dérision ("qui ne peut être pris au sérieux") parfois prise ensuite par ce mot bien attesté au XIXe siècle avec l'acception "personne qui aime s'amuser", recensée dans Larchey avant 1897 (de façon moins évidente dans Rigaud et Delesalle), puis dans Bruant.

rincer [*v.*]
battre [R2v263]
Remarque(s) : acception figurée (métaphore lingère) attestée anciennement et recensée dans des dict. d'argot (Larchey, Delesalle) avant 1897, puis dans Bruant.

ripaton [*n. m.*]
pied [MNv39]
Remarque(s) : ce mot expressif, qui a d'abord signifié "soulier" (Larchey, Rigaud, Richepin, Delesalle, Bruant), a également été recensé avec son acception dérivée dans Rigaud dès 1878.

Robert-Macaire [*n. pr.*] : voir note 1 p. 108 pour P1v147 à propos de ce mot formé par anotonomase et recensé dans des dict. d'argot (Larchey, Delesalle) avant 1897 (Bruant donne *Macaire*).

rôdailler [*v.*]
traîner, rôder çà et là [MMv27]
Remarque(s) : dérivé expressif fam. dont ce passage de l'éd. de 1903 fournit une attestation littéraire intéressante.

rôde-la-nuit [*n.*]
vagabond noctambule [MNv23]
Remarque(s) : nom composé expressif créé par Jehan Rictus conformément aux règles de la composition dite *populaire*.

rognon [*n. m.*]
1° rein [Hv71, MNv6]
Remarque(s) : ce mot s'appliquait dès l'ancien français aux êtres humains et aux animaux dans cette acception qui est la plus probable pour ces deux passages.

2° testicule [P1v153, P3v92]
Remarque(s) : cette acception figurée (métaphore de forme) est plus probable pour ces deux passages et surtout pour le second, ce qui offre des attestations littéraires intéressantes, alors que le *Trésor de la langue française* cite un exemple du dictionnaire d'argot de Le Breton 1960.

rond [*n. m.*]
1° sou [SMv101 (« deux ronds d' tendresse »), Ev150 (*ne pas donner deux ronds de...*), P2v13 (« deux ronds d' perlo ») et v15 (« Deux ronds d' musique »)]
Remarque(s) : ce substitut figuré (métonymie de forme) pop., déjà attesté en jargon ancien (*Vie genereuse* 1596, puis *Jargon ou Langage de l'Argot reformé* 1629-1630), est recensé ensuite dans tous les dict. d'argot (*Voleurs* de Vidocq 1836-37, Larchey, Rigaud, Richepin, Delesalle) avant 1897, puis dans Bruant.

2° *ne pas* (ou *ne plus*) *avoir le rond*
être sans argent [P3v112, MMv136, MPv99]
Remarque(s) : cette expression pop. courante, qui a contribué à élargir le sens du mot *rond* ("argent"), est mal décrite dans les dict. d'argot avant 1897, Rigaud donnant *pas le rond* « pas le sou » ; les *Soliloques* offrent ici des attestations littéraires intéressantes, alors que le *Trésor de la langue française* cite seulement Léon Bloy 1897 employant la même formule que Rigaud.

rond-de-cuir [*n. m.*]
employé de bureau (avec valeur péjorative de fainéantise) [MPv16, Epv119]
Remarque(s) : acception figurée (métonymie donnant le nom de l'objet à l'individu qui l'utilise) péjorative, recensée dans des dict. d'argot (*Supplément* de 1883 par Fustier au *Dictionnaire de la langue verte* de Delvau, *Supplément* de Larchey, Delesalle) avant 1897.

Ronde [*adj. employé comme n. f.*]
Terre [variante e de R2v236 dans l'éd. de 1897 (voir p. 179)]
Remarque(s) : à partir de l'édition de 1903, Jehan Rictus a renoncé à ce nom qualifiant non recensé dans les dict. d'argot.

ronfler [*v.*]
dormir [SMv5]

Remarque(s) : cette acception figurée (métonymie) ancienne, qui fait du verbe un substitut expressif pop. de *dormir* (sans valeur d'intensité du sommeil dans ce passage), est trop courante dans les usages pop. et fam. pour être recensée dans les dict. d'argot.

roter [*v.*]
en roter
être ébahi [Hv47 (« y a d' quoi en roter »)]
Remarque(s) : expression figurée recensée dans des dict. d'argot (Rigaud, Delesalle) avant 1897, puis dans Bruant.

roublard [*adj. employé comme n.*]
[individu] rusé (avec valeur de rouerie allant jusqu'à l'escroquerie) [MPv9]
Remarque(s) : mot expressif recensé dans des dict. d'argot (*Dictionnaire de la langue verte* de Delvau 1866, Larchey, Rigaud, Delesalle, Bruant) avant 1903.

rouchie [*n. f.*]
femme que l'on méprise [SMv28]
Remarque(s) : le masc. *rouchi*, attesté dans les *Mémoires* de Vidocq 1828-29 et recensé dans des dict. d'argot (Larchey qui cite le *Catéchisme poissard* de 1844, Delesalle) avec l'acception "individu répugnant", aurait semblé mieux convenir dans ce quatrain où ce sont principalement des hommes qui sont visés ; s'il s'agit de femmes (la graphie oblige à le penser), il faudrait plutôt y voir des femmes de mauvaise vie, comme cela est souvent relevé aussi dans des dict. d'argot (dans Larchey qui cite A. Pothey et, après *L'Assommoir* de Zola, dans Rigaud, dans Richepin et dans la partie français-argot du Delesalle) avant 1897, puis dans Bruant.

roue [*n. f.*]
à la roue
à la mode ? [Ev173, R2v108]
Remarque(s) : cette expression, absente de la plupart des dict. consultés à l'exception du Bruant qui la donne avec les acceptions "malin" et "mauvais" peu pertinentes ici, pourrait-elle s'interpréter ici à partir de *faire la roue* "parader" ou de *roue* (*de la fortune*), symbole de chance ?

rouler [*v.*]
1° *se les rouler* (*dans*)
s'envelopper avec plaisir (dans) [SMv99, R1v12, CCv24]
Remarque(s) : les *Soliloques* offrent des attestations littéraires intéressantes pour ce renforcement de l'expression *se rouler dans*, revigorée par le pronom *les* à référents sous-entendus : les membres et/ou les attributs virils dans le premier passage (avec valeur de débauche), les membres dans le second (avec valeur niée de luxe), les membres ou les formes féminines dans le troisième (avec mise en valeur de celles-ci) ; dans le premier se surajoute peut-être la valeur d'insouciance et de paresse de l'expression *se les rouler* "fainéanter" recensée peu après dans Bruant, mais où le référent sous-entendu n'est pas le même (les pouces).

2° tromper [MPv9]
Remarque(s) : cette acception, bien attestée au XIXe siècle et que l'on peut associer à *rouler dans la farine*, est recensée dans des dict. d'argot (Larchey, Rigaud, Delesalle) avant 1897, puis dans Bruant.

roupiller [*v.*]
dormir [SMv103, Dv72, R1v5, R2v218, CCv97, MPv13]
Remarque(s) : verbe expressif déjà recensé en jargon ancien (*Jargon ou Langage de l'Argot reformé* 1629-1630) et repris dans la plupart des dict. d'argot (*Voleurs* de Vidocq 1836-37, Larchey, Rigaud, Delesalle) avant 1897, puis dans Bruant.

rouquin, **rouquine** [*adj. employé comme n.*]
[individu] roux [R1v10 (le Christ), MPv76 (des femmes)]
Remarque(s) : dérivé expressif pop. recensé dans Delesalle avant 1897, puis dans le *Dictionnaire thématique* de Lermina & Lévêque (1896-97), dans Bruant et dans le *Vocabulaire de la langue verte* d'H. France.

rouspéter [*v.*]
protester bruyamment [SMv54, MNv66]
Remarque(s) : verbe expressif pop. recensé dans des dict. d'argot (Rigaud, Delesalle) avant 1897, puis dans Bruant.

Rousse (la) [*n. f.*]
Police [P3v120]
Remarque(s) : ce substitut expressif, associable à *roussin* "policier" et reposant peut-être sur la représentation ancienne associant rousseur et traîtrise, est recensé dans des dict. d'argot (*Voleurs* de Vidocq 1836-37, Larchey, Rigaud, Richepin, Delesalle) avant 1897, puis dans Bruant.

Royalisse [*adj. et n.*] : déformation de *royaliste* dans la pron. pop. [Hv43].

ruer [*v.*]
ruer dans les brancards
se rebeller [Ev157]
Remarque(s) : expression figurée (métaphore) courante, sans doute déjà ancienne mais dont les *Soliloques* offrent une attestation littéraire intéressante.

ruminer [*v.*]
remâcher des idées ou des sentiments [P2v6]
Remarque(s) : expression figurée (métaphore) ancienne et courante, mais revigorée ici par le contexte de Parisiens qui, comme des veaux, « rumin'nt par tas noirs aux terrasses ».

rupin [*n. et adj.*]
1° *n.* : [individu] riche, privilégié [Hv136, Ev22, Ev59, Dv114, P1v45, CCv21, SCAv28]
Remarque(s) : ce mot expressif, recensé avec l'acception "gentilhomme" dans le *Jargon ou Langage de l'Argot reformé* 1629-1630, puis dans les *Voleurs* de

Vidocq (1836-37), est repris ensuite avec l'acception "riche" dans la plupart des dict. d'argot (Larchey, Rigaud, Richepin, Delesalle) avant 1897, puis dans Bruant.

2° *adj.* : luxueux [MMv33 (maison)], cossu et agréable [MPv55 (jardin)]
Remarque(s) : emploi adjectival bien attesté au XIXe siècle et recensé dans des dict. d'argot (Larchey, Rigaud, Delesalle) avant 1897, puis dans Bruant.

— S —

sac [*n. m.*]
1° *sac à schnick*
ivrogne(sse) [Ev185 (il s'agit ici d'une femme)]
Remarque(s) : conformément au procédé de dérivation synonymique des usages pop. et argotique, Jehan Rictus revigore, en substituant *schnick* (voir ce mot) à *vin* dans le complément, le composé fam. ancien *sac à vin* "ivrogne(sse)", recensé par exemple dans Oudin 1640 et toujours dans certains dict. d'argot (Rigaud, Delesalle) avant 1897.

2° *au sac*
riche [P3v106]
Remarque(s) : l'expression *être au sac* est recensée, après *avoir le sac* (Larchey), dans des dict. d'argot (Rigaud, Delesalle) avant 1897, puis dans Bruant.

sacquer [*v.*]
chasser (renvoyer) [P3v136]
Remarque(s) : substitut expressif recensé dans des dict. d'argot (Larchey à partir de 1878 d'après Poulot 1872, Rigaud, Richepin, Delesalle) avant 1897, puis dans Bruant.

sagouin [*n.*]
individu qui choque par son comportement jugé grossier [Dv91]
Remarque(s) : l'emploi du mot dans cette acception élargie et comme terme injurieux est ancien et tellement courant qu'il n'est pas relevé dans les dict. d'argot.

salaud [*n.*]
I. 1° individu manquant de propreté [P1v72 (« mis comme un salaud »)]
Remarque(s) : acception première et ancienne du mot.

2° individu au comportement jugé immoral [Ev128, P1v223, Epv30]
Remarque(s) : ce sens moral (!) courant dans les usages pop. et fam. est bien attesté au XIXe siècle, mais demanderait à être daté plus précisément.

II. *mon salaud*
mon vieux [MPv88]
Remarque(s) : terme affectueux par antiphrase, déjà recensé dans Bruant avec citation de Courteline (contenant aussi *mon cochon*, voir **cochon**), avant cette

occurrence dans l'éd. de 1903 des *Soliloques* (le *Trésor de la langue française* cite ce passage avec référence erronée en le datant de 1897).

III. *salaud de...* (+ N)
(formule stigmatisant le référent du complément) [P1v31 (il s'agit de nuages)]
Remarque(s) : ce passage des *Soliloques* offre une attestation littéraire intéressante pour cet emploi de la construction dite « qualitative » avec un nom renvoyant à un « inanimé » (le *Trésor de la langue française* la relève seulement dans Barbusse 1916).

saloperie [*n. f. employé comme interjection*]
(juron exprimant un fort ressentiment) [P1v1]
Remarque(s) : ce passage, où cet emploi du mot résonne comme un coup de tonnerre dans un contexte d'arrivée du printemps, est relevé comme première attestation par P. Enckell dans son *Dictionnaire des jurons* (2004).

salopiot [*n.*]
petit salaud [SMv57]
Remarque(s) : ce dérivé, formé sur *salope* comme substitut expressif de *salaud* et employé ici avec une valeur plus affective (dépréciative) que diminutive, est recensé dans des dict. d'argot (Rigaud, Delesalle) avant 1897.

sans- [*préfixe ou premier élément de composition*]
dénué de [Ev24 (*sans-pognon*), Dv184-186 (« La Sans-Remords... la Sans-Mamelles // ... // La Sans-Pitié, la Sans-Prunelles » à propos de la mort), R2v251 (« des sans-courage »), CCv95 (« l' sans probloque »), MPv4 (« Les sans-espoir... les sans-baisers »), Fv13 (« Les p'tits sans-cœur, les p'tits sans-dieu »)]
Remarque(s) : des noms composés expressifs formés selon ce procédé pop. repris par Jehan Rictus sont souvent recensés dans des dict. d'argot (par exemple *sans-châsses* "aveugle" dans *Voleurs* de Vidocq 1836-37, Larchey, Rigaud, Delesalle ou *sans le sou* "pauvre" dans Larchey, Delesalle) avant 1897, puis dans Bruant qui indiquera : « Le nombre de noms composés qui désignent les misérables est considérable et la littérature se joint aux argotiers pour en forger chaque jour de nouveaux. En voici quelques-uns : *bat-la-dèche*, *bat-le-pavé-sans-bouffer*, *bouffe-la-guigne*, *crève-la-faim*, *fout-la-dèche*, *fout-la-faim*, *gratte-pavé*, *sans-canijatte*, *sans gîte*, *sans-le-rond*, *sans-maison*, *sans-pain*, *sans-pognon*, *sans-sorlots*, *traîne-cul-les-housettes*, *traîne-guenille*, *traîne-misère*, *ventre-creux*, *ventre-plat*, etc. » (article **misérable**).

sans-pognon [*n.*]
miséreux [Ev24]
Remarque(s) : pour ce composé qui sera recensé dans Bruant peut-être à partir des *Soliloques* sans le dire, voir **sans-**.

sargé [*participe-adj.*] : déformation de *chargé* dans la prononciation pop. [MPv79].

schloff [*n. m.*]
lit [P1v211]
Remarque(s) : ce substitut expressif pop., créé par emprunt (selon Esnault, yiddisch et alsacien, dérivé de l'allemand *schlafen*), est bien attesté depuis le début du XIXe siècle, mais c'est le verbe *schloffen* qui est plus souvent recensé dans des dict. d'argot (Larchey à partir de 1878, Rigaud, Delesalle) avant 1897, puis dans Bruant.

schnick [*n. m.*]
eau-de-vie [Ev185]
Remarque(s) : ce mot d'emprunt au lorrain ou à l'alsacien, courant dans l'usage pop., est bien attesté depuis la révolution de 1789 sous différentes variantes graphiques et encore recensé dans des dict. d'argot (Larchey, Rigaud, Delesalle) avant 1897, puis dans Bruant.

schnocke [*adj.*]
en piteux état [Dv66]
Remarque(s) : ce mot courant dans l'usage pop., d'origine obscure (germanique ?), est recensé, sous différentes variantes graphiques, dans des dict. d'argot (*chenoc* « avarié » et « vieil infirme » dans Larchey, *chenoc* « mauvais, usé » dans Delesalle) avant 1897, puis dans Bruant (« bête », « mauvais »), mais il a été oublié dans le *Trésor de la langue française*, alors que le *Dictionnaire du français non-conventionnel* de Cellard & Rey (1991) cite ce passage des *Soliloques* mais en ne retenant que l'acception "imbécile" qui ne convient pas ici.

scier [*v.*]
1° ennuyer, tourmenter [Epv116]
Remarque(s) : cette acception bien attestée dès le XVIIIe siècle est recensée dans des dict. d'argot avant 1897 (Larchey, Rigaud, Delesalle, qui donnent aussi l'expression *scier le dos*, seule retenue dans Bruant).

2° *se faire scier*
se donner de la peine [Ev121]
Remarque(s) : à-peu-près euphémique et expressif dans lequel Jean Rictus substitue au verbe *chier* (*se faire chier* "se donner de la peine") le verbe *scier* exprimant lui aussi l'idée de souffrance dans son acception "tourmenter" (voir en 1°).

scionnée [*n. f.*]
coups de scion donnés jusqu'à la mort [P3v52]
Remarque(s) : Jehan Rictus a sans doute voulu jouer sur le double sens de *scion* ("verge pour fouetter" et, en argot, "couteau") quand il a formé ce dérivé se rapprochant du verbe *scionner* "tuer à coups de scion (couteau)" qui est lui-même recensé, ainsi que *scion* "couteau", dans des dict. d'argot (Larchey, Rigaud, Delesalle) avant 1897, puis dans Bruant ; ces trois mots sont absents du *Trésor de la langue française* qui ne donne *scion* que dans ses sens non argotiques.

semaine des quatre Jeudi [*loc. n. f.*]
espace temporel inexistant [R3v21]
Remarque(s) : expression pop. et fam. dont le prototype est déjà attesté dans Oudin 1640 (*semaine des trois jeudis*) et qui est encore recensée dans des dict. d'argot (Larchey, Delesalle) avant 1897.

Sensible [*adj. employé comme n. m.*]
cœur [Dv59, P3v131]
Remarque(s) : ce substitut expressif a été formé par Jehan Rictus comme d'autres noms propres qualifiants (voir par exemple **Furtif**, **Ressautant**, **Souriant**) par conversion d'adjectifs en noms, procédé de formation prisé dans les usages pop. et argotique (voir par exemple **palpitant**).

sercher [*v.*] : forme ancienne de *chercher* que l'on trouve par exemple dans Villon et qui s'est conservée dans la prononciation pop. [R2v77, P3v49].

si (**s'** en élision) [*conj. de sub.*]
1° si + cond. [Hv91 (« si y gn' aurait pus d' misère »), SMv9 (« s'y n'saurait pas »), R1v74 (« Si qu'y r'viendrait juste ed' not' temps // Quoi donc qu'y s' mettrait dans l' battant ? »)]
Remarque(s) : l'usage pop. peut employer le conditionnel dans la subordonnée là où cela est interdit dans l'usage normé.

2° *si que* [voir **que I.**]

3° *si you plaît* [voir dans l'ordre alphabétique]

siau [*n. m.*]
à siaux
en abondance (à propos de la pluie) [P1v30]
Remarque(s) : formule expressive courante, que Jehan Rictus revigore en la patoisant (prononciation archaïsante de *seau*).

siffler [*v.*]
boire [SCAv9]
Remarque(s) : substitut expressif pop. ancien (Oudin 1640, Le Roux 1718), encore recensé dans des dict. d'argot (Larchey, Rigaud, Delesalle) avant 1897.

sifflet (**de crasse**) [*n. m.*]
habit à queue noir (de crasse) [Dv39]
Remarque(s) : Jehan Rictus a substitué par dérision *de crasse* à *d'ébène* dans l'expression *sifflet d'ébène* "habit noir à queue" (acception figurée métaphorique), recensée dans des dict. d'argot (Larchey, Rigaud, Delesalle) avant 1897, puis dans Bruant.

simili-troufion [*n. m.*]
faux soldat [P2v23]
Remarque(s) : avec le premier élément *simili-* marquant l'imitation et le nom fin-de-siècle *troufion* "soldat (troupier)" recensé dans le *Dictionnaire d'argot*

fin-de-siècle 1894 de Virmaître et repris dans Bruant et dans le *Vocabulaire de la langue verte* d'Hector France, Jehan Rictus a forgé ce composé expressif désignant sans doute ici les employés des transports dans leur uniforme.

sirop de gomme [*n. m.*]
médicament apaisant [Ev61, Fv7]
Remarque(s) : dans ces deux passages, Jehan Rictus donne un sens métaphorique élargi à ce nom composé (la gomme arabique étant utilisée pour calmer les irritations de la gorge).

si you plait [*formule*] : déformation de *s'il vous plaît* dans la prononciation pop. [MPv30], mais la diérèse pour la métrique semble artificielle.

soce [*n. f.*]
société (réunion de personnes) [CCv19]
Remarque(s) : ce substitut plaisant fin-de-siècle, dérivé par apocope de *société*, est recensé dans Delesalle avant 1900, puis dans Bruant.

socialisse [*adj. et n.*] : corruption populaire (déjà dans Richepin et fréquente dans les chansons de l'époque) du suffixe savant *–iste* du mot *socialiste* [Hv42 (*nom*), Ev91 (*adj.*)].

Sologne [voir Dv94 et note 2 p. 68]

sophie [*n. pr. f. converti en n. commun par antonomase*]
faire sa sophie
faire sa mijaurée [Epv159]
Remarque(s) : expression recensée dans des dict. d'argot (Larchey, Rigaud, Delesalle) avant 1897, puis dans Bruant, mais absente du *Trésor de la langue française* comme beaucoup de noms formés par antonomase.

sorbonne [*n. f.*]
tête (qui pense) [variante de Dv79 à partir de l'éd. de 1921 (voir p. 176)]
Remarque(s) : Jehan Rictus a remplacé *Juge* qu'il employait dans ce sens figuré artificiel par le nom *sorbonne*, donné avec cette précision contestable (« qui pense ») par Victor Hugo dans *Le Dernier Jour d'un Condamné* 1829, mais déjà recensé dans d'Hautel (1808) et qui le sera après Hugo dans la plupart des dict. d'argot (*Voleurs* de Vidocq 1836-37, Larchey, Rigaud, Delesalle, etc.) avant 1897, puis dans Bruant.

sorlot [*n. m.*]
soulier [Ev108, P1v70, P3v79]
Remarque(s) : ce substitut expressif pop., peut-être emprunté à des parlers du Nord et/ ou de l'Est, est recensé dans des dict. d'argot (Rigaud, *Supplément* de Larchey, Delesalle) avant 1897, puis dans Bruant, qui cite le deuxième passage des *Soliloques* (mot absent du *Trésor de la langue française*).

souïer [*n. m.*] : déformation de *soulier* dans la prononciation pop. et enfantine [Epv156].

soulever [*v.*]
voler (à propos d'une femme prise à celui avec qui elle est) [SMv66]
Remarque(s) : si le verbe *soulever* est bien attesté avec l'acception "dérober" à partir de la révolution de 1789 (par exemple dans les *Mémoires* de Vidocq 1828-29) et recensé dans des dict. d'argot (Larchey, Rigaud, Delesalle) avant 1897, puis dans Bruant, son emploi dans un contexte de séduction de la femme d'un autre, en prolongement de celui du verbe *lever* dans un contexte de séduction avec métaphore de chasse, reçoit ici une attestation littéraire plus intéressante que l'exemple du Bruant relevé et mal expliqué dans le *Trésor de la langue française* (dans « ferrer pour la soulever à son homme », c'est *ferrer* qui est donné comme substitut à l'article **courtiser** du Bruant et non *soulever* comme substitut de *séduire*).

souper [*v.*]
1° *avoir soupé* (*de*), *en avoir soupé* (*de*)
avoir assez (de) [Ev85, R2v265], en avoir assez (de) [Hv113 (« de n' pas briffer » !), MPv5, SCAv24]
Remarque(s) : expressions recensées dans des dict. d'argot (*avoir soupé de ta tranche* ou *de ta fiole* dans Rigaud ; *avoir soupé* dans *Supplément* de Larchey, qui donne *en avoir soupé de* dans une citation, puis *avoir soupé de ta tranche* ou *de ta fiole* ; *j'en ai soupé* et *j'ai soupé de ta fiole* ou *de ta tronche* dans Delesalle) avant 1897, puis dans Bruant (*avoir soupé* ou *en avoir soupé*).

2° *soupé* (*de...*) *!*
assez (de...) ! [P3v189-199]
Remarque(s) : formule recensée dans des dict. d'argot (*Supplément* de Larchey, Delesalle) avant 1897, puis dans Bruant.

Souriant [*participe-adj. employé comme n. m.*]
matin [R3v91]
Remarque(s) : Jehan Rictus a créé ce mot par conversion d'un adjectif en nom qualifiant, procédé fréquent dans les usages pop. et argotique (voir *palpitant* avec participe-adj., *sensible* avec adjectif).

soye (ou **soy'**), **soyent** (ou **soy'nt**) [*formes verbales au subjonctif* (verbe *être*)] : graphies de la prononciation pop. renforcée l'une de *soit* [Hv104, SMv125, Ev170, Dv142, etc.] ou de *sois* [Dv66 (2e pers.), R2v13 (1e pers.)], l'autre de *soient* [SMv18, P3v170, MPv107].

su' [*prép.*] : prononciation pop. de *sur* [Hv28, 40, 63, 99, IPv18].

suri, surie (**sûrie** dans le texte) [*participe-adj. employé comme n. f.*]
faire sa sûrie
se montrer aigre, désagréable [Ev179]
Remarque(s) : le sens figuré du participe-adj., repéré dans la seconde moitié du XIXe siècle, reçoit ici, avec cette expression, une attestation littéraire intéressante.

— T —

tabac [*n. m.*]
I. *passer à tabac*
1° frapper [Ev187]
Remarque(s) : plusieurs expressions de même genre avec sens actif sont recensées dans des dict. d'argot (*donner du tabac* dans Larchey ; *passer au tabac* dans Rigaud et *Supplément* de Larchey ; *passer à tabac* dans Delesalle) avant 1897, puis dans Bruant.

2° être frappé [Fv8 (« qui passent de beigne à tabac »)]
Remarque(s) : le sens passif (« être roué de coups ») est recensé dans des dict. d'argot (Rigaud et Delesalle, *s. v.* **passer**) avant 1897, puis dans le *Vocabulaire de la langue verte* d'Hector France (qui cite ce passage des *Soliloques*) et dans Bruant.

II. *même tabac*
même chose [R2v38 (« ça s'rait l' mêm' tabac, // Autrement dit, la même histoire »)]
Remarque(s) : expression fin-de-siècle qui sera recensée dans le *Vocabulaire de la langue verte* d'Hector France (avec citation de *La Sociale* d'Émile Pouget 1895-96) et dans Bruant.

tâcher [*v.*]
1° travailler durement [Ev16]
Remarque(s) : emploi intransitif donné comme littéraire par le *Trésor de la langue française*.

2° *tâcher moyen* [MPv91] [voir **moyen**]

taf [*n. m.*]
1° peur [Epv137]
Remarque(s) : substitut expressif reposant sur une onomatopée ancienne (XVIe siècle) et recensé dans des dict. d'argot (*Voleurs* de Vidocq 1836-37, Larchey, Rigaud, Richepin, Delesalle), puis dans Bruant ; pour ce mot, le *Vocabulaire de la langue verte* d'Hector France (après 1900) citera des vers de Richepin en les attribuant aux *Soliloques* de Jehan Rictus !

2° *avoir le taf*
avoir peur [Ev207]
Remarque(s) : la substitution de *le taf* à *peur* s'est faite dès le début du XIXe siècle.

tafeur [*adj. et n.*]
peureux [CCv85]
Remarque(s) : mot expressif recensé, plutôt sous la forme *taffeur*, dans des dict. d'argot (*Voleurs* de Vidocq 1836-37, Larchey, Rigaud, Delesalle) avant 1900, puis dans Bruant.

'tait [forme réduite de l'imparfait du verbe *être* [Ev79 (« c'tait »), R1v48 (« N'tait »), P3v24 (« c'tait »)] [voir aussi **l'** 2° pour SMv8, CCv3-4]

tambouille [*n. f.*]
ragoût, préparation culinaire [MPv51]
Remarque(s) : substitut expressif recensé dans des dict. d'argot (*Dictionnaire de la langue verte* de Delvau 1866, Rigaud, *Supplément* de Larchey, Delesalle, Bruant) avant 1903.

tampon [*n. m.*]
coup de tampon
coup de poing (violent) [R3v77]
Remarque(s) : expression recensée dans des dict. d'argot (Larchey, Rigaud, Delesalle) avant 1897, puis dans Bruant, qui cite ce passage des *Soliloques*.

tante [*n. f.*]
chez ma tante
(en gage) au mont-de-piété [SCAv46]
Remarque(s) : substitut expressif recensé dans des dict. d'argot (*Dictionnaire d'argot* de 1827, Larchey, Rigaud, Delesalle) avant 1897, puis dans Bruant.

taper [*v.*]
1° *taper qqn* (*de* + N renvoyant à une somme d'argent)
emprunter, quémander (de l'argent) à qqn [Hv80 (« taper d'eun' thune »)]
Remarque(s) : acception expressive recensée dans des dict. d'argot (*Dictionnaire de la langue verte* de Delvau 1866, Larchey, Rigaud, Delesalle) avant 1896, puis dans Bruant.

2° *se taper*
ne rien avoir [SMv42]
Remarque(s) : en employant la tournure pronominale recensée avec cette acception dans Delesalle avant 1897 puis dans Bruant, Jehan Rictus joue sans doute aussi sur un réseau d'expressions comme *taper une femme* "baiser une femme avec vigueur" (Le Roux 1718), *se taper qqn* "avoir des rapports sexuels avec qqn" (expression recensée seulement en 1928 par Lacassagne mais probablement antérieure) et *se taper sur la colonne* "se masturber" (Delesalle).

tarter [*v.*]
faire tarter
importuner, ennuyer [P1v8]
Remarque(s) : à partir du verbe *tartir* "déféquer, chier" (enregistré dès le *Dictionnaire d'argot* de 1827, puis dans Larchey, Rigaud, etc.), certains dictionnaires d'argot (Richepin, *Supplément* de Larchey, Delesalle, Bruant) ont enregistré aussi le verbe *tarter* et l'expression factitive, très vite devenue substitut de *faire chier* "ennuyer", a été consignée comme telle dans Delesalle, qui cite la *Chanson des Gueux* de Richepin, puis dans le *Vocabulaire de la langue verte* et dans Bruant, qui citent tous deux ce passage des *Soliloques*.

tas [*n. m.*]
I. 1° grande quantité [P1v140 (« su' tout c' tas »)]
Remarque(s) : emploi figuré fam. reposant sur des formules anciennes comme *un tas de gens* (Oudin 1640).

2° *des tas*
beaucoup [Epv168]
Remarque(s) : emploi figuré fam. ancien, parfois recensé dans des dict. d'argot (*Dictionnaire thématique* de Lermina & Lévêque 1897, *Vocabulaire de la langue verte* d'Hector France après 1900).

II. *tas de* + N
bande de (formule injurieuse fam. courante réunissant en une masse indistincte ceux qui sont ainsi apostrophés) [R2v22, SCAv21]
Remarque(s) : emploi relevé, mais non daté, dans le *Trésor de la langue française*.

III. *mon tas*
mon corps ramassé sur lui-même [P2v61]
Remarque(s) : attestation littéraire intéressante pour cet emploi du mot légèrement différent de celui ("individu sans énergie") parfois recensé dans des dict. d'argot (Rigaud, *Supplément* de Larchey, Delesalle) avant 1897.

IV. *être dans le tas*
être au rebut (?) [Epv129]
Remarque(s) : s'agit-il, dans ce contexte d'expulsion, d'une variante de l'expression *au tas* "au rebut", recensée dans le *Trésor de la langue française* avec une citation de 1909 ? en tout cas, le Pauvre n'a pas encore été mis « au bloc », ce qui pouvait se dire « dans le tas ».

tepêt [*n. m.*]
poser tepêt
poser culotte (pour déféquer) [Epv40]
Remarque(s) : expression aisément interprétable, mais absente des dict., sinon que le *Vocabulaire de la langue verte* d'Hector France la donnera avec citation de ce passage des éditions de 1897 des *Soliloques* et le Bruant recensera *poser potet* "faire ses besoins, chier".

terribe [*adj.*] : déformation de *terrible* dans la prononciation pop. [MMv62].

téter [*v.*]
se téter la poire
s'embrasser la figure [Epv58 (« se retéter encor' la poire »)]
Remarque(s) : le Bruant recensera toute une série d'expressions (dont celle-ci) sur le même modèle : *téter le citron, la couenne, la couetche, la morve, le morviau, la pêche, la pomme, la poire, la tarte, la trogne, le trognon.*

téton [*n. m.*]
sein [SMv39, SMv102-105, Ev167, Dv147, R1v41 (à propos de Jésus-Christ), R2v123, P1v60, CCv82, MPv103 et sq (cinq occurrences)]
Remarque(s) : ce mot ancien, marqué *fam.* dans le *Trésor de la langue française* et parfois recensé dans des dict. d'argot (*Vocabulaire de la langue verte* d'Hector France après 1900), revient souvent dans les *Soliloques*.

thune [*n. f.*]
pièce de monnaie [Hv80, SMv37]
Remarque(s) : ce substitut expressif, attesté anciennement en jargon avec forme et sens différents (*tune* "aumône" dans *Jargon ou Langage de l'Argot reformé* 1629-1630, puis *Voleurs* de Vidocq 1836-37), est recensé dans des dict. d'argot (Larchey, Rigaud, Richepin, Delesalle) avant 1897, puis dans Bruant.

tif [*n. m.*]
cheveu [R2v4]
Remarque(s) : substitut expressif recensé, plus souvent sous la forme *tiffes*, dans des dict. d'argot (*Supplément* de 1889 par Fustier au *Dictionnaire de la langue verte* de Delvau, Delesalle), puis dans Bruant.

tiré, tirée [*participe-adj.*]
amaigri [MNv24]
Remarque(s) : en associant au nom *gueule* ce participe dont cet emploi adjectival est courant et non marqué, Jehan Rictus joue peut-être aussi sur l'expression *tirer la gueule* "avoir un visage triste, renfrogné".

tirelire [*n. f.*]
1° *en faire une tirelire*
faire une tête exprimant un sentiment (déception, mécontentement ou, comme ici, surprise) [Epv5]
Remarque(s) : expression formée sur une acception pop. ancienne "tête, visage" encore relevée dans Delesalle avant 1897, puis dans Bruant et dans le *Vocabulaire de la langue verte* d'Hector France.

2° *gueule en tirelire*
bouche dont les lèvres grimacent [IPv3]
Remarque(s) : métaphore fam. bien attestée au XIXe siècle avec des expressions comme *bouche en tirelire*, mais Jehan Rictus semble jouer ici en même temps sur l'acception pop. et argotique "expression particulière du visage" de *tirelire*.

tiroir [*n. m.*]
ventre [Fv35]
Remarque(s) : acception le plus souvent liée à l'expression *avoir un polichinelle dans le tiroir* (voir **polichinelle**) et qui sera réinterprétée en « parties sexuelles de la femme » dans le *Vocabulaire de la langue verte* d'Hector France citant ce passage (après 1900).

'tit ('tit', 'tits, 'tit's, etc.) [*adj.*] : réduction de *petit* (*petite* [Ev19, Ev54, MMv39, MMv127, Fv22], *petits* [P2v55, Fv1, Fv32, Fv48, Fv53, Fv82] et *petites* [Fv10, Fv12]).

toc [*adj.*]
faux [Hv83]
Remarque(s) : plutôt que "laid" ou "mauvais", qui sont des acceptions également attestées (Larchey, Rigaud, Delesalle, Bruant), il faut peut-être comprendre ici que la représentation des humains par les peintres est fausse, acception également recensée dans des dict. d'argot (Larchey, Delesalle) avant 1897, puis dans Bruant, qui cite ce passage des *Soliloques*, mais à l'article **laid**.

tocard, tocarde [*adj.*]
laid, laide [MMv16]
Remarque(s) : mot expressif recensé avec cette acception dans des dict. d'argot (Larchey, Delesalle, Bruant) avant 1903.

tocasse [*n. f.*]
femme laide [MNv70]
Remarque(s) : mot expressif recensé avec cette acception dans des dict. d'argot (Larchey, Rigaud, Delesalle, Bruant) avant 1903.

torchon [*n. m.*]
mouchoir (?) [R3v28]
Remarque(s) : prolongeant "drap de lit", qui est une acception bien attestée dans des dict. d'argot (Delesalle, Bruant), on pourrait penser ici à une hyperbole évoquant des mouchoirs insuffisants pour une telle peine (« sortez les grands mouchoirs ! »), en tout cas pas aux grands journaux (sens figuré péjoratif recensé dans Rigaud avant 1897) auxquels se confierait le Revenant.

torgnole [*n. f.*]
coup [P3v110]
Remarque(s) : mot expressif pop. bien attesté depuis le XVIIIe siècle et encore recensé dans des dict. d'argot (Rigaud, Delesalle) avant 1897, puis dans Bruant.

tortorer [*v.*]
manger [SMv78 (avec « la brume » comme complément)]
Remarque(s) : substitut expressif recensé dans des dict. d'argot (Larchey, Rigaud, Richepin, Delesalle, qui cite la *Chanson des Gueux* de Richepin avec l'expression *tortorer du vent*) avant 1897, puis dans Bruant.

tourner [*v.*]
1° devenir (changer de condition) [CCv21 (« tourné rupin »)]
Remarque(s) : construction expressive pop. sans prép. dans une tournure en quelque sorte attributive, rarement recensée dans les dict. et dont ce passage offre une attestation littéraire intéressante.

2° *se tourner les pouces en rond* [voir **pouce**]

tourte [*n. f.*]
faire sa tourte
faire sa mijaurée [Ev179]
Remarque(s) : acception attestée dans des dict. d'argot (« vieille femme ridicule » dans Rigaud puis dans *Supplément* de Larchey ; « vieille coquette » dans Delesalle) avant 1897.

Trafalgar [*n. pr.*] [voir *coup de Trafalgar* à **coup**]

traînailler [*v.*]
traîner avec peine [MNv88]
Remarque(s) : dérivé expressif de *traîner* (voir aussi *rôdailler*) dont les *Soliloques* offrent une attestation littéraire intéressante pour la construction transitive (« traînailler du noir »).

traîner [*v.*]
se les traîner
se trimballer [P3v109]
Remarque(s) : Jehan Rictus accroît l'expressivité du verbe dans cette construction pronominale transitive avec le pronom personnel complément *les* au référent pluriel non explicite (*grolles*, *guêtres*, *semelles* ou autres ?).

tram [*n. m.*]
tramway [P2v26 et P2v41]
Remarque(s) : ce dérivé fam. de *tramway* par apocope est recensé dans des dict. d'argot (Rigaud, Delesalle) avant 1897.

tranche [*n. f.*] [voir *s'en payer une tranche* à **payer**]

traversin [*n. m.*]
coup de traversin
sommeil [Dv139]
Remarque(s) : expression recensée dans Delesalle (*se fiche un coup de traversin* "dormir") avec citation d'un vers de la *Muse à Bibi* d'A. Gill (1879-1882) ; dans le *Vocabulaire de la langue verte* et dans Bruant, on trouvera aussi *partie de traversin*.

treffe [*n. m.*] : déformation de *trèfle* (voir article suivant) dans la prononciation pop.

trèfle [*n. m.*]
tabac [SMv73]
Remarque(s) : substitut expressif recensé dans des dict. d'argot (*Dictionnaire d'argot* de 1827 repris dans éd. tardive du *Vice puni* 1827 et non dès 1725 comme donné par erreur dans le *Trésor de la langue française* ; *Voleurs* de Vidocq 1836-37, Larchey, Rigaud, Delesalle) avant 1897, puis dans Bruant, qui cite ce passage des *Soliloques* avec la forme *trèfle*, tandis que le

Vocabulaire de la langue verte d'Hector France (lettre **T** pas avant 1900) le citera également, mais en conservant *treffe*.

tricoter [*v.*]
tricoter des paturons
marcher en hâte (avec idée de fuite) [MNv62 (en fait « r'tricoter »)]
Remarque(s) : expression recensée, avec variation du complément de moyen (*flûtes*, *gambettes*, *guibolles*, *jambes*, *pincettes*, *quilles*, etc.), dans des dict. d'argot (Larchey, Rigaud, Delesalle, Bruant, etc.) avant 1903.

trimarder [*v.*]
vagabonder [MNv2]
Remarque(s) : substitut expressif attesté en jargon ancien (*Jargon ou Langage de l'Argot reformé* 1629-1630) et repris dans des dict. d'argot (*Voleurs* de Vidocq 1836-37, Larchey, Rigaud, Delesalle, Bruant, etc.) avant 1903 ; Esnault 1965 distingue entre le sens ancien ("cheminer") se rattachant à *trimard* "route" et le sens moderne élargi ("vagabonder") qu'il donne comme « pop., 1903 », ce qui correspond sans aucun doute à ce passage de l'éd. de 1903 des *Soliloques*.

trimardeur [*n.*]
vagabond, nomade [R1v9]
Remarque(s) : cette acception, différente de celle, plus ancienne, de "voleur des grands chemins" et de celle, plus récente, d'"ouvrier itinérant", est recensée dans Delesalle avant 1897, puis dans Bruant.

trimballer [*v.*]
porter partout avec soi [Ev143]
Remarque(s) : ce verbe pop. et fam., dérivé de *trinqueballer* "remuer" (Le Roux 1718) par réduction et bien attesté depuis la révolution de 1789, est recensé dans des dict. d'argot (*Voleurs* de Vidocq 1836-37, Larchey, Rigaud, Delesalle) avant 1897, puis dans Bruant.

trimer [*v.*]
travailler (avec idée de pénibilité) [P3v7]
Remarque(s) : cette acception, bien attestée au XVIIIe siècle pour ce verbe ancien ("cheminer" dans le *Jargon ou Langage de l'Argot reformé* 1629-1630), est recensée dans des dict. d'argot (Rigaud qui donne "marcher pour placer de la marchandise", Delesalle) avant 1897.

trinquer [*v.*]
subir un préjudice, souffrir (avec idée de payer pour d'autres) [Ev80]
Remarque(s) : cette acception pop. dérivée par ironie du sens "choquer son verre" est recensée dans des dict. d'argot (d'abord *faire trinquer* "faire battre" dans Larchey et Rigaud, ensuite "recevoir des coups" et "partager la mauvaise fortune" dans *Supplément* de Larchey, le premier sens étant repris dans Delesalle) avant 1897, puis dans Bruant.

tripe(s) [*n. f. (généralement au pl.)*]
intestin(s) [Hv88 (« lyre [...] Faite ed' nos trip's »), IPv9 (« Tu t' soign's les trip's »), SMv117 (« j' vas m' sortir les tripes »)]
Remarque(s) : cette application ancienne (Rabelais) et pop. du mot aux êtres humains s'inclut souvent dans des emplois figurés expressifs.

tronche [*n. f.*]
1° tête (entière ou visage) [Ev114, Dv6, Dv190, R2v261]
Remarque(s) : substitut expressif du jargon ancien (*Vie genereuse* 1596 et *Jargon ou Langage de l'argot reformé* 1629-1630), devenu pop. et repris dans les dict. d'argot (*Voleurs* de Vidocq 1836-37, Larchey, Rigaud, Delesalle) avant 1897, puis dans Bruant.

2° *tronche de veau*
visage inexpressif (bovin et indifférent) [P2v8]
Remarque(s) : il faut voir là l'accusation de badauderie idiote telle qu'on peut l'interpréter dans le dicton injurieux « Parigots, têtes de veaux ».

trottailler [*v.*]
flâner [SMv82]
Remarque(s) : dérivé expressif de *trotter* absent des dict. et dont ce passage des *Soliloques* offre une attestation littéraire intéressante.

trotter [*v.*]
1° venir au trot (à petits pas rapides) [P1v62]
Remarque(s) : cette acception figurée courante est ici appliquée au printemps.

2° *se trotter*
se sauver [Hv120 (sens propre, mais à propos d'un ange gardien !), Epv62 (sens figuré : « mes s'mell's à forc' d'usure // Se trottaient et m' laissaient en plan » !)]
Remarque(s) : avec cette acception du verbe dans la tournure pronominale, recensée dans des dict. d'argot (Rigaud, Delesalle) avant 1897, puis dans Bruant, l'emploi dans le second passage offre une attestation littéraire intéressante (humour de dérision) pour cet emploi figuré.

trottin [*n. m.*]
jeune apprentie modiste (qui fait les courses et livraisons) [P1v207]
Remarque(s) : acception bien attestée au XIXe siècle et recensée dans des dict. d'argot (Larchey, Rigaud, Delesalle) avant 1897, puis dans Bruant.

trou [*n. m.*]
1° *trous à voir*
yeux [R3v36]
Remarque(s) : périphrase d'humour noir appliquée au Revenant.

2° *trou de bombe*
anus [Epv32]

Remarque(s) : Jehan Rictus élargit pour la circonstance le nom composé *trou de balle*, d'origine soldatesque, recensé dans des dict. d'argot (Larchey, Rigaud, Delesalle) avant 1897, puis dans Bruant.

troufignon [*n. m.*]
que qqn se l'enfonce dans le troufignon
que qqn aille se faire voir (avec l'objet désigné par le pronom) [P1v122]
Remarque(s) : variation surexpressive de verbe (*mettre*, *fiche*, *foutre*, etc.) et de complément (*cul*, *fion*, *où je pense*, etc.) à partir de l'expression obscène utilisée couramment dans l'usage pop. pour manifester un sentiment profond de rejet, mais pour laquelle je n'ai pas trouvé de datation précise.

troufion [voir **simili-troufion**]

trouille [*n. f.*]
foutre la trouille
faire peur [MNv59]
Remarque(s) : cette acception du nom dans l'usage pop., avec métonymie de l'effet (*trouille* "colique") pour la cause, est recensée dans des dict. d'argot (Delesalle, Bruant, *Vocabulaire de la langue verte* d'Hector France) avant 1903.

trouilloter [*v.*]
puer [Dv66, P1v16 (*trouillotter*)]
Remarque(s) : substitut expressif recensé dans des dict. d'argot (Larchey, qui donne *trouilloter du goulot*, repris à **goulot** dans le *Trésor de la langue française*, où le verbe n'est pas traité ; Rigaud, Delesalle) avant 1897, puis dans Bruant, qui cite le second passage des *Soliloques*.

troupier [*n. m.*]
soldat [Epv33]
Remarque(s) : le nom, marqué comme *pop.* dans le *Trésor de la langue française*, est bien attesté depuis le début du XIXe siècle (*Petit Dictionnaire du Peuple* de Desgranges 1821).

truc [*n. m.*]
1° moyen astucieux [MNv42]
Remarque(s) : mot ancien dont cette acception, courante dans l'usage fam., est bien attestée depuis la révolution de 1789 et recensée plus ou moins nettement dans des dict. d'argot (Larchey, Rigaud, Delesalle, Bruant) avant 1903.

2° *rebiffer au truc* [voir **rebiffer**]

truffer [*v.*] [voir *truffer la peau* à **peau**]

truqueur [*n. m.*]
[individu] qui trompe, qui triche [SCAv21]

Remarque(s) : mot recensé avec des acceptions plus ou moins approchantes dans des dict. d'argot (Larchey, Rigaud, Delesalle) avant 1897, puis dans Bruant, qui cite ce passage des éditions de 1897 des *Soliloques*.

tube [*n. m.*]
chapeau haut-de-forme [P1v70]
Remarque(s) : acception figurée (métonymie) recensée dans des dict. d'argot (Larchey, Rigaud, Delesalle) avant 1897, puis dans Bruant.

tuile [*n. f.*]
événement imprévu [R2v16]
Remarque(s) : l'acception figurée du nom est bien attestée à cette époque et recensée, le plus souvent avec une valeur négative, dans des dict. d'argot (Larchey, Rigaud, Delesalle) avant 1897, puis dans Bruant, mais cette valeur, comme c'est sans doute le cas dans ce passage, n'était pas toujours négative au XIXe siècle (le *Trésor de la langue française* cite Zola 1876 pour un emploi en circonstance heureuse), ce que le Bruant relève ("aubaine") en y voyant de l'ironie.

turbiner [*v.*]
travailler dur [P3v188]
Remarque(s) : substitut expressif bien attesté au XIXe siècle et recensé dans des dict. d'argot (Larchey, Rigaud, Richepin, Delesalle) avant 1897, puis dans Bruant.

turne [*n. f.*]
logement inconfortable [R2v33, MPv12, MPv99]
Remarque(s) : ce mot ancien, attesté plus souvent à partir du XIXe siècle, est recensé, généralement avec une valeur péjorative, dans des dict. d'argot (Larchey, Rigaud, Richepin, Delesalle) avant 1897, puis dans Bruant.

turquois [*n. m.*]
ciel [P1v98]
Remarque(s) : ce nom qualifiant, créé par Jehan Rictus par dérivation régressive à partir de *turquoise* "bleu pâle (tirant légèrement sur le vert)", sera recensé dans le Bruant avec citation de ce passage des *Soliloques*.

tu-tu (**tutu**) [*n. m.*]
derrière [Fv3]
Remarque(s) : mot fam. bien attesté dans la seconde moitié du XIXe siècle et recensé dans des dict. d'argot (*Supplément* de 1883 par Fustier au *Dictionnaire de la langue verte* de Delvau, *Supplément* de Larchey) avant 1897.

type [*n. m.*]
1° individu pas comme les autres [Ev141]
Remarque(s) : acception figurée bien attestée au XIXe siècle et parfois recensée dans des dict. d'argot (*Supplément* de Larchey, Delesalle) avant 1897.

2° *bon type*
bon garçon [Hv86, SMv120]
Remarque(s) : par les associations syntaxiques (« rigolos » en Hv86, « carn's » en SMv120), Jehan Rictus démasque l'ironie des emplois de cette expression pop. recensée dans Delesalle et formée à partir de l'acception “individu quelconque” du nom, bien attestée dans la seconde moitié du XIXe siècle et recensée dans des dict. d'argot (Larchey, Delesalle) avant 1897, puis dans Bruant.

— V —

v'là [voir dans l'ordre alphabétique (sans tenir compte de l'apostrophe)]

vache [*n. f.* (ou *m.* dans certains cas) ou *adj. employé comme n.*]
1° [individu] déloyal [P1v81(« c'te vach'-là » à propos d'un chapeau censé protéger)]
Remarque(s) : attestation littéraire intéressante pour cette application à un objet, ainsi personnifié, de l'emploi figuré du mot utilisé comme nom ou comme adjectif pour qualifier différents types d'individus au comportement jugé méchant et/ou déloyal, cet emploi n'étant pas recensé de façon nette dans les dict. d'argot avant Bruant où le mot est donné pour *coquin*, *cruel*, *déloyal*, *dur* et *méchant*, même si Esnault 1965 date de 1880 l'acception “méchant et sournois” de l'adjectif.

2° *vache de* (+ nom)
(formule stigmatisant comme dur et insensible le référent du « complément ») [R3v43 (« c'te vach' de Réalité »), [P1v51 (« Ces vach's de bécans »)]
Remarque(s) : attestations littéraires intéressantes pour cette construction dite « qualitative » (le *Trésor de la langue française* parle de « valeur d'épith[ète] ; suivi d'un subst[antif] apposé », illustrant cet emploi par des citations d'auteurs uniquement du XXe siècle).

vacherie [*n. f.*]
faire des vacheries (*à qqn*)
commettre des actes méchants et/ou déloyaux (à l'égard de qqn) [Ev28]
Remarque(s) : expression fin-de-siècle recensée dans des dict. d'argot (« saletés, cochonneries faites à quelqu'un » dans *Dictionnaire d'argot fin-de-siècle* 1894 de Virmaître, « lâcheté » dans Delesalle) avant 1897, puis dans Bruant (pour *affront*, *dureté*, *indélicatesse*, *méchanceté*).

vadrouille [*n. f.*]
I. 1° *en vadrouille*
en balade (sans but précis) [MNv61]
Remarque(s) : expression recensée, souvent avec valeur de quête de débauche, dans des dict. d'argot (*Supplément* de Larchey, avec citation de Méténier 87 ; Bruant, qui donne le mot pour *noctambulisme*) avant 1903 ; ce passage offre une attestation littéraire intéressante pour la transition vers l'idée de « promenade faite sans but précis » datée de 1908 dans le *Trésor de la langue française*.

2° errance, vagabondage [Epv34]
Remarque(s) : attestation littéraire intéressante pour cette acception figurée pop. et fam., sans l'idée de débauche associée au mot dans des dict. d'argot (*Dictionnaire d'argot fin-de-siècle* 1894 de Virmaître, Delesalle) avant 1897 et reprise dans Bruant (pour *débauche*, *dévergondage*, *noctambulisme*).

II. [individu] qui traîne les rues [Dv50, R2v258]
Remarque(s) : à partir du sens premier du nom ("balai de vieux cordages utilisé pour nettoyer le pont d'un navire") s'est développée l'acception "prostituée (qui traîne la rue)", recensée dans des dict. d'argot (Rigaud, *Supplément* de Larchey, Delesalle) avant 1897 ; Jehan Rictus, natif de Boulogne-sur-Mer, a pu ne retenir de l'idée de va-et-vient dans l'ordure, liée à l'instrument des marins, que la valeur de déambulation dans la misère, sans que les valeurs de prostitution ni de débauche (Bruant donnera *vadrouille* « débauché ») ne se surajoutent nécessairement dans son esprit.

vagin [*n. m.*] [SMv57]
Remarque(s) : cette métaphore pour le moins surprenante, utilisée par Jehan Rictus pour qualifier les noceurs minables, « veaux » à peine nés, avec le nom désignant le canal féminin servant à l'accouchement et au coït, a peut-être pour antécédent celle où Léon Bloy décrit, en 1886, la bouche d'un personnage (« C'est un rictus, c'est un vagin, c'est une gueule, c'est un suçoir, c'est un hiatus immonde », cité dans le *Trésor de la langue française*).

valoir [*v.*] (*vaurait* [MMv122] résulte de la déformation, dans la prononciation pop. relâchée, de *vaudrait*, forme du conditionnel présent)
ne pas valoir le coup
ne pas valoir la peine, ne rien valoir [Ev123 (à propos de personnes)]
Remarque(s) : cette expression fam. courante, mal repérée et mal décrite en lexicographie, est recensée sous sa forme affirmative dans Delesalle (*ça vaut le coup* à **coup**) avant 1897, puis dans Bruant.

vanné [*participe-adj. employé comme n.*]
abattu, épuisé [Fv9]
Remarque(s) : acception figurée fam. courante, parfois recensée dans des dict. d'argot (Rigaud, *Supplément* de Larchey, Delesalle) avant 1897, puis dans le « Supplément » de Bruant en 1905.

vas [déformation populaire de *vais* ; voir **aller**]

vaurait [voir **valoir**]

vautrer (se)
se coucher en se roulant complaisamment [Epv71]
Remarque(s) : verbe ancien, toujours expressif en lui-même.

veau [*n. m.*]
1° [individu] nonchalant et stupide [SMv57]

Remarque(s) : acception figurée ancienne et donc rarement recensée dans des dict. d'argot ("imbécile" dans l'argot de Saint-Cyr selon Delesalle).

2° *tronche de veau* [voir **tronche**]

veine [*n. f.*]
avoir de la veine
avoir de la chance, être chanceux [R2v78, P3v21, Fv26]
Remarque(s) : expression figurée fam. bien attestée au XIXe siècle, parfois recensée dans des dict. d'argot (*Supplément* de Larchey, qui recense seulement *veine de cocu* ; Delesalle, repris dans Bruant).

venir [*v.*]
devenir [MPv1]
Remarque(s) : emploi populaire absent des dictionnaires consultés.

vent [*n. m.*]
du vent
rien [P1v116]
Remarque(s) : acception figurée ancienne et courante, parfois recensée dans des dict. d'argot (Delesalle, puis Bruant).

ventrée [*n. f.*]
nourriture avalée à profusion [Epv66]
Remarque(s) : mot expressif en lui-même.

vermine [*n. f.*]
petit animal parasite (dont on cherche à se débarrasser) [Fv12]
Remarque(s) : emploi figuré ancien et courant, qui sera recensé dans Bruant (pour *enfant*).

vert [*n.*]
se mettre au vert
aller à la campagne pour s'y délasser [P1v103]
Remarque(s) : dérivée de l'expression ancienne *mettre au vert* "mettre à brouter en liberté", celle ici employée, bien attestée dans la seconde moitié du XIXe siècle à propos de citadins se reposant loin des villes, est recensée dans des dict. d'argot (Larchey, Delesalle) avant 1897, puis dans le « Supplément » de Bruant (1905).

viande [*n. f.*]
chair [SMv90 (désir sexuel), Ev13 (besoins matériels), Ev97 (« viande à mitraille », chair des insurgés victimes des forces de l'ordre)]
Remarque(s) : outre un emploi métaphorique [SMv18 (« Malgré qu' mes pieds soyent en viand' crue »)], Jehan Rictus applique le mot à la chair des être humains dans trois emplois où celui-ci a en outre, comme le mot *chair*, une valeur figurée (métonymique) ; ce procédé est bien attesté au XIXe siècle et recensé dans des dict. d'argot (Rigaud et Delesalle, qui donnent aussi

viande à canon “soldat”) avant 1897, puis dans le « Supplément » du Bruant (1905).

vidé [*participe-adj. et n.*]
1° épuisé [Dv27]
Remarque(s) : acception figurée bien attestée au XIXe siècle et recensée dans des dict. d’argot (« ne plus produire rien qui vaille » en tant qu’homme de lettres dans Rigaud, « affaibli » dans Delesalle) avant 1897.

2° [individu] usé par les abus de toutes sortes [Hv137]
Remarque(s) : attesté en 1888 par une citation d’A. Daudet donnée par le *Trésor de la langue française*, cet emploi figuré plus restreint sera recensé après 1900 dans le *Vocabulaire de la langue verte* d’Hector France.

vieille [*adj. fém.* (*vieux*) employé comme *n. f.*]
ma vieille
mon ami [Dv164 (adressé par le Pauvre à soi-même), R3v29 (« ma pauv’ vieille », adressé au Revenant pourtant mâle)
Remarque(s) : mot amical bien attesté au XIXe siècle et recensé dans des dict. d’argot (Larchey, Rigaud, Delesalle) avant 1897.

vinasse [*n. f.*]
vin [Epv66 (« D’ la bonn’ vinasse, pas d’ la bibine »)]
Remarque(s) : l’emploi de ce dérivé comme substitut expressif sans valeur dépréciative est recensé dans Delesalle avant 1897, puis dans Bruant.

vioque [*adj.*]
vieux [P1v54 (à propos d’objets)]
Remarque(s) : substitut expressif bien attesté au début du XIXe siècle et recensé dans des dict. d’argot (*Voleurs* de Vidocq 1836-37, Larchey, Rigaud, Delesalle) avant 1897, puis dans Bruant.

virago [*n. f.*]
femme dominante insupportable [Ev185]
Remarque(s) : acception péjorative courante, bien attestée au XIXe siècle.

vitreux [*adj. employé comme n. m. pl.*]
œil (yeux) dont l’éclat est terni [Ev107]
Remarque(s) : Jehan Rictus a sans doute lui-même forgé ce nom qualifiant expressif, non retenu dans Bruant ni dans Esnault 1965, mais recensé dans le *Trésor de la langue française* avec citation de ce passage, où il faut comprendre qu’il s’agit des yeux des cadavres des Communards martyrisés.

viveur [*n. m.*]
noceur [SMv47]
Remarque(s) : mot expressif à la mode pendant une bonne partie du XIXe siècle.

v'là (suivi ou non de *que*) [*présentatif*]
1° voilà [Hv1 à Hv17, IPv11 (« n'en v'là un »), SMv38 (« les v'là quatre », SMv77 (« v'là la puïe », Ev63 (« v'là l' chiendent, v'là l' singulier »), etc.]
Remarque(s) : forme ancienne de *voilà* (*velà*), conservée dans les usages pop. et fam. ; on trouve aussi « les r'v'là » (« les revoilà ») dans P1v200.

2° *v'là-t-y pas* (*que*) [*v'là t'y pas* et *v'là-t'y pas* dans les *Soliloques*]
ne voilà-t-il pas [P1v3, P3v87-88]
Remarque(s) : tournure présentative interro-négative courante dans l'usage pop. ; les graphies *v'là-t-y pas* et *v'là-t-i' pas* seraient moins éloignées de l'orthographe, qui exclut *t'*.

voir
1° *voir à voir*
penser à penser [Dv64]
Remarque(s) : expression fam. mal repérée dans les dict. (le *Trésor de la langue française* donne *faudrait voir à voir* avec une citation de 1985) et dont ce passage offre une attestation littéraire intéressante.

2° *voir comment qqn s'appelle*
se rendre compte de ce dont qqn est capable, savoir à qui on a affaire [Epv113]
Remarque(s) : expression fam. généralement absente des dict. et dont ce passage offre une attestation littéraire intéressante.

vomir [*v.*]
faire vomir
provoquer l'écœurement [Ev112-113]
Remarque(s) : acception figurée (métonymie) courante.

vomitatoire [*adj.*]
qui fait vomir, dégoûtant [variante e de P1v40 (voir p. 181)]
Remarque(s) : Jehan Rictus s'est amusé à forger ce dérivé médical, immédiatement recensé dans Bruant et dans le *Vocabulaire de la langue verte* d'Hector France, qui citent tous deux ce passage des éd. de 1897 des *Soliloques*.

vouate [*n. f.*] : déformation de *ouate* dans la prononciation pop. [MPv69] avec prosthèse semblable à celle de *voui*.

voui [*adv.* (*interj.*)] :
oui (renforcement d'affirmation) [SMv105, Ev61, Ev133, Ev141, Ev157, variante de P1v40 (voir p. 181), Dv169, R2v106, R2v231, P1v61, CCv7, MMv132, MPv73, Epv142]
Remarque(s) : cette déformation de *oui* dans la prononciation populaire (plus fréquente régionalement) et enfantine, qui peut parfois être interprétée comme un renforcement expressif, est rarement recensée dans les dict. (pas d'article dans le *Trésor de la langue française*, malgré quatre occurrences dans des citations).

vouloir [*v.*] : *vourais* [première personne : Ev152, P1v44, P3v139, P3v170] et *vourait* [IPv56, Ev64, Ev79-80, R2v222, R3v132, P3v101, MMv38, MPv27] résultent de la déformation, dans la prononciation pop. relâchée, de *voudrais* et de *voudrait* (formes du conditionnel présent).

vourais, vourait [voir **vouloir**]

— WYZ —

wouater-clozettes [*n. m. pl.*]
lieux d'aisances, cabinets [Ev124 (« aux wouater-clozettes »), Epv42]
Remarque(s) :
Jehan Rictus joue sur la graphie francisée humoristique de cet anglicisme (*water-closet*) importé au XIXe siècle et recensé dans la partie français-argot du Delesalle avant 1897, puis dans Bruant ; dans le premier passage, il joue aussi sur une association sous-jacente avec des expressions comme *aux chiottes* servant à exprimer un rejet dégoûté à l'égard de certaines personnes.

y [*pron. pers.*]
I. 1° forme fam. ou pop. du pronom sujet masculin :
a) singulier devant consonne : il [Hv32 (« y gambille »), Hv71 (« Y s' fit ballader les rognons »), Hv76 (« y s'a foutu d' nous »), etc.]
Remarque(s) : graphie souvent adoptée dans les écrits reproduisant l'usage populaire, parallèlement à la graphie *i'* , moins éloignée de la forme du pronom.

b) pluriel sans liaison devant consonne ou devant marque [z] de liaison (transcrite *z'* dans les *Soliloques*) : ils [Hv35-36-38 (« y viv'nt [...] y r'dor'nt [...] y s' gagn'nt »), Hv98 (« y n'ont qu'à s' taire »), etc. ; IPv6 (« y z'ont »), IPv19 (« y z'ameut'nt »), etc.]
Remarque(s) : graphie souvent adoptée dans les écrits populaires parallèlement à la graphie *i's* moins éloignée de la forme du pronom (ou *i'z* quand il s'agit de transcrire la liaison) ; « y » pour *ils* est très fréquent dans le recueil (*ils* n'apparaît que trois fois, dont « ils z' » dans Epv74) et « y z' » s'y trouve une douzaine de fois (voir aussi *y n'* pour *ils* à l'article **n' I.**)

c) pronom postposé de reprise, singulier ou pluriel, en tournure interrogative ou exclamative : il, ils [Dv114 (« Son mâl' s'rait-y l' roi des Rupins », valeur modalisatrice oppositive), MMv64 (« pens'nt-t-y » pour « pensent-ils »), Epv60 et v63 (« S'en sont-y collé des voitures [...] S'en sont-y foutu des bitures »)]
Remarque(s) : voir 2° c) ci-dessous.

2° forme fam. ou pop. du pronom impersonnel *il* :
a) avec verbes impersonnels devant consonne [SMv78 (« y m' faut »), Ev83 (« y faut »), etc.]
Remarque(s) : voir 1° a) ci-dessus ; pas d'exemple devant voyelle (*y a fallu*), mais peut-être, à la rigueur, devant semi-consonne en cas de diérèse sur des

formes réduites du présentatif *il y a* (voir **y a**), comme dans Dv194 (« Et faire enfin qu'y ait du bon ») ou dans MNv32 (« Malgré qu'y ait des vents-coulis »), à moins que la diérèse ne se soit appliquée au pronom adverbial *y*.

b) dans le présentatif *il y a* devant la déformation transcrite *gn* de la semi-consonne [j] de l'élément adverbial *y* [Hv91 (« si y gn'aurait pus »), R1v52 (« à c' qu'y gn'ait pus »), R2v200 (« y gn'a jamais, jamais rien eu »), P2v71 (« y gn'a pas [...] »), MPv68 (« y gn'aurait »), Epv135 (« y gn'en a »), Fv36 (« y gn'a »)]
Remarque(s) : le maintien de *y* pour *il* est souvent dû avant tout à la métrique !

c) pronom de reprise postposé en tournures interrogatives (ou exclamatives ou modalisatrices) fam ou pop. [Ev (« c'est-y que... » pour « est-ce que... »), Dv177 (« ça s'rait-y pas... » pour « cela ne serait-il pas... »), R1v66 (« ça s'rait-y... » pour « cela serait-il... »), R2v76 (« c'est-y que tu... » pour « est-ce que tu... »), R3v118 et sq (« c'est y qu'on pourrait pas s'entendre » pour « est-ce qu'on... »), P1v104 (« c'est-y d' leur faute » pour « est-ce de... »), P1v225 (« Ç' s'rait-y qu' des mots » pour « cela ne serait-il que... »), P3v72 et v75 (« faut-y... » pour « faut-il... »), P3v87 et v88 (« V'là-t-y pas que... » pour « Ne voilà-t-il pas que... »), P3v142 (« ça n' s'rait-y que » pour « ne serait-ce que »), Epv122 (« Ça rendra-t'y l'Alsac'-Lorraine » pour « Cela rendra-t-il... », Epv125 (« faut-y » pour « faut-il »)]
Remarque(s) : ces attestations illustrent le développement, souvent noté à cette époque, de la tournure interrogative avec *t'y*, mais, dans aucune, *t'y* n'est devenu une particule pouvant reprendre un sujet féminin.

II. forme fam. ou pop. du pronom personnel conjoint complément indirect *lui* [Hv124 (« faut pas y en vouloir »), SMv66 (« D'y soul'ver eun' de ses bergères »), SMv74 (« J'os'rais seul'ment pas y causer »), R2v7] ; Jehan Rictus transcrit *lui* par « yi » après *qui* en R3v8.
Remarque(s) : l'usage populaire substitue le pronom adverbial *y* au pronom *lui*, même quand le référent du pronom est une personne ; il utilise même parfois *z'y* pour renforcer *leur* (voir **z'y**).

y a [*présentatif* (avec diverses formes conjuguées de l'élément verbal *avoir*)] [voir aussi **gn'a** (forme plus fréquente dans les *Soliloques*), **gn'y a** et **y gn'a**]
1° a) *y a*
il y a [Hv102 et v103 (« y aura toujours » et « y a quèt' chos' »), SMv114 (« y a trop d' joie »), SMv126 (« Y aurait des chanc's »), Dv194 (« Et faire enfin qu'y ait du bon »)]
Remarque(s) : la suppression totale du pronom impersonnel dans le présentatif est ancienne et courante dans les usages fam. et pop. ; il arrive rarement dans les *Soliloques*, toujours après *qu'*, que l'auteur fasse diérèse sur *y a* (avec dédoublement de *y* en voyelle [i] et semi-consonne [j]) et cela pour des raisons métriques, mais en conformité avec ce qui s'observe parfois dans l'usage populaire [Dv194 (« qu'y //y ait du bon »), P1v164 (« C' qu'y //y a cor' dans la Capitale »)].

b) *y a pas* (ou autre élément inclus dans la négation)
il n'y a pas (ou autre élément) [R2v273 (« y aura pas d' débâcle »), P1v133 (« Y aurait pas d' police »), SCAv48 (« Y a rien à dire, y a qu'à crever »)]
Remarque(s) : la suppression du premier élément de la négation dans le présentatif est ancienne et courante dans les usages fam. et pop.

2° *y a de quoi* (+ infinitif) [voir aussi *gn'a de quoi* à **gn'a**, 2°]
il y a des raisons (pour + infinitif) [Hv47 (« y a d' quoi en roter »)]
Remarque(s) : expression fam. courante qui s'est développée à partir de formules dans lesquelles *de quoi* renvoie à quelque chose de plus précis dont on est muni (argent, nourriture) ou qui est offert par la situation (comme dans le passage « Gn'a d' quoi faire un Pari Mutuel » de P1v195).

y gn'a [variante de *gn'a* (voir **gn'a** et **y**, I. 2° b)]

yi [variante de *y* pour *lui* après *qui* ; voir **y**, II.]

youpin [*n.*]
juif [SMv27, R2v138]
Remarque(s) : ce mot méprisant, dérivé de *youdi* (*yaoudi*, forme algérienne de même sens) par la même déformation péjorative qu'*Auverpin* pour *Auvergnat*, est recensé dans des dict. d'argot (*Dictionnaire d'argot fin-de-siècle* 1894 de Virmaître, partie français-argot du Delesalle) avant 1897, puis dans Bruant.

yousque [*adv. interrogatif*]
où est-ce que ? [Fv51 (« yousqu'il est le Royaume // Des mimis morts, des p'tits moutons »)]
Remarque(s) : cette variante de *ousque* (voir **ousque**) commençant comme l'interjection enfantine de moquerie *you* est une trouvaille de Jehan Rictus.

youtre [*n.*]
juif [R2v205]
Remarque(s) : ce mot méprisant, dérivé de l'allemand *Jude* par déformation avec finale *outre* de *foutre*, est recensé dans des dict. d'argot (Larchey, Rigaud, Delesalle) avant 1897, puis dans Bruant.

z' [*marque de liaison* (y compris ce que l'on appelle *velours*)]
I. marque de pluriel [voir aussi **z'y**]
1° transcription de *ils* (ou de *alles* pour *elles*) devant voyelle [IPv6 (« y z'ont peur »), IPv19 (« y z'ameut'nt »), etc. ; P1v60 (« A z'ont mal »), MMv43 (« A z'ont des tourell's »), etc.]
Remarque(s) : voir **y**, I. 1° b).

2° liaison entre *qui* (*pr. relatif sujet au pl.*) et *ont* [IPv46 (« Qui z'ont cherché »), P1v175 (« Qui z'ont l' mépris »), P2v24 (« Qu'y z'ont des galons », avec confusion entre *qui* et *qu'ils*), etc.]
Remarque(s) : la marque surajoutée de pluriel évite certains hiatus (voir III. ci-dessous).

3° redondance graphique par rapport à la prononciation [Hv43 (« Avec leurs z'amis »), SMv60 (« les z'Homm's »), Ev91 (« des z'avocats »), Ev95 (« les z'oss'ments »), Dv31 (« tes z'os »), Dv67 (« mes z'ognons »), Dv152 (« les z'amis »), P1v2 (« aux z'abois »), P1v21 (« des z'engelures »), P1v29 (« Pis v'là des z'éclairs, des z'orages »), etc.]
Remarque(s) : cette redondance renforce graphiquement le style populaire, quitte à forcer parfois les choses [P1v142 (« des concours z'hippiques »)].

II. marque de seconde personne du singulier [Dv24 (« Sûr que t'as z'un foutu méquier »), Dv50 (« t' es z'eun' vadrouille »), SCAv30 (« t'as z'eun' belle âme »)]
Remarque(s) : effet de style populaire pour ces liaisons qui n'ont rien d'obligatoire.

III. ajout d'un *z'* non grammatical pour éviter certains hiatus [Hv81 (« gn'a z'un troupeau »), R2v148 (« toi z'et moi »), P1v45 (« L' rupin qu'a z'eu des aventures »), Epv76 (« — À toi — Z'à moi »), Fv50 (« Si gn'en avait z'un »)]
Remarque(s) : les velours font partie des incorrections relevées dans le langage populaire par les dictionnaires de fautes du XIXe siècle.

z'yeuter [voir ordre alphabétique, sans prise en compte de l'apostrophe]

zigouiller [*v.*]
tuer (au couteau) [MMv69 (tournure pronominale à sens sans doute réciproque)]
Remarque(s) : ce verbe expressif d'origine régionale et dont les *Soliloques* offre une attestation littéraire intéressante en tournure pronominale (relevée dans le *Trésor de la langue française*) est absent des dict. d'argot avant 1903.

z'y [particule]
particule de renforcement du pronom personnel conjoint complément indirect *leur* [IPv14 (« Ça leur z'y donn' »), SMv122 (« J' m'en vas leur z'y mett' »)]
Remarque(s) : dans l'usage pop., le pronom *leur* est allongé d'une marque de pluriel transcrite *z'* en liaison et parfois même renforcée par *y* (issu du pronom *lui*) devant consonne pour maintenir la marque de pluriel là où, sans cela, il n'y aurait pas de liaison.

z'yeuter (**zyeuter**) [*v.*]
regarder [MMv57, MMv76]
Remarque(s) : ce substitut expressif dérivé de *z-yeux* (liaison agglutinée), attesté dans des parlers régionaux, est recensé dans des dict. d'argot (*zioter* dans le *Dictionnaire d'argot fin-de-siècle* 1894 de Virmaître, *zieuter* dans Bruant) avant 1903.

BIBLIOGRAPHIE

I. Choix d'ouvrages (ou passages d'ouvrages) autour de Jehan Rictus et des *Soliloques du Pauvre* (voir aussi le site internet remarquable « Pages Jehan Rictus » signé Xian, mais avec quelques réserves concernant le texte des *Soliloques* et certaines informations)

BERCY L. DE (1902), *Montmartre et ses Chansons*, Paris, H. Daragon.

BLOY L. (1903), *Les dernières Colonnes de l'Église*, Paris, Mercure de France.

BRIANT T. (1960), *Jehan Rictus*, collection « Poètes d'aujourd'hui », Paris, Seghers.

BRUANT A. (1889), *Dans la Rue* (I), *Chansons et Monologues*, Paris, auteur-éditeur.

— (1895), *Dans la Rue* (II), *Chansons et Monologues*, Paris, auteur-éditeur.

— (1897), *Sur la Route*, Courtenay, auteur-éditeur.

CELLARD J. : voir liste **II.** ci-dessous.

GILLE P. (1898), *Ceux qu'on lit*, Paris, C. Lévy.

GOURMONT R. DE (1898), *Le IIe Livre des Masques*, Paris, Mercure de France.

LANDRE J. (1930), *Les Soliloques du Pauvre de Jehan-Rictus*, Paris, Société française d'éditions littéraires et techniques.

ORIOL P. (1995), *Jehan-Rictus, l'homme et l'œuvre*, Paris, thèse de doctorat, Université de Paris-Sorbonne.

RICHEPIN J. (1876), *La chanson des gueux*, Paris, Librairie illustrée (autres éditions avec glossaire argotique à partir de 1881).

RICTUS JEHAN (1896), *Soliloques du Pauvre* (plaquette de 13 pages contenant « L'Hiver »), Paris, en vente au Cabaret des Quat'-z-Arts.

— (1897a), *Les Soliloques du Pauvre*, Paris, Chez l'auteur.

— (1897b), *Les Soliloques du Pauvre*, Paris, Mercure de France.

— (1900), *Doléances - Nouveaux Soliloques*, Paris, Mercure de France.

— (1903), *Les Soliloques du Pauvre*, Paris, « édition revue, corigée et augmentée de poèmes inédits », P. Sevin et E. Rey (pour autres éditions postérieures à 1903, voir mon introduction p. 14).

— (1914), *Le Cœur populaire*, Paris, Eugène Rey.

II. Ouvrages sur l'argot et dictionnaires

BRUANT A. (1901), *L'argot au XXe siècle*, Paris, auteur-éditeur, Flammarion (voir aussi dans liste **I.** ci-dessus).

CELLARD J. (1985), *Anthologie de la littérature argotique*, Paris, Mazarine.

CELLARD J. et REY A. ([1980] 1991), *Dictionnaire du français non conventionnel*, nouvelle édition, Paris, Masson-Hachette.

CHEREAU O. ([1630] 2008), *Le Jargon ou Langage de l'Argot reformé*, Lyon, d'après une édition antérieure (1629 ?) de Nicolas Oudot à Troyes, édition critique annotée et commentée par Denis Delaplace, Paris, Honoré Champion.

DELESALLE G. (1896), *Dictionnaire Argot-Français & Français-Argot*, Paris, P. Ollendorf.

DELVAU A. (1866), *Dictionnaire de la langue verte [...]*, Paris, E. Dentu (autres éditions en 1867, puis en 1883 et 1889 avec suppléments de G. Fustier).

D'HAUTEL ([1807/1808] 1972), *Dictionnaire du bas-langage, ou des manières de parler usitées parmi le peuple*, Genève, Slatkine Reprints.

ESNAULT G. (1965), *Dictionnaire historique des argots français*, Paris, Larousse.

FRANCE H. (1894-190?), *Dictionnaire-Journal [...] Vocabulaire de la langue verte [...]*, Paris, Librairie du Progrès (édité ensuite, après 1906, dans volume IV du *Dictionnaire Lachâtre*).

FUSTIER G. : voir DELVAU.

GRANDVAL (RAGOT N.) (1725), *Le Vice puni, ou Cartouche*, Anvers (autres éditions de 1725 jusqu'à édition augmentée de 1827).

LARCHEY L. ([1878] 1889), *Dictionnaire historique d'argot*, Paris, E. Dentu (éditions précédentes sous autres titres dès 1858).

— (1889), *Supplément au [...] Dictionnaire historique d'argot*, Paris, E. Dentu (autres éditions en 1880 et 1883).

LERMINA J. & LEVEQUE H. (1897), *Dictionnaire thématique français-argot [...]*, Paris, Chacornac.

LE ROUX P. J. ([1718, 1735, 1786] 2003), *Dictionnaire comique, satyrique, critique, burlesque, libre et proverbial*, édition présentée et annotée par Monica Barsi, Paris, Champion.

OUDIN A. (1640), *Curiositez Françoises [...]*, Paris, A. de Sommaville.

PECHON DE RUBY ([1596] 2007), *La Vie Genereuse des Mercelots, Gueuz, et Boesmiens*, Lyon, J. Jullieron, édition critique annotée et commentée par Denis Delaplace, Paris, Honoré Champion.

RICHEPIN J. : voir liste **I.** ci-dessus.

RIGAUD L. (1878), *Dictionnaire du jargon parisien*, Paris, Ollendorf.

— (1881), *Dictionnaire d'argot moderne*, Paris, Ollendorf.

*Trésor de la langue française. Dictionnaire de la langue du XIX*e *et du XX*e *siècle (1789-1960)*, 16 vol. de 1971 à 1994, P. Imbs (dir. jusqu'au vol. 7), B. Quemada (dir. à partir du vol. 8), Paris, Editions du CNRS (t. 1-10)/ Gallimard (depuis le t. 11).

VIDOCQ E.-F. (1836-37), *Les Voleurs*, Paris, chez l'auteur, 2 vol.

VIRMAITRE C. (1894), *Dictionnaire d'Argot fin-de-siècle*, Paris, A. Charles.

YVE-PLESSIS R. (1901), *Bibliographie raisonnée de l'argot et de la langue verte en France [...]*, Paris, H. Daragon et P. Sacquet libraires.

INDEX DE NOMS PROPRES

(en italiques les mentions externes au texte des *Soliloques*)

TABLE DES MATIÈRES

COLLECTION
« CLASSIQUES JAUNES »

Depuis 1896, la célèbre collection « Jaune » des Classiques Garnier publie les œuvres des grandes littératures du monde. Ces éditions se caractérisent par un établissement du texte rigoureux, des appareils critiques assurés par les meilleurs spécialistes, une présentation soignée imprimée en Garamond. La collection « Classiques Jaunes » s'enrichit chaque année de nombreuses nouveautés.

Retrouvez tous les titres de la collection en scannant ce code QR :

Et pour recevoir nos dernières actualités, abonnez-vous ici :

IMPRIM'VERT®

Achevé d'imprimer par Corlet,
Condé-en-Normandie (Calvados),
en Août 2025
N° d'impression : 188652 - dépôt légal : Août 2025
Imprimé en France